SHOUJINGMAO
FAXUE
PINGLUN

首经贸法学评论

（第五辑）

主　　编 ◎ 孙明春

执行主编 ◎ 王漪鸥

首都经济贸易大学出版社
Capital University of Economics and Business Press
·北京·

图书在版编目（CIP）数据

首经贸法学评论. 第五辑 / 孙明春主编. -- 北京：
首都经济贸易大学出版社，2023. 12

ISBN 978-7-5638-3568-3

Ⅰ. ①首… Ⅱ. ①孙… Ⅲ. ①法律-文集 Ⅳ. ①D9-53

中国国家版本馆 CIP 数据核字（2023）第 153049 号

首经贸法学评论（第五辑）

SHOUJINGMAO FAXUE PINGLUN（DIWUJI）

主　　编　孙明春

执行主编　王漪鸥

责任编辑　陈　侃

封面设计　砚祥志远·激光照排
　　　　　TEL: 010-65976003

出版发行　首都经济贸易大学出版社

地　　址　北京市朝阳区红庙（邮编 100026）

电　　话　（010）65976483　65065761　65071505（传真）

网　　址　http://www.sjmcb.com

E - mail　publish@ cueb. edu. cn

经　　销　全国新华书店

照　　排　北京砚祥志远激光照排技术有限公司

印　　刷　北京九州迅驰传媒文化有限公司

成本尺寸　170 毫米×240 毫米　1/16

字　　数　295 千字

印　　张　18

版　　次　2023 年 12 月第 1 版　2023 年 12 月第 1 次印刷

书　　号　ISBN 978-7-5638-3568-3

定　　价　65. 00 元

编委会

孙明春　王漪鸥　高庆哲

王　海　王泽南　孙兵魁

序 言
——做时代的书记员

喻 中

在"法律人共同体"中，很多人都有做书记员的经历，也可以说书记员是很多法律人共享的职业记忆、身份记忆。笔者在检察院就有一年这样的经历。

一方面，司法程序中离不开书记员。通过书记员的记录，一个个案件固化成为可以查询、验证的卷宗。另一方面，法学理论研究者其实也是书记员，他们虽然不做询问笔录、庭审笔录，但是，他们是时代的书记员，通过他们的记录，把一个时代的精神浓缩在一篇篇法学论著里。

如何才能理解一个时代？譬如 20 世纪的 80 年代、50 年代，譬如 18 世的纪后半期；譬如朱熹生活的时代，譬如春秋战国时代……面对理解某个时代这个问题，人们最容易想到的答案是阅读那个时代的书籍，例如，许多人认为《史记》《汉书》这样的正史，是人们理解一个时代的基本资料、常规资料。进入现代社会以后，人们既可以通过年鉴之类的资料理解一个时代，也可以通过报刊、视听资料理解一个时代。随着微博、微信的兴起，这些新媒体也成为记录时代的新工具。

在各种资料中，学术思想论著对于时代的记录功能、阐释功能尤其值得注意。其他媒体或作品，例如新闻报道、年鉴汇编等，给世人、后人展示的主要是一个时代的现象或表象，这类作品即使冠名为"深度报道"，通常也只是报道一个事件的过程及利益纠葛。此外，即使是秉笔直书的"正史"，通常也只是记录一个时代发生的所谓重大事件，在这类宏大叙事中，事件依然只是事件。相比之下，学术思想论著则是关于时代精神的记录。因而，要理解一个时代的精神实质，学术思想论著的价值与意义不容忽视。

譬如，倘若我们要理解中国 19 世纪上半叶，可以看《清史稿》中的相关内容以获得一个大概的轮廓。对这一时期，我的一点私见是：龚自珍的作品精准地反映了 19 世纪上半叶的时代精神，在这个方面，很难找到出其右者；龚自珍的著作可能是更逼真、更清澈的时代精神的镜子，通过阅读《龚自珍全集》能够更好地理解 19 世纪上半叶中国的精神实质。再譬如，倘若我们要理解汉武帝时代的精神实质，董仲舒的著作也许比班固的《汉书》更加值得阅读；汉武帝时代最为核心、最为紧要的问题，都可见之于董仲舒的作品。也许正是这个缘故，《汉书》大段地摘录了董仲舒的论著，这也是班固的高明之处，也是班固"史识"的证明。试想，绕开了董仲舒作品，便难以解释汉武帝时代的精神。

从表面上看，学术思想著作没有或较少记录一个时代的具体事件，可能没有数字，可能没有细节，甚至可能很抽象、很枯燥，不那么"接地气"，但是，学术思想著作的抽象性，源于它对时代精神的高度概括，是对时代精华的萃取。抽象的学术思想著作，正是学者们、思想家们去粗取精、去伪存真、由表及里阅读时代所凝聚的结晶。

在各种各样的学术思想论著中，法学论著对于时代的记录具有特殊的功能。法学论著的形式虽然五花八门、形形色色，但是，所有的法学论著都是对一个时代文明秩序的表达、说明、分析、批判。进一步来看，部门法学论著聚焦于文明秩序的细节或褶皱，是关于一个时代文明秩序的"近距离的记录"——譬如马克思的《关于林木盗窃法的辩论》。相比之下，宪制理论著作、法政哲学著作侧重于描绘文明秩序的原理，重在勾画出一个时代蜿蜒起伏的轮廓，因而是关于一个时代的文明秩序的"远距离的记录"——譬如马克思的《黑格尔法哲学批判》。远观与近看，分别反映了法哲学与部门法学记录时代的不同方式。

关于法学论著与时代精神的关系，我们还可以换个角度来审视：探讨微观法律技术的论著，记录的是一个时代的"毛细血管"，它可以让一个时代纤毫毕现。研究中观法律制度的论著，记录的是一个时代的基本骨架。至于阐释法律思想的法哲学论著，记录的则是一个时代的灵魂与精神——康德的《法的形而上学原理》、费希特的《自然法权基础》、黑格尔的《法哲学原理》都可以归属于这样的法学论著。把各种各样的法学论著汇聚起来，足以反映一个时代的各个侧面。因而，一个时代的法学论著实为一个时代的一面镜子。

笔者一直在思考一个问题：对于一个法学研究者来说，为什么要写作？为什么要创作法学作品？人们会说，研以致用是为了解决实际问题，是为了服务于这个时代的法治实践。这样的说法固然不错。但是，创作法学作品的意义还不止于此。法学论著既有助于解决实际问题，同时也是在记录一个时代。时代正是因为有记录才成为文明。正是在这个意义上，法学论著的创作者或法学理论的研究者，可谓"时代的书记员"，亦是"斯文在兹"的见证人。时代在寻求文明，时代需要记录，因而，我们这个时代需要更多的时代精神的书记员。为了培养、造就我们这个时代的书记员，首都经济贸易大学法学院的研究生、本科生共同创办、编辑了这本《首经贸法律评论》，作为首都经济贸易大学法学院的学生成果记录册，以及首都经济贸易大学法学院青年学子与社会各界相互砥砺的平台。在这本成果记录册初生之际，希望能够得到各方面的支持与帮助。同时，也期待这本成果记录册的主事者们持之以恒、守先待后、薪火相继，以首都经济贸易大学法学院的名义，以时代书记员的名义，以"斯文在兹"见证人的名义，惟精惟一，编好记录时代精神、时代文明的每一篇、每一卷。

喻　中

于首都经济贸易大学法学院

目录

数据安全标准治理的法治化检视

曹旭辉

摘　要：随着数据安全被提升至国家安全的高度，数据安全治理面临着体系化、法治化等制度需求。数据安全标准作为一套与数据安全法律既有区别、又相联系的规则体系，是以科学技术和实践经验为基础的规范，能为法律实施提供具有可操作性的技术支撑，进而给政府规制以技术保障。与此同时，标准的规范属性又蕴含着权力化隐忧，在参与数据安全治理过程中需予以法治化检视。本文从对数据安全标准基本特征的归纳出发，探析数据安全标准对于数据安全治理规范体系的重要意义及其治理隐忧，进而提出有效规制数据安全标准治理路径、促进标准治理法治化的制度对策。

关键词：数据安全；数据安全标准；治理规范体系；法治化

一、问题的提出

在我国全面实施国家大数据战略、构建数字经济、建设"数字中国"的大背景下，随着大数据、人工智能等信息安全技术的快速发展，各行业数据量急剧增长，数据安全和隐私保护形势日益严峻，网络边界不断被打破，企业和社会都时刻面临着数字化转型带来的数据安全风险，数据安全问题与日俱增。然而，当前的行业数据安全治理处于发展初期，企业整体数据安全治理能力参差不齐，提升数据安全治理能力成为数字经济时代的紧迫议题。

习近平总书记指出：法治是国家治理体系和治理能力的重要依托。面对日益严峻的数据安全治理需求，《法治中国建设规划（2020—2025年）》提出："加强信息技术领域立法，及时跟进研究数字经济、互联网金融、人工智能、大数据、云计算等相关法律制度，抓紧补齐短板。"2021年6月出台的《中华人民共和国数据安全法》更是将数据安全上升为国家安全高度，明确提出要建立健全数据安全治理体系，为数据安全治理明确了法律依据与工作导向。然而，大数据在数量规模、处理方式、应用理念等方面都呈现出与传统数据不同的新特征，高速变化的数据技术生态与技术认知层面上的局限之间形成一定张力，立法的天然滞后性带来了"徒法不足以行"的现实挑战，需要具备技术属性的监管制度与规制策略予以回应；其中，数据安全标准治理作为数据安全治理规范体系中的重要手段，已成为我国大数据治理战略的重要面向。国务院印发的《促进大数据发展行动纲要》（国发〔2015〕50号）中明确，"健全大数据安全保障体系，强化安全支撑；完善法规制度和标准体系，科学规范利用大数据，切实保障数据安全"。作为数据安全治理规范体系的一部分，数据安全标准是开展数据安全监管、规范行业数据安全要求、指导网络运营者提升数据安全能力的重要抓手，对促进数据应用规范化、提升数据活动安全性有着重要意义。

然而，在当前多元要素交织、多重手段并施的现代治理系统中，标准作为治理规范体系中的重要治理工具，已不再仅仅是技术裁量的参照。由于制定法规范的赋权，标准逐渐成为社会控制系统中权力化的治理手段，充当了行政许可、检查和惩戒的基准或依据。就数据安全标准领域而言，国家数据安全战略的政策聚焦于标准先行，使得数据安全标准的规范性特征在其参与社会治理、市场规制过程中愈发明显，并带来了诸多合法性拷问与正当性隐忧。要有效规制标准在数据安全治理中的权力泛化或负面效应，就应当深入分析数据安全标准的特征及其成因，探究其在数据安全治理系统中的功能定位与实施路径，从而对标准治理中的现有挑战与潜在隐忧有针对性地予以制度回应。

二、数据安全标准的基本特征

标准化是人类社会高度文明化的重要标志，是国家及社会治理现代化过程中重要的技术语言。自工业革命以来，标准在国家治理与社会治理中发挥的作用力与影响力越来越广泛，也越来越深刻。标准治理也逐渐成为治理规范体系中必不可少的手段。标准化治理体系既是基础性的技术规制，又是支撑性的制度安排。只有深刻把握标准的固有属性及其在领域治理中的特征，才能充分发挥标准的治理效能。首先，通过对标准的一般性特征提炼可以发现，数据安全标准呈现出技术性与规范性双重属性；其次，面对大数据时代的数据安全风险，国家与社会、政府与市场等多元主体并不是截然分离的，而是通过参与标准的制定与实施，呈现出多元利益相关方的博弈与共治格局；最后，数据安全标准与数据安全法律也不仅是简单并列的，二者之间存在着深度的交叉、融合和互动关系，共同构成数据安全规范体系中不可或缺的治理手段。

（一）兼具技术性和规范性双重属性

标准化学界普遍认为：标准是一种技术制度。由此，数据安全标准也应当兼具技术性和制度性两种属性，即表现为具有科学内核的技术性和具有制度内核的规范性。尽管这一制度体系不论在制定主体、制定程序抑或实施方式、效力来源等方面都与法律体系有所不同①，但我们仍然可以借助于分析法律的规范主义进路，来对数据安全标准体系进行分类和分级，进而提炼其特征。

1. 数据安全标准的技术性特征。数据安全标准的技术性特征，是指数据安全标准在制定与实施过程中表现出较强的专业属性，并受制于现实的技术水平。

（1）具有较强的专业属性。一是在数据安全标准的制定主体上，通常在国家或地方网络安全和信息化主管部门的指导下，由相关信息安全标准化组织以及行业标准化组织委派专家、企业、机构等负责起草与发布。其中，全国信息安全标准化技术委员会（SAC/TC260，以下简称"信安标

---

① 参见崔俊杰：《个人信息安全标准化进路的反思》，载《法学》2020年第7期。

委"）由国家标准化管理委员会批复成立，业务上受中央网信办指导，具体从事信息安全标准化工作的技术工作组织，主要工作范围包括安全技术、安全机制、安全服务、安全管理、安全评估等领域的标准化技术工作，也是目前现行多项重要领域国家标准的主要发布主体，另有多项相关领域在研标准亦在其主要工作计划之中。其下设的大数据安全标准特别工作组（SWG-BDS），则具体负责大数据和云计算相关的安全标准研制工作。通过检索信安标委官方网站中已发布的数据安全国家标准信息可以发现，其研制人及承担单位主要由数据安全领域技术专家、互联网企业、科研机构、高等院所以及数据安全行业从业人员构成，从组织上体现出较强的专业性。通过广泛吸纳数据安全领域最为精尖的专家和单位，从最大程度上保证了具有普遍适用性的国家标准的科学性。

二是技术标准通常具有自己的精准的专业术语体系，与日常生活中的通俗话语相去甚远，使得普通民众难以知悉。技术标准的数据指标大多根据专业观测或反复试验得出，具有较为充足的实践支撑与科学基础，如国标委 2014 年发布的《标准化工作指南 第一部分：标准化和相关活动的通用术语》（GB/T 20000.1—2014）中明确指出："标准宜以科学、技术和经验综合成果为基础。"这意味着技术标准本身具有相当的稳定性和客观性，超脱于人的意志而独立存在。

（2）受制于现实的数据安全技术水平。与立法相同，一国数据安全领域标准的制定需要根植于本国现阶段数据产业发展实际。如今，我国大数据产业正在蓬勃发展，相继产生的数据安全问题大多是发展中的问题，呈现出前沿性、不确定性及非常态性。大数据自身蕴藏的巨大价值和集中化的存储管理模式，使得大数据环境成为网络攻击的重点目标，极易引发大数据的勒索攻击和数据泄露等安全事件。在此背景下，数据安全需求正在催生相关安全技术、解决方案及产品的研发和生产，但与大数据产业的发展速度相比，数据安全防范技术的发展相对滞后，这必然导致数据安全领域相关标准的落后或空白。

同时，大数据在数量规模、处理方式、应用理念等方面都呈现出与传统数据不同的新特征：大数据的体量更大、结构更复杂、时效性更强；大数据治理需要采用新型计算架构和智能算法等新技术手段；大数据的应用强调以新理念应用于辅助决策、发现新知识，更强调在线闭环的业务流程优化。而对这些新特征在认识上的局限性可能导致数据安全治理预测与防范的不足；相应地，也对数据安全相关标准在制定及实施主体的专业能力和监管主体的执法水准等方面，提出了较高的要求。

2. 数据安全标准的规范性特征。数据安全标准具有规范性特征，是指数据安全标准作为数据安全治理的一种权力化的技术规制手段，表现为内容上的调控性和效力上的拘束性。

（1）内容上的调控性。在现行数据安全标准正式文本的内容方面，通过检索发现，与一般技术标准在语言表述上有所不同，数据安全相关标准中存在比较明显的类似法律规则中的用语。比如，在《健康医疗数据安全指南》国家标准中，检索到"应"（239 次），"不应"（4 次），具体表述如："不应将被传输的健康医疗数据用于其他目的"；"不应将健康医疗数据在境外的服务器中存储，不托管、租赁在境外的服务器"；"审计记录不应被修改或删除"；等等。在《信息安全技术移动智能终端个人信息保护技术要求》（GB/T 34978—2017）中，检索到"应"（203 次），"需要"（12 次），具体表述如："数据分级要确保分级结果能够为数据保护提供有效信息，应提出分级安全要求"；"数据分类和分级方案在总体上应具有概括性和包容性"；"直到数据被彻底删除之前，存储的数据均应由组织提供恰当的安全保护"；"数据分级需要组织的主管领导、业务专家、安全专家等共同确定"；"为了从数据中挖掘有价值的信息，需要将不同的数据源进行汇聚和关联分析"；等等。可见，数据安全标准不仅仅关注一般技术标准所关注的技术水平要求、技术路线选择和技术指标论证，也关注数据安全相关主体的行为，从而呈现出对标准所适用对象实质上的行为调控。

（2）效力上的拘束性。首先，从规范文本的外观来看，与数据安全相关法律相比，其在名称上并未冠以"法""条例""规定""办法""实施细则"等规范性文件的法定后缀，但规范外观上的欠缺并不能得出其不具备效力上的拘束性的结论，并且随着行业法制日益完善，行业标准的法律色彩日渐浓厚。正如有学者指出，"从理论上讲，每一行业都必然应当存在一个法律体系，它的法律形式（法的渊源）可以是法律、行政法规、地方性法规、部门规章、地方规章，甚至可以是行业自治性规则、行业标准、行业习惯等"。①

其次，结合前述数据安全标准的规范内容来看，其内容的调控性在一定程度上决定了其在客观效力上的拘束性，而这种对相对人的拘束效力，又由于标准的类型与具体规范表达不同呈现出不同程度的规范强度。例如，我国《标准化法》中将标准分为强制性标准和推荐性标准。其中强制性标准必须执行，故应当具有法律约束力。《标准化法》第十条明确，"对保障人身健康和生命财产安全、国家安全、生态环境安全以及满足经济社会管理基本需要的技术要求，应当制定强制性国家标准"。应当看到，大数据、云计算、物联网等技术和应用高速发展带来了巨大的数据安全风险，已不仅包括公民个人信息遭受过度收集、滥用等侵权隐患，随着数据分析技术的快速提升，互联网企业等数据处理者在运营过程中产生的海量数据能够通过大数据分析反映出我国整体经济运行情况等涉及国家秘密的信息，对总体国家安全构成重大安全威胁②。因此，对于涉及关键设施及重要领域的数据安全标准应满足《标准化法》第十条制定强制性国家标准的条件。然而，现行的数据安全国家标准尚以推荐性标准为主；从政策及治理导向可以预判，在研及将来的数据安全标准将会呈现出越来越鲜明的显性强制性规范，从而在效力上体现出了越来越强化的拘束性，这也对数据安全标准的合法性和正当性控制提出了更高的要求。从这个意义上讲，数据安全标准是技术性和规范性的统一。

（二）成为大数据市场利益相关方合作与博弈的载体

从法经济学的角度看，标准通常是众多利益相关方协商一致的产物。"利益相关方"（stakeholder）理论最早由美国经济学家爱德华·弗里曼作为一种企业战略管理领域的分析工具提出，在标准化学界，则引入"利益相关方"概念来形容参与标准制定的多元利益主体，例如 ISO26000 对利益相关方的界定是"与组织的决策或活动存在利益关系的个体或团体"③。制定与实施标准的过程看似是一个技术过程，实际上它强调利益相关方之间的协商一致，这也是利益相关方建立起合作秩序的体现。因此，在复杂

---

① 参见孙笑侠：《论行业法》，载《中国法学》2013 年第 1 期。

② 参见李云舒：《数据安全关乎国家安全》，载中国人大网 2021 年 7 月 7 日：http：//www. npc. gov. cn/npc/c30834/202107/39abeb5d40744aeaa65e17794714c559. shtml.

③ 参见于连超：《标准化原论》，中国标准出版社 2021 年版，第 22 页。

多元的社会治理系统中，标准既是各方进行市场资源与话语权博弈的工具，又是各方建立合作关系的桥梁和纽带。在应然状态下，所有利益相关方通过标准的制定与实施建构起一种合作秩序，标准便由此也成为多元利益主体合作与博弈的载体。

1. 数据安全标准是竞争的载体。数据作为资源市场化配置中的新兴生产要素，已同其他要素一起融入经济价值创造过程之中，其在新一轮科技革命以及国家治理体系现代化中的重要地位也日益凸显。涉及数据要素配置的数据安全标准在数据主权层面成为大国之间竞相抢占的制高点，在国家、社会与市场治理层面也必然成为众多利益相关方博弈的载体。

经济学研究认为，标准竞争是指两种或两种以上个体标准争本位的过程，发动标准竞争的主体是开发、控制和使用不同标准产品的经济体，具体可能是地区联盟、国家、企业联盟、企业营利组织。企业标准竞争是指几个企业（企业联盟）之间发生的、力图使各自的企业标准上升为行业标准、地区标准、国家标准、国际标准的努力争夺[①]。可见，各利益相关方乃至各国之间对数据资源的争夺集中反映为对各类数据标准制定权的竞争。以智能网联汽车行业数据为例，初期的智能汽车的数据安全主要依靠企业自律。但随着智能网联汽车开放的端口越来越多并打开更多的控制权和信息通道后，企业自律暴露出的数据安全问题日益凸显。例如，特斯拉汽车公布车主行程数据事件曾一时间引发了舆论的广泛声讨，进而引发了对其"数据霸权"的质疑。不久后，2021 年 7 月国家互联网信息办公室发布了《汽车数据安全管理若干规定（征求意见稿）》（本文中以下简称《规定》）。《规定》对智能网联汽车产生的数据进行了界定，并明确了责任主体、数据范围、收集方式、隐私保护、数据出境等问题；同年 10 月 11 日，市场监管总局发布了由智能网联汽车分标委组织制定的《汽车信息安全通用技术要求》等 4 项标准，规定了汽车以及远程服务与管理、信息交互系统、网关产品等方面的信息安全要求及试验方法。这 4 项标准成为汽车信息安全领域重要的基础性国家标准，不仅将为汽车信息安全产业的监管提供支撑，还将促进智能网联汽车产业的规范、有序发展，更好保障产业的技术创新与市场竞争。再如"滴滴出行"作为一款网约车软件，掌

---

① 参见夏大慰、熊红：《网络效应、消费偏好与标准竞争》，载《中国工业经济》2005 年第 5 期。

握了海量真实的用户数据和道路数据，反映了城市智能出行的现状及变化，并透过智能出行反映出城市发展、交通、生活、工作等各个方面，无疑具有极大的战略价值。而其在中美贸易竞争及国际形势越来越复杂的情况下，绕开国内监管机构数据出境审查火速赴美上市，必将带来巨大的潜在数据安全风险，随后国家网络安全审查办公室因其存在违法违规收集使用个人信息等问题而将其从应用商店下架并进行安全审查。因此，从微观视角考察，以上事件折射出的不只是数据运营企业之间的市场竞争行为，背后隐含着大国之间对数据安全规则主导权的博弈，而这种博弈，从利益相关方的参与形式与参与难度来看，将最直接反映在数据安全标准制定权的竞争上。

2. 数据安全标准是合作的载体。标准制定过程强调利益相关方之间的协商一致，也是利益相关方之间合作关系的体现。在市场竞争过程中，标准既是竞争的工具，也是利益相关方合作的桥梁和纽带。对抗性竞争是指通过市场对稀缺性资源进行直接配置的过程，作用力量是价值规律；合作竞争则是在具有互补性的基础上通过契约或隐合同对资源进行配置的过程，其推动力是互补性实现方式即契约和隐合同等。在宏观方面，整个社会的经济增长推动了人类竞争行为的方式由对抗性竞争转为合作竞争，这一转变也促进了人类社会的经济增长。随着社会分工和专业化水平的提高、交易费用的上升、市场的不确定性和资产专用性的增强以及技术的联合开发，竞争行为由对抗性竞争向合作竞争转变。在微观方面，当企业从合作中得到的合作回报越大、不合作所造成的损失越大时，企业越容易认识到在对抗性竞争环境中无法获取最大的潜在利润。企业之间由对抗性竞争发展到合作竞争，通过这种制度变迁和创新增加"合作剩余"，实现"帕累托改进"。因此，标准竞争与网络外部性促使企业更多地选择合作与联盟，参与标准化组织和标准化过程已成为高技术产业尤其是移动通信等领域产品开发和市场策略的重要内容，并鼓励以用户为导向的创新和先进技术的重新组合。标准不再是各个独立企业的内部事务，而成为各市场主体之间合作和竞争的共同主题，由此产生的战略问题涉及纵向相关企业和同业竞争者的一系列政策。这种标准化途径既要反映技术之间的竞争和标准之间的竞争，又要考虑参与各方的合作利益和共同利益①。

具体到数据安全标准化实践中，其利益相关方通常会涉及用户、专家学者等个人以及政府、标准化组织、数据控制或处理企业、信息通信领域相关行业协会、科研机构等团体，编织起一张广泛而复杂的合作网络，正是这种网络及其机制引导和维系促进了相关企业与产业组织的集聚。同时，这些利益相关方为避免数据安全领域发生系统性风险，就必然要通达合作，通过参与数据安全立法与数据安全标准研制，追求法治框架内的统一数据安全秩序，以免遭受技术风险引发的利益损失等负效应。而不同于数据安全立法层面规则主导权的不平等性，标准本身的多元性与灵活性更好地契合了多元利益主体的价值预期；因此，大数据市场中的利益相关方通过数据安全标准建立起了一种合作秩序，数据标准也便成为利益相关方建立合作秩序的基本载体。

（三）作为数据安全治理规范体系中不可或缺的规制手段

数据安全治理属于大数据治理体系的重要组成部分，进而从属于国家治理体系的宏观架构中。中共中央、国务院印发的《国家标准化发展纲要》中指出："标准是经济活动和社会发展的技术支撑，是国家基础性制度的重要方面。标准化在推进国家治理体系和治理能力现代化中发挥着基础性、引领性作用。"数据安全治理的标准化符合国家治理能力现代化的制度要求，也顺应了国家对大数据治理以及数字产业发展的宏观政策导向。数据安全标准则作为不可或缺的数据安全治理规范，除了能为数字产业及其经济活动提供技术支撑，也必然在推进数据安全系统治理方面起到基础性、引领性作用。

1. 数据安全治理规范体系。数据安全治理是一项系统工程，是大数据治理工程的重要组成部分，绝非简单针对一个单独的个体、组织或者某一个行业领域，而是关系到一个全生态体系的运作，大到数据安全治理的政策规划、治理平台的搭建、治理组织的变革、治理流程的重组，小到元数据的管理、主数据的整合、各种类型大数据安全的个性化治理和在不同行业应用中的安全监管。相应地，我国当前的数据安全治理规范体系亦不是单一的制定法规则体系，而是表现为形式多样、效力层次丰富的立体化规

---

① 参见于连超：《标准化原论》，中国标准出版社 2021 年版，第 23-24 页。

范体系。

有学者将数据法作为独立的部门法，从法的渊源角度总结了数据治理领域法律规范的种类，其中既包括法律、行政法规、地方性法规、部门规章、地方规章、国际条约及法律解释等的正式渊源，还包括标准、案例等的非正式渊源①。就数据安全治理规范而言，不仅包括作为调整涉及数据安全的各类社会关系的法律规范，如《数据安全法》《网络安全法》《个个人信息保护法》等，还包括具有规范属性的数据安全要求类标准；以信安标委发布的相关标准来看，又可细分为技术支撑类标准、通用安全类标准、以系统为中心的数据安全类标准、以数据为中心的数据安全类标准以及个人信息安全标准，例如《信息安全技术 大数据服务安全能力要求》（GB/T 35274—2017）、《信息安全技术 数据交易服务安全要求》（GB/T 37932—2019）及《信息安全技术 政务信息共享 数据安全技术要求》（GB/T 39477—2020）等，分别针对大数据服务、数据交易及政务信息共享的情景提出了安全要求。综上，我国当前的数据安全治理规范体系主要由数据安全法律和数据安全标准共同构成。

2. 数据安全标准在治理规范体系中的独特价值。在我国，民间法成为与国家法并行不悖的规范体系，民间法以社会权力为基础，国家法以国家权力为保障②。从习惯、习俗、惯例到法律制度，构成了韦伯式的规范体系生成路径。从人类发展历史来看，强制性的法律从来就不是唯一的规范体系，从原始社会人类打磨石器工具和部落组织生活，到农耕社会铜器、铁器、陶器的加工制作和度量衡的统一，标准都在发挥着重要的规范性作用。自工业革命以来，工业化、科技化和数字化成为人类经济社会发展的基础性力量，标准也逐步发展成为具有全社会普遍意义的规范体系。今天，国家治理、社会治理和市场治理突出表现为规范体系的治理，规范体系能够为国家机关、政府机构、社会组织、公司企业、居民个人等各类主体的行为创设规则。具体观之，不同类型的规范在各自的领域发挥着作用。

现阶段，大数据的治理亦是规范体系的治理。立法由于无法深入触及技术治理的末梢，加之其天然的滞后性与程序上的严格性，通常无法及时

---

① 参见何渊：《数据法学》，北京大学出版社 2020 年版，第 7 页。
② 参见吕廷君：《论民间法的社会权力基础》，载《求是学刊》2005 年 9 月第 5 期。

有效应对新兴技术领域的前沿问题。而数据安全不仅涉及公民个人信息安全，更关乎国家安全，这就亟须调动各类治理工具参与共治，补强制定法的不足。标准异于法律规范的特有效能决定了其独特价值，具体表现为以下三个方面：

一是标准类型的丰富性使其具有规制上的灵活性。标准的类型通常纷繁多样，即使在同一行业领域，不同主体可能因不同目的以不同形式制定出不同类型的标准，这也使得标准的表现形式呈现出多样性，如国际标准、国家标准、行业标准、地方标准、团体标准、协会标准、联盟标准、法定标准、事实标准等，构成了特定领域内一揽子标准体系。因此，在利用标准参与治理时，不同于具有严格效力位阶的制定法，标准在规制层级上更具灵活性。虽然我国立法对标准有强制性标准与推荐性标准，代表着其各自在适用上是否具有强制约束力，但其划分界限通常没有制定法效力位阶的鲜明性，正如哈姆·舍佩尔指出的：标准徘徊于国家与市场之间。标准很大程度上模糊了法律与社会规范之间的界限。标准极少全然是公共的，或全然是私有的，因此，最好把标准视为这些不同制度的连接。这一思路也反映到我国的数据安全治理上，目前正在开展的数据安全分类分级工作便体现出这一治理逻辑。

二是标准代表的可行性解决方案是专业群体和不同利益相关方之间共同协商的结果。与法律相比，标准治理可以降低立法成本和守法成本。尤其考虑到数据安全治理作为新兴治理领域的特殊性，治理路径及其规制手段的选择不仅要面临技术层面的挑战，还需面对资源配置与经济成本的难题。因此，政府等规制机构在利用标准资源进行数据安全治理时，不仅可以更为有效地达成政策目标，而且可以降低规制成本，提高规制效益。

三是标准是重复使用的规则，具有共识性和通用型。这使得在利用数据安全标准进行社会治理的过程中，由于其具备了一定的稳定性，可以给数据处理企业等相关主体一定的可预期性。参照数据安全标准，相关市场主体不仅可以对内部人员组织、制度流程、技术工具等顶层设计进行规划，还能具体到数据全生命周期安全的各个环节，对数据的采集、传输、存储、使用、共享、销毁逐一自查自纠，并通过对标标准形成内部数据安全治理资源的有效整合。

三、规制数据安全标准治理的特殊制度

我国数据安全标准治理尚处于初步阶段，诸多治理规则与行业共识尚未形成统一。标准经过制定法的赋权与特定行业准则的肯定，被运用到治理过程中；行政机关通过不同方式对标准的反复适用，使得标准能够对私人权利义务产生影响，从一定程度上呈现出对相对人的干预性或侵益性。因此，有必要基于数据安全标准的特征，从法治化视角对其进行检视，并针对性地进行制度回应。其中，规制的核心问题在于两点：一是如何选择恰当的路径有效规制数据安全标准在治理过程的合法性问题，实现发挥标准治理效能与控制标准治理权力的平衡；二是如何建构数据安全治理规范体系，从而实现技术治理与法律治理的协同。

（一）路径选择：侧重数据安全标准的事前合法性审查

数据安全标准作为数据安全治理规范，应参照数据安全法律对其合法性进行前置审查，以最大程度上保证标准的形式合法性与技术民主性，避免其技术权力外溢导致的潜在侵益性及负效应。应当指出，这里的合法性审查是广义上的，是指除了需要检视狭义上的合法性之外，还应一并考察标准的合理性、协调性等问题；而在具体审查路径上，既包括在形式上设置合理高效的审查方式及流程，又包括在内容上确立科学的合法性审查标准。

1. 事前合法性审查的必要性与可能性。我国标准化学界对数据安全标准的研究大多聚焦在重点行业或领域标准的制定与体系化问题，较少对现行数据安全标准的合法性及正当性问题予以检视。如前文所述，数据安全标准作为数据安全治理规范具有一定规范性，背后蕴藏的权力因素不容忽视；加之标准的制定程序较为简单，功能相对灵活，发布也比较随意，因而容易造成侵害公民权利的隐忧，因此有必要借鉴对一般法规范的合法性审查，将标准纳入法治约束的轨道内。

首先，通过对数据安全标准进行事前合法性审查，不仅可以提升其作为治理规范的形式合法性，而且可以增强其"技术民主性"，提高标准治理的形式正当性。其次，通过对数据安全标准进行事前合法性审查，可以有效弥补外部监督的困境。标准作为国家治理与社会治理体系的新型治理

规范，理论界对其规范属性及效力问题尚未达成共识，实践中也尚未出现对现行有效标准提起传统意义上的立法监督或司法监督先例。因此，标准呈现出的规范性特征与外部监督缺失之间的张力亟待制度设计予以弥合；并且，在统一法秩序框架下，法规范的自我规制一直是推动良法善治至关重要的力量。最后，就开展事前审查的可能性而言，从目前数据安全标准的主要制定主体——标准化组织来看，其通常具备比政府等其他利益相关方更为熟悉某一专业领域标准设置的条件，尤其是全国性的标准化组织，可以很好地整合专业化的技术资源，对于某项数据安全标准是否违法更加容易甄别，相应采取的完善措施应更为精准和有力。但标准化组织作为数据安全标准制定中的主要利益相关方，放置在政府部门与市场主体多元博弈关系中，其是否是最合适的合法性审查主体，其自身是否具备足够的合法性审查能力，仍有待进一步研究。

2. 事前合法性审查的具体内容。

（1）形式合法性审查。形式合法性审查是最基本的审查标准，应作为判断标准可接受性的初步标准。审查机构首先应当进行形式合法性审查，主要参照我国《标准化法》等相关法律，初步判断特定数据安全标准的制定主体是否合法、制定程序是否合法、是否符合数据安全法律的规定以及是否与国家数据安全宏观政策相悖等。是否符合相关技术规范是数据安全标准形式合法性审查的一个重要方面，与相关法律法规对立法技术方面的要求相似，主要考察语言技术、结构技术是否符合相关立法要求，技术表达是否严谨、准确、简洁且符合通行技术语言，否则会在落实利益相关方参与、征求公众意见时提高门槛，亦不利于标准的具体实施与落地。

（2）合理性审查。鉴于数据安全标准已成为多元利益相关方博弈的载体，在实践中，政府部门、标准化组织或大型互联网公司等利益相关方为了谋取个人利益、特定集团利益或其他私利，通过垄断标准制定过程中的话语权，促成不合理的技术规范纳入标准之中，进而损害公共利益。因此，在对数据安全标准进行事前合法性审查时，审查机构应深入审查特定标准的制定目的，认真审查其明示目的背后是否有隐藏的不正当目的，判断该标准或具体规范的设定是否符合现实技术水平，是否有利于建立良好的市场秩序，是否有利于保护数据权利人的合法及正当权益；同时，通过比例原则对标准进行审查后，还应进行成本收益分析，也就是对特定标准实施后可能的执法成本、社会成本等成本进行成本收益分析①。

（3）协调性审查。主要是审查不同主体制定的数据安全标准对同一事项的规定是否协调一致，是否相互矛盾冲突。由于数据安全治理具有高度的专业性和复杂性，且数据生命周期中所有安全域涉及的对象不尽相同，因此，不同行业、不同领域、不同层级对同一数据安全事项可能存在规定的差异甚至冲突，客观上会造成实施上的不一致性。

（二）关键举措：优化标准制定中利益相关方参与决策机制

在现代法治社会，民主立法是制定法律的基本原则，立法参与权已成为法治社会公众的一项法定权利。具体来讲，参与立法的权利包括"进入立法程序的权利""提出立法意见的权利""立法意见得到回应的权利""合理意见或采纳的权利"等内容②。相较于立法程序，标准的制定过程亦强调民主治理机制，即通过利益相关方的充分参与，协商制定共同遵守的规则。因此，要规范数据安全标准在实施中的"权力隐忧"，基于事前审查的规制进路，优化标准制定过程中各利益相关方的参与决策机制。对标法律规范，主要涉及决策的民主化与决策的法治化两个方面。

1. 决策民主化面向。决策民主化是优化标准制定中相关方参与决策机制的重要面向。一般认为，标准的制定过程是一个技术民主化的过程。技术民主是现代科技政策的核心原则，其主旨是实现对于技术的社会选择③，即在技术领域内推行话语民主理论，使科技专家和政治家之间建立民主对话机制④。通过不同利益相关方的广泛参与，更多的经验、知识和事实因素被纳入技术决策的考虑之中，进而实现认识论的拓展；同时，通过让更多的伦理、价值、利益等社会因素得以表达和考虑，从而实现正当性的补强。因此，在这个意义上，扩大利益相关方的参与是打开技术"黑箱"的有效途径。

如前文所述，数据安全标准的制定涉及多个利益相关方，利益相关方作为标准制定主体参与标准化活动是通过特定机制安排实现的，标准化技

① 刘权：《论行政规范性文件的事前合法性审查》，载《江苏社会科学》2014年第2期。

② 参见方世荣：《论行政立法参与权的模式》，载《中国法学》2014年第3期。

③ 参见徐凌、蔡仲：《"技术民主"发微》，载《理论月刊》2014年第8期。

④ 参见孙浔：《技术民主的两条道路——哈贝马斯和芬伯格技术政治学比较研究》，载《兰州学刊》2008年第9期。

术委员会便是这一特定机制安排的基本形式。各国标准化政策和标准化立法均强调标准化技术委员会须由利益相关方构成[①]。如我国《全国专业标准化技术委员会管理规定》规定："技术委员会由委员组成，设主任委员和副主任委员。技术委员会的委员应当具有广泛的代表性，可以来自企业、科研机构、检测机构、高等院校、政府部门、行业协会、消费者等。"但数据要素作为新兴生产要素，存在天然的技术壁垒与规制门槛，这对数据安全标准的制定组织提出了现实挑战。笔者通过查阅信标委官网现已发布的数据安全国家标准的公示信息中的起草人员及承担单位发现，数据安全标准的制定成员构成仍以数据通信行业的专业技术人员和组织为主，虽然相关国家标准的发布通常都会经过公开征求意见程序，但大多数数据用户难以成为标准制定专家。如何使用户真正参与涉及切身权益的标准的制定过程呢？如何克服数据安全领域的知识壁垒呢？在实践中，普通公众通过外部性参与的实质效果往往不佳，且在标准制定过程中用户的意见诉求如何充分呈现，值得反思。

因此，在制度优化的总体导向上，应着重通过对标准制定过程中参与主体的多元化程序设计保障相关工作的民主性要求。在具体举措上，可以扩大参与标准制定的利益相关方范围，尤其要降低普通公众或相关数据用户反馈意见、参与决策的门槛和成本。例如：为公众及其代表参与数据安全标准制定会议提供经费支持，或者在标准制定过程中预留公示环节让大众（数据用户）有机会提出具有约束力的建议等。同时，强化征求意见程序的公开公示工作和意见采纳反馈机制，提高参与方的决策参与度。

2. 决策法治化面向。决策法治化是优化标准制定中相关方参与决策机制的另一个重要面向。其基本要求在于，在决策组织上保证法制人员占比，落实标准的事前合法性审查要求；从决策程序上对标法定程序要件及流程，以决策程序公开促进标准实体正当，并实现标准决策的内部、外部双重规制格局。

首先，现代法治通过程序参与与公开机制实现了自身的合法化，维护了法律系统的功能自治，而标准制定程序的自治性是通过健全组织结构和

[①] 参见于连超：《标准化原论》，中国标准出版社 2021 年版，第 23 页。

严谨的工作程序实现的①。

（1）在组织构成方面，不仅要注重决策参与主体构成的多元性与代表性，而且要积极引入独立法制审查人员或团队。笔者通过查阅现已发布的数据安全国家标准发现，仅有《健康医疗数据安全指南》国家标准的承担单位公示中显示有一家律师事务所参与，其他现行国家标准均未查询到有第三方法律顾问单位或专业数据合规团队的介入。诚然，标准化组织及相关科研机构内部不乏通信或标准化领域专业法律人士，但其大多为技术法律复合人才，相对于独立的第三方法律专家学者或法律服务机构，对标准制定中的合法性审查可能缺乏敏感度；且数据安全标准治理涉及多元社会关系，系统治理思维要求我们注意跨学科的考察视角，正所谓"当局者迷"，仅由业内人士参与特定领域数据安全标准的制定工作易缺乏代表性与问题意识，不利于产出具有高质量、综合性甚至前瞻性的标准。

（2）在程序规制方面，应将数据安全标准的立项、申报、制定、产出、备案等一系列工作程序对标立法程序予以规范，重点落实程序公开化的要求。这是考虑到标准作为治理规范，其制定与实施不仅是经济活动，也是一项社会活动，即标准应在所有利益相关方的相互协作和全体同意的基础上展开活动。既然标准是在多个利益相关方环境中制定的，标准的制定程序理应向所有利益相关方开放并接受监督，这亦是程序公正的应有之义。

其次，法律规范是自律与他律的统一，标准的制定同样需要通过自我规制与外部规制的结合满足其合法性及正当性要求。就数据安全标准的制定而言，从自我规制方面，主要是落实数据安全标准制定组织的内部的合法性审查；从外部规制方面，要激励政府、公众、媒体等决策参与方开展外部监督，尤其要防止部分利益相关方形成垄断利益联盟，对数据安全标准决策形成不正当干预等负面影响，具体措施上可考虑结合反垄断法的相关规定，或在相关引导性标准规范中明确相关合规免责条款。如欧盟在其《关于横向合作协议使用〈欧盟运行条约〉第101条的指南》中规定：如果标准制定过程的参与是不受限制的，标准制定组织的规制保证市场上所

---

① 参见于连超：《标准化原论》，中国标准出版社2021年版，第100页。

有竞争者都能参与标准制定过程，同时具备客观、无歧视的投票程序，可以认为该标准协议行为不会限制相关市场竞争，进而不会受到相关反垄断法的规制。

（三）体系建构：形成标准与法律共治数据安全治理规范体系

从现代治理的角度看，实现善治是统一法秩序下规则治理的价值目标。现代化对传统社会因素的冲击引发了诸多不稳定，这种不稳定源于对权力和秩序缺乏认同、信任和忠诚①。而信息革命与新兴技术的迅猛发展，不断加剧着这种不稳定。正如梅岳指出："我们的社会组织事实上已经超越了靠定型的日常关系来维持有效的相互来往和合作的阶段。这种变动是由物理化学和技术的发展引起的。"② 与传统社会的简单化、稳定性相比，现代社会是一个风险社会，社会关系的高度复杂性和风险的不可预测性对现代社会的秩序构建提出了空前挑战。治理规范是风险社会中秩序价值的集中表达，建构合理的治理规范体系是应对各类现代化难题的长效策略。

当前，面对数据安全领域的诸多风险挑战，亟须对现有治理规范资源进行整合并予以体系化。而数据安全治理规范体系的建构，其核心问题在于处理好法律治理和行业治理的互动关系。亚里士多德指出："法律（和礼俗）就是某种秩序，普遍良好的秩序基于普遍遵守法律（和礼俗）的习惯。"③ 法律是现代社会最基本的治理规范，但在社会秩序的广大网络中，法律秩序并不代表全部的社会秩序④。而标准是法律之外的治理规范，它具有延伸法律规范功能的作用，使得以权利义务配置为内容的抽象的法律规范落到实处，为现代秩序的创制提供了可能。因此，标准与法律融合对法治建设具有重要意义⑤。虽然标准与法律在基本性质、制定主体、内容规定以及外在形式等方面不尽相同，但二者对规范性和秩序有着共同的追求，这也成为二者融合的基础。标准基于自愿性的合意，法律则基于强制

① 参见郑永流：《现代化的秩序依赖——国家法为何及对民间法、自然法作用评析》，载《清华法治论衡》2000 年第 1 辑。
② ［美］乔治·埃尔顿·梅岳：《工业文明的社会问题》，费孝通译，群言出版社 2013 年版，第 15 页。
③ ［古希腊］亚里士多德：《政治学》，吴寿彭译，商务印书馆 1983 年版，第 353-354 页。
④ 参见周旺生：《论法律的秩序价值》，载《法学家》2003 年第 5 期。
⑤ 参见柳经纬：《法律与标准的融合》，载《政法论坛》2016 年第 6 期。

性合意，数据安全治理便是二者相辅相成、协同共治的典型适用场域。

具体而言，通过考察现行数据安全相关法律的立法背景及进程可以发现，我国的数据安全立法呈现出鲜明的回应型立法的特征，而数据安全标准在支撑法律实施方面存在越来越大的发挥空间，这是因为通过符合标准达到遵守法律目标的模式，软化了完全依靠国家强制力实施法律的机制，通过标准代表的专业群体和不同利益相关方之间共同协商达成的可行性解决方案，可以降低立法成本和守法成本。而要建立起标准支撑法律实施的机制，实现二者之间的协同效应，还应注意厘清二者在数据安全治理过程中各自的定位与使命。

一方面，要认清法律与标准的本质区别，明确各自的规范属性与规范界面。在法律与标准共同参与数据安全治理的过程中，数据安全法律应是基本性的规则规范，而数据安全标准应是技术性的细节或裁量规范，不宜相互混同或替代。尤其是各类数据安全标准不应僭越立法所属事项，否则将有削减立法价值之虞，甚至有违法律优先或法律保留原则。同时，标准本身不具有严格意义上的制定法属性，标准支撑法律实施并不是委托立法，也并不意味着立法权的转移或下放，而应当被认为是法律实施的一种技术手段，标准制定组织也并未因法律引用标准而被赋予任何公共权力。

另一方面，要实现数据安全标准支撑现行数据安全法律实施的目标，需要相应的配套机制将二者科学衔接。例如，建立标准的更新维护机制。法律的稳定性高于标准，标准的稳定性通常是相对的、阶段性的，会根据科技发展水平持续优化，因此，标准制定组织及时准确把握大数据产业发展与国家政策动态，对现行及在研数据安全标准进行定期审查，对其有效性及其实施效果进行跟踪和评估，并及时修订或废止，保持标准的先进性。再如，设置标准的合格评定机制，以评定规制对象是否达到标准要求。依据《数据安全法》《网络安全法》《网络安全产品和服务审查办法》等法律规定，结合数据安全分类分级设置，对相应大数据服务提供者的数据管理能力、服务安全能力、组织安全能力、安全合规程度等进行评定，为第三方审查机构的安全审查工作提供重要支撑。

总之，要实现数据安全治理过程中标准与法律的良好互动关系，既要充分发挥数据安全法律自上而下调整数据安全领域法律关系的统摄作用，又要强化数据安全标准自下而上供给以及支撑法律实施的机制，厘清法律与标准在数据安全治理的规范体系中的应然定位，发挥法律治理与标准治理的协同效应，最终形成国家层面的法律法规、标准规范、应用实践和技术共同支撑的多元共治局面。

四、结语

国家与社会、政府与市场并不是截然分离的。作为数据安全治理规范，法律与标准也不仅是简单并列的，二者之间存在着深度的交叉、融合和互动关系。标准看似是一个技术问题，但行政机关通过不同方式对标准的反复适用，使得标准对相对人权利义务影响重大。因此，在运用标准参与数据安全治理的过程中，既要全面、深刻地把握标准的双重属性，又要厘清其承载的多元利益关系，对标法治来衡量标准的合法性与正当性问题。同时，需要进行反思的是：如何通过法律制度的构造，让标准在嵌入法治化的过程发挥最大经济效能；如何对接"放管服"改革和政府职能转变，引导市场主体"主动科学推标"；标准作为治理规范又能否或者在多大程度上可以被纳入司法审查的框架。诸多问题有待进一步的理论和实证研究。

信息处理中个人"部分同意"机制的理论基础与实践路径

——基于《个人信息保护法》第十六条的研究

杜文心

摘　要　近年来，随着网络经济的发展，个人信息关联利益增加，对个人信息的有效保护与合理利用成为重要的时代命题。在新的利益衡量格局下，传统的"一键勾选"式"知情—同意"框架难以满足多样化的个人信息保护与利用需求。为突破这种困境，构建个人"部分同意"机制是一种可能的实现路径。个人"部分同意"机制在"知情—同意"框架的基础上，给予信息主体个性化的选择空间，使个人信息得以在信息主体同意范围内最大限度地得到利用。《个人信息保护法》第十六条的规定为个人"部分同意"机制提供了理论指导。通过对部分企业的个人信息保护政策进行分析，可以进一步明确个人"部分同意"机制的实践路径。

关键词　个人信息保护；隐私条款；部分同意

一、问题的提出

在既有的个人信息保护框架中，我国已经确立了个人信息处理者在通常情况下获取、处理个人信息应当获得信息主体同意的标准。《中华人民共和国网络安全法》第二十二条第三款明确规定:"网络产品、服务具有收集用户信息功能的,其提供者应当向用户明示并取得同意。"实践中,产品、服务提供者通常通过提供《用户告知协议》等方式告知用户有关信息,并获得用户同意。由于分项授权所需成本较高,获得用户同意的具体形式多为传统的"一键勾选"式"知情—同意"框架。

近年来,随着网络经济的快速发展,对于个人信息的保护和利用需求也呈多样化态势。如实践中存在用户使用某 App 部分功能,愿意且只愿意授权该 App 处理部分个人信息的情况。此时,该用户意愿可以视为个人对于信息处理的"部分同意"。"部分同意"的内容具有多样化和个性化的特点,且在使用过程中随时可能发生变化。因此,相较于在使用前进行分项授权,在传统"一键勾选"式"知情—同意"框架的基础上,建立并完善信息处理中个人"部分同意"机制是可行性更高的路径。

《个人信息保护法》第十六条规定:"个人信息处理者不得以个人不同意处理其个人信息或者撤回同意为由,拒绝提供产品或者服务;处理个人信息属于提供产品或者服务所必需的除外。"这一规定保障了个人在获得产品和服务的同时拒绝非必需个人信息处理的权利,为个人"部分同意"机制提供了理论支持。以《个人信息保护法》第十六条为基础,厘清信息处理中个人"部分同意"机制的理论基础与实践路径,对于建立并完善个人"部分同意"机制、提高其在实践中的可行性至关重要。

二、个人"部分同意"机制的理论基础

在个人信息保护框架下,相关主体与利益关系相较于传统隐私权保护框架得到了极大程度的扩展:从二元的隐私权人与义务主体之间的利益关系转变为"三方平衡"的利益关系。此时,既要强化个人敏感隐私信息的保护,又要提升个人一般信息的利用水平。因此,需要通过制度设计在个人信息保护与利用的需求中进行调和,以实现利益平衡[①]。在这种现实需求下,个人"部分同意"机制的运用对于有效保护和合理利用个人信息、

---

① 参见张新宝:《从隐私到个人信息:利益再衡量的理论与制度安排》,载《中国法学》2015 年第 3 期,第 49-52 页。

实现两者的利益平衡发挥着积极作用。

（一）有效保护个人信息

个人"部分同意"机制能够在整体上提升个人信息保护水平的原因主要有两点：

其一，对于信息主体同意进行处理的部分，该机制维持了原有的个人信息保护水平。个人"部分同意"机制继承了"知情—同意"框架下对个人信息的基本保护，即信息主体在充分知情的前提下，明确、自愿地对个人信息处理做出同意的意思表示。

其二，对于信息主体不同意进行处理的部分，该机制赋予了信息主体"拒绝权"。在"一键勾选"式"知情—同意"框架下，作为信息主体的用户缺乏全面阅读并掌握《用户告知协议》相关信息的能力与动力。即使用户通过阅读，对相关信息中部分内容持拒绝态度，也难以对否定的内容进行剥离。例如，信息主体只对企业个人信息处理政策中的部分内容有所疑虑，但如果拒绝勾选，则无法注册账号从而获取服务。这种状况限制了使用者相对于信息处理者的议价能力，因而使用者可能出于无奈而做出"同意"的意思表示。此时，个人"部分同意"机制的引入使信息主体拥有了"拒绝权"，信息主体可以在拒绝不必要的个人信息处理前提下获得所需的产品或服务。

该机制突破了"保护个人敏感隐私信息"的基本框架，最大限度实现了公平信息实践的原则，使个人信息的流通与利用符合个体的合理预期[1]，从而实现了个人信息的有效保护。

（二）合理利用个人信息

不同于隐私权，个人信息具有多重利益性质，因此难以被"绝对化"保护。具体而言，个人信息可能影响他人的合法权益、企业的正当权益，乃至损害平台经济和数字经济的发展，从而危害公共利益[2]。因此，在保护个人信息的同时，强化个人信息的合理流通与利用也至关重要。

---

[1] 参见丁晓东：《什么是数据权利——从欧洲〈一般数据保护条例〉看数据隐私的保护》，载《华东政法大学学报》2018年第4期，第108-109页。

[2] 参见丁晓东：《个人信息权利的反思与重塑：论个人信息保护的适用前提与法益基础》，载《中外法学》2020年第2期，第349-351页。

在企业与用户的关系中，用户不是唯一的权利主体，不能为了保护用户的个人信息而过分限缩企业享有的权利。如用户在获取产品或服务时，对已经做出"同意"意思表示的内容有撤回同意的权利，但该权利要受到"提供产品或服务所必需"的限制。如果用户的撤回权不受限，将过分加重企业的义务，影响企业的正当权益。从长期来看，会对平台经济、数字经济的发展产生不利影响，从而对用户和企业都造成损害。

个人"部分同意"机制表面上限制了个人信息的利用水平，实质上却促进了个人信息的合理利用。首先，该机制突破了过去"全有或全无"的二元化选择困境，于企业而言减少了不必要的用户流失。如果用户对于企业收集信息的范围产生了不满情绪，可能会对企业产生不信任。尽管用户在单次使用中相较企业的议价能力偏弱，但用户可以通过减少使用频率，乃至在实现需求后停止使用、寻找替代品的方式，表达对企业的不信任情绪，造成企业的用户流失。

其次，信息处理者仍然能够收集到提供服务所必需的个人信息，而收集信息范围的精准化也可以减少其不必要的管理成本与风险承担。在充分尊重用户选择权的基础上，使信息主体承担个人信息自我管理带来的风险。在个人"部分同意"机制下，企业获得的信息得到了信息主体的充分授权。由于用户随时可以调整部分选择的范畴，其意思表示的真实程度得到了保障。因此，企业处理收集到的个人信息的行为得以完全正当化，从而提升了合理利用个人信息的水平。

(三) 实现两者的利益均衡

兼顾对个人信息的有效保护和合理利用，需要实现两者的利益均衡。而在两者之间建立合理有效的协调机制是实现这一均衡的必由之路。"满足自然人对其个人信息的保护诉求，赋予网络运营者收集、使用个人信息的正当性与合法性"①，是进行制度构建的目的与指导方向。

实践中，在不考虑政府作为信息处理主体的情况下，企业和用户各占线段的两端。"个人敏感信息"在用户的一端，通常不会让渡给企业。企业则占据"提供基础服务所必须的信息"一端。此时，个人"部分同意"机制为两端相连搭建了桥梁，占据双方权利的中间地带。中间地带所包含

---

① 郑维炜：《个人信息权的权利属性、法理基础与保护路径》，载《法制与社会发展》2020 年 6 期，第 137–138 页。

的个人信息既非"个人敏感信息"，也不属于"企业提供基础服务所必需的信息"。此时企业通过提供附加服务而争取获得该类信息，用户则通过"部分同意"机制行使选择权，如图1所示。

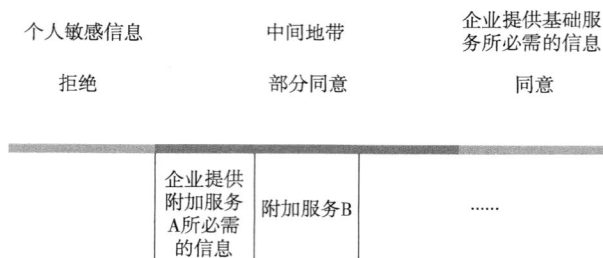

个人敏感信息	中间地带	企业提供基础服务所必需的信息
拒绝	部分同意	同意

企业提供附加服务A所必需的信息	附加服务B	……

图1

这一机制使用户在做出同意与否的意思表示时，进行个人信息与附加服务的利益衡量；企业在提供服务时也进行了可得利益与所负义务的考量。双重利益衡量既保障了用户的充分选择权，又提升了个人信息的流通和利用水平，有利于实现两者的利益均衡。

三、个人"部分同意"机制的实践路径

随着对个人信息的关切日益增长和相关法规的日益完善，许多企业在2020年更新了隐私和个人信息保护政策，进一步明确企业在个人信息保护方面的举措，建立并逐步完善了企业利用个人信息的模式。在明确理论基础的前提下，以《个人信息保护法》第十六条为理论指导，通过对实践中企业的个人信息保护政策进行分析，可以进一步探索个人"部分同意"机制的实践路径。具体而言，实践路径主要分为企业提供基础服务所必需的信息、个人敏感信息和中间地带三方面的分类规制和制度安排。

（一）企业提供基础服务所必需的信息

明确企业提供基础服务所必需的信息，首先要明确"企业基础服务"的范畴。为避免因机械化判断而过分加重某一方应负的责任，应当从用户使用目的和企业自身定位出发，寻找两者的交集，如图2所示。

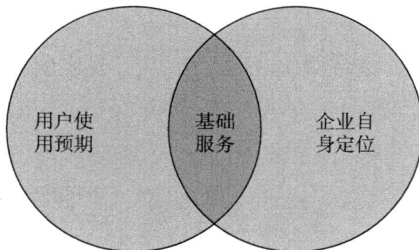

图 2

以搜索引擎为例，用户的使用预期是通过搜索引擎寻找到所需的信息，而企业对于自身的定位可能是能够提供多种服务的平台。在这一情景下，"注册账号"这一内容就符合企业自身定位，但不属于用户使用预期的服务内容。此时"基础服务"应当受到用户使用预期的限制，"注册账号"所需信息不应算作"企业提供基础服务所必需的信息"。

实践中，企业通过以企业自身定位为基础构建框架，通过例外规定保障用户使用预期的方式调节这一关系。例如，在提供搜索服务的 A 企业的《隐私政策》中写明："您注册账号时须至少向我们提供账号名称、手机号码及或电子邮箱，并创建密码。如果您仅需使用浏览、搜索等基本服务，您不需要注册成为我们的用户及提供上述信息。"

对于企业在提供基础服务时获取到的信息的使用方式，在隐私政策中大体可以有两种处理方法：授权同意和行为默认同意。前者指尽管该个人信息是企业在提供基础服务中获取的信息，但信息的用途可以视为企业提供的新服务，因此需要用户重新授权。如 A 企业在《隐私政策》中提及："经您授权我们会收集设备属性信息。"后者则根据用户的行为，默认用户同意该个人信息的用途，具体格式为：如"用户实施某一行为"则默认"您同意我们获取并处理您所提供的个人信息"。

（二）个人敏感信息

在传统的隐私权保护框架中，已经部分确立对个人敏感信息的保护。但如何在数字世界维持健全的法律秩序原则，对个人敏感信息作区别化的特殊保护，还有待实践探索。由于个人敏感信息关系到用户的核心利益，企业在收集用户个人信息时，应当对个人敏感信息作出特别保护，不能因

"告知—同意"而"作为任何情况下不当收集个人信息的合格抗辩"[①]。

实践中，企业《隐私政策》中针对个人敏感信息主要有三种保护模式：第一种模式是与其他个人信息进行同等保护。如提供搜索服务的 A 企业在其《隐私政策》中未专门提及"个人敏感信息"。原因可能在于，A 企业的基础服务较少涉及用户的个人敏感信息，即用户的个人敏感信息较少或从未处在企业的控制下，因此无须对其进行专门保护，如图 3 所示。

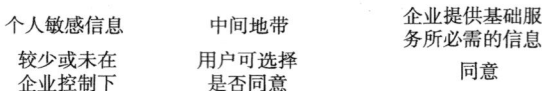

个人敏感信息　　　中间地带　　　企业提供基础服
较少或未在　　　　用户可选择　　　务所必需的信息
企业控制下　　　　是否同意　　　　同意

图 3

第二种模式则是预先给出"个人敏感信息"的定义，强调个人敏感信息的重要性，并在《隐私政策》中对于相关内容进行特别提醒，以保障用户审慎地作出"同意"的意思表示。如提供分类信息的 B 网站的《隐私政策》中写明："本隐私政策涉及的个人敏感信息，我们将加粗并加下划线的方式提示您注意阅读。"使用该模式的企业提供基础服务所必需的信息就包括（或非常接近）个人隐私信息，乃至获得个人让渡的一部分权利，如图 4 所示。

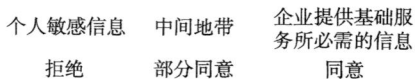

个人敏感信息　　　中间地带　　　企业提供基础服
拒绝　　　　　　　部分同意　　　务所必需的信息
　　　　　　　　　　　　　　　　　同意

图 4

第三种模式则预先列举属于个人敏感信息的具体个人信息类型，并将相应内容在隐私政策中予以特别标识。如购物网站 C 的《隐私权政策》声明："我们将在本隐私权政策中对具体个人敏感信息以粗体进行显著标识。"原因可能在于该类型的企业不同业务模块收集并处理的个人信息较为繁杂，因此通过具体列举的方式进行区别保护。

[①] 张新宝：《个人信息收集：告知同意原则适用的限制》，载《比较法研究》，2019 年 6 期，第 19-20 页。

尽管个人敏感信息的定义分歧可以在《个人信息保护法》正式实施后得以解决，但不同类型企业因其提供服务的范围、与个人敏感信息的相关度不同，确立唯一的、相同的保护模式难免过于机械，无法适应用户与企业的客观需要。因此，以个人"部分同意"机制进行调节至关重要。

（三）中间地带

对中间地带的妥善处理是个人"部分同意"机制的灵魂所在。由于个人"部分同意"机制建立在"一键勾选"式"知情—同意"框架的基础上，通常默认用户"全部同意"，因此需要通过保障用户撤回同意的权利实现用户的"部分同意"。

以 A 企业为例，针对"位置信息"的收集问题，其《隐私政策》声明："您可以通过关闭定位功能，停止对您的地理位置信息的收集，但您可能将无法获得相关服务或功能，或者无法达到相关服务拟达到的效果。"由此可见，企业以提供附加服务或提升服务水平作为收集位置信息的对价，给予用户选择权。即使用户拒绝，也不影响基础服务的提供。

但以企业个人信息保护政策为主导的个人"部分同意"机制也存在一些公平性问题。具体而言，用户需要自行寻找撤回某项同意的方法，且一些企业缺乏对于撤回同意方法的明确提示。因此，用户需要自行承担较大的时间成本，一定程度上加重了信息主体的义务。此外，对于撤回同意后的信息如何处理，也缺乏明确的标准。例如 A 企业《隐私政策》规定："在您注销账号时，我们将停止使用并删除上述信息或对您的个人信息进行匿名化处理，法律法规另有规定的除外。"但究竟在什么情况下"停止使用并删除上述信息"，在何种条件下"匿名化处理"，缺乏明确的规定，且选择权又在企业掌控中，用户缺乏相应的监管方式，处于弱势地位。

因此，为真正意义上落实个人"部分同意"机制，应当在企业《隐私政策》之外通过完善相应法律法规确立一般化的标准，避免企业将其权利扩大化，实现作为信息处理者的企业与作为信息主体的用户之间的利益平衡。

四、结语

面对个人信息领域多元化的需求和新的利益衡量格局，建立并健全个人"部分同意"机制至关重要。

在理论基础方面，个人"部分同意"机制以传统的"知情—同意"框架为基础，基于《个人信息保护法》第十六条构建。同时，以"必需"和"个人敏感信息"作为标准对于个人信息进行三段式划分，有利于满足多样化的个人信息保护与利用需求。该机制给予信息主体个性化的选择空间，使个人信息得以在信息主体同意范围内最大限度地得到利用，实现个人信息保护与利用的利益平衡。

在实践路径方面，个人"部分同意"机制主要由企业提供基础服务所必需的信息、个人敏感信息和中间地带三方面的制度安排构成。对部分企业的个人信息保护政策进行分析发现，以企业相关政策为主导的个人"部分同意"机制虽然适应了不同类型企业的客观需要，但使用户处在弱势地位，因此需要外部相关个人信息保护的法律法规进一步完善，以真正意义上实现利益平衡，加强对个人信息的有效保护与合理利用。

参考文献

[1] 张新宝. 从隐私到个人信息：利益再衡量的理论与制度安排[J]. 中国法学，2015，185（3）：38-59.

[2] 丁晓东. 什么是数据权利：从欧洲《一般数据保护条例》看数据隐私的保护[J]. 华东政法大学学报，2018，21（4）：39-53.

[3] 丁晓东. 个人信息权利的反思与重塑：论个人信息保护的适用前提与法益基础[J]. 中外法学，2020，32（2）：339-356.

[4] SPLOVE D. J. Privacy self-management and the consent dilemma[J]. George Washing ton University Law School，2012：1880-1903.

大数据时代个人信息保护及其规制路径

欧蓝柠

摘　要：大数据时代为我们带来便利的同时，获取个人信息也相对容易，稍有不慎便可能有侵害个人信息的风险之虞。为了解决《个人信息保护法》《数据安全法》《民法典》之间的适用困惑，以及现有规则不丰满的问题，本文从个人信息保护的两条路径（合同路径与侵权路径）来分别解读并解决当前个人信息保护所面临的问题。首先，在存在合同关系的前提下，基于用户个人与互联网企业或平台间的合同关系，充分给予意思自治的同时，在任意规则上加设强制规则予以"分层规制"。通过探析强制规则的出处，区分"个人信息"与"个人数据"的概念以及相关法条的解读，厘清《个人信息保护法》《数据安全法》《民法典》之间的关系，解决了适用困惑问题；其次，侵权角度同样是可以实现个人信息保护的路径之一：个人信息可以作为一项权利来予以保护，禁止不正当竞争行为可以辅助个人信息的保护，并可以将"安全港"机制、"安全标准"机制以及"敏感信息分级保护"机制作为侵权责任的特殊豁免机制，以此解决现有规则不丰满的问题。其中，本文运用了法经济学"成本—收益"理论逻辑来辅助价值判断，以求进一步寻找个人信息之合理使用与有效保护的平衡点，以此促进大数据时代互联网行业葳蕤勃兴、长远发展。

关键词：大数据；个人信息；个人数据；个人信息保护；互联网

一、引言

我国法制化建设的历史，也可谓逐步凸显人格权保护的进化史。《中华人民共和国数据安全法》（以下简称《数据安全法》）现已正式生效；《中华人民共和国个人信息保护法》（以下简称《个人信息保护法》）也于 2021 年 11 月起正式实施。继《民法典》之后，针对数据合理规制、个人信息保护的法制进程也将迈上新台阶。法制化进程作为社会情势变化的投射面，也侧面体现了大数据时代个人信息保护的紧迫性。近年来，与数据合规和个人信息保护有关的诸多案例出现在大众视野。

在淘宝公司与美景科技公司纠纷案①中，淘宝作为平台，利用自己收集用户数据得天独厚的条件，开发了生意参谋类的衍生数据产品，以帮助平台入驻商家掌握市场行情。美景公司利用技术帮助他人获取该生意参谋大数据产品中的各项数据，并从中获利。法院认为用户行为痕迹信息涉及用户个人偏好与个人身份信息，需要判断平台收集并使用用户信息的行为正当与否，涉及个人信息保护等相关问题。

在搜道网络公司、聚客通公司与腾讯公司纠纷案②中，未经平台运营者允许，搜道网络公司、聚客通公司利用外挂技术获取并使用微信平台用户信息、社交信息等用户个人信息并进行批量操作。法院对数据资源整体与单一信息个体进行了区分，认为微信平台运营方享有不同于用户个人的权益。此案涉及大数据背景下用户个人信息的保护问题。

在快忆科技公司与腾讯公司纠纷案③中，快忆公司违反微信平台官网设置的 Robots 协议，利用爬虫技术抓取微信公众号用户数据，并对外提供公众号的数据排行、数据分析等服务。法院认为快忆公司利用爬虫技术抓取的数据可能会涉及用户个人信息，快忆公司擅自使用了未获用户同意的

---

① 安徽美景信息科技有限公司与淘宝软件有限公司不正当竞争纠纷案，浙江省杭州市中级人民法院（2018）浙 01 民终 7312 号民事判决书。

② 深圳市腾讯计算机系统有限公司、腾讯科技有限公司与浙江搜道网络技术有限公司、杭州聚客通科技有限公司不正当竞争纠纷案，杭州铁路运输法院（2019）浙 8601 民初 1987 号民事判决书。

③ 深圳市腾讯计算机系统有限公司、腾讯科技有限公司与杭州快忆科技有限公司不正当竞争纠纷案，杭州铁路运输法院（2019）浙 8601 民初 2435 号民事判决书。

信息，未尊重信息发布主体的意愿，具有不正当性。该案关涉大数据时代个人信息保护的问题。

以上三件典型案例虽然都与个人信息保护息息相关，但是都着重于解决企业与企业之间的信息资源纠纷，审理过程中很少深入探讨用户的个人信息保护问题。而现实中也存在不少用户与互联网企业之间因个人信息保护所引发的纠纷，但往往因证据收集困难、举证难度大等原因，以个人为原告的民事纠纷胜诉概率小且获赔概率较低①。随着个人信息案例如雨后春笋般出现，各界逐渐意识到大数据时代公民个人信息保护的迫切性。

二、个人信息保护所面临的现存问题

针对个人信息保护，当前我国已经形成了较为立体的法律体系。《个人信息保护法》、《数据安全法》以及《民法典》人格权编都有关于个人信息保护的相关规定，现已逐渐进入个人信息保护的深化阶段。但是，关于个人信息保护，也存在一定的问题。

首先，存在各法律之间的适用困惑问题。针对"个人信息"，在《个人信息保护法》、《数据安全法》以及《民法典》人格权编中都有相应的规定。在适用时，应该如何选择？请求权思维构建于法律关系的基础之上。这里的请求权可以理解为支持当事人请求、主张所依据的法律规则。进一步厘清《个人信息保护法》、《数据安全法》以及《民法典》相关规则间的关系，有利于解决面临个人信息保护问题时各法律之间的适用困惑问题。

其次，存在现有规则"不丰满"的问题。整体上来看，虽然与个人信息保护有关的法律规定已陆续出台，体现了个人信息逐渐被重视，突出了个人信息保护的重要性与必要性；但是，相关规则大多是较为概括，并不具体，尤其是与物权、债权、知识产权等规则相比，物权、债权、知识产权的规则更为详细且具体②。当前，个人信息保护的相关规则着重于规定

---

① 庞理鹏诉中国东方航空股份有限公司、北京趣拿信息技术有限公司隐私权纠纷案，北京市第一中级人民法院（2017）京01民终509号民事判决书；孙长宝与北京搜狐互联网信息服务有限公司等人格权纠纷案，北京互联网法院（2019）京0491民初10989号民事判决书。

② 杨立新：《人格权法》，法律出版社2015年版，第7页。

个人信息受法律保护，不得受到不合理的妨害，但依然存在较大的解释空间。

法律规则的抽象与不具体，并不妨碍我们在适用法律规则时对其予以合理的解释。立法不可能面面俱到，故应重视解释。在适用法律的过程中，可以按照法律所追求的目标来予以解读并丰富其固有内涵，通过思考立法背后所追求的目标来予以确认。个人信息保护逐渐受重视，也是人格权逐渐被凸显所一并带来的。而个人信息受到损害或发生缺损，将严重影响生而为人的权利，影响"人"的人际交往、社会地位。换言之，《个人信息保护法》《数据安全法》《民法典》关于个人信息保护的相关规定是为了更好地维护"人"的自身权利。个人信息相关法律规定所追求的理想与目标是为了保护生而为人的基本资格，当个人信息受到损害或发生缺损时帮助恢复其原本的完满状态。

在当前实践中，个人信息保护的实现路径大致有两个方面：一方面，在具有合同关系的前提下（即用户个人与互联网企业或平台间存在授权个人信息使用之合同关系时），可以诉诸合同视角来对个人信息保护的相关问题予以解读并解决；另一方面，设立侵权类法律规定的目的就在于保护权利，侵权类法律规定通过对侵权行为确定侵权责任，来使个人信息所受到的损害得以救济。因此，以下将分别从合同角度与侵权角度来展开大数据背景下个人信息保护所面临的问题解读与司法改善。

三、个人信息保护路径之一：合同层面分层调整

在存在合同关系的前提下，在充分给予意思自治的同时，可以在任意规则上加设强制规则，予以"分层规制"。可以基于用户个人与互联网企业或平台间的合同关系，从合同层面来解读并解决个人信息保护的相关问题。一方面，个人与互联网企业或平台之间一般签订有与产品或服务相关的许可使用个人信息的协议，这一层面属于任意规则层面，可以充分发挥意思自治的缔约能动性；另一方面，可以用法律的强制性规定来框定底线，例如《个人信息保护法》《数据安全法》《民法典》等关于个人信息保护的强制性规定。

（一）任意规则发挥缔约能动性

1. 协定个人信息的使用期限与续期方式。基于用户个人与互联网企业

或平台之间许可使用用户个人信息的合同关系，可以在具体合同条款里合理设定用户个人信息同意使用之期限（例如同意该信息处理者使用用户个人信息的期限）。除此之外，还可以详细规定到期后是否可以续期，以及续期的类型是自动续期还是需再次获得用户同意。

基于信息收集成本与谈判磋商成本，可以采用以"到期后自动续期"为主的模式，以减少再次促成合同的成本。用户在授权同意到期后，如果都进行续期协议的签订，可能导致信息的重复搜集与调查，形成资源的浪费，不利于社会总体成本的最小化与社会财富的增进累积。用户这一群体的数目庞大且不特定，且用户之间的信息交换具有一定的闭塞性，并不完全流通。因此，采用到期后自动续期模式所需要的成本是较小的。

2. 保护个人信息从消极预防走向积极预防。基于用户个人与互联网企业或平台之间合同关系，充分发挥任意规则项下的缔约能动性，有利于个人信息保护从消极预防走向积极预防。所谓消极预防，是指个人信息被不当处理进而导致损害发生后，诉诸人身、财产等权利来主张救济。但是人身、财产等权益本身并不是个人信息所直接保护的对象，其具有一定的救济层面的延后性。个人信息所直接保护的对象是人格利益中的"个人信息利益"，关乎是否能准确地识别特定自然人，关乎是否能真正地、完整地解读该自然人。

在大数据时代，将个人信息在合同层面予以保护，有利于实现从消极预防走向积极预防。一方面，在授权合同签订时，信息主体可以积极地同意或主动地拒绝他人使用自身个人信息（例如本人的生物识别信息、住址信息、行踪信息等）；另一方面，在授权阶段，信息主体针对信息处理者所掌握的个人信息可以积极行使查阅、复制的权利（例如《个人信息保护法》第十四条、第十五条、第十六条以及第四十五条等规定）。此类规制都有利于在大数据时代充分发挥能动性并对个人信息进行积极且有效的保护。

（二）强制规则框定法律之底线

此外，还需要用强制性规则来框定底线。例如《个人信息保护法》第十六条规定个人信息处理者不得因个人的拒绝授权而拒绝提供商品或服务，同时，在末尾加设除外条款——"属于产品或服务所必需的除外"。这样既有利于减少信息不对称、博弈地位悬殊致使的拒绝授权、差别对待等情况，又有利于保障大数据时代个人信息的流动性，给个人信息的交换和流通预留充分的空间。

1. 强制规则可以填补合同漏洞。基于意思自治，任意规则可选择适用的范围较大，用户个人与互联网企业或平台之间的合同内容的任意性空间也较大，可能存在一定的漏洞。为了维护基本的公平与正义，可以由强制规则对合同漏洞予以填补。

例如，《个人信息保护法》第十五条的规定可以填补个人与企业或平台间所签协议采用上述"到期后自动续期"授权模式的漏洞。依据《个人信息保护法》第十五条的规定，授予个人信息主体"可撤回"同意的权利，且信息处理方必须提供便捷的撤回同意之方式。只要信息主体不愿再将个人信息的处理权限"自动续期"给信息处理者，就可以依据《个人信息保护法》中"可撤回"同意的相关规定，通知信息处理方将个人信息按照信息主体的要求予以删除。这恰好能弥补授权协议中采用"到期后自动续期"授权模式所产生的漏洞。

2. 合同中格式条款的合理处理。基于用户个人与互联网企业或平台之间许可使用用户个人信息的合同关系，还可能涉及格式条款问题。《民法典》第四百九十六条明确要求格式条款的提供方履行告知义务，否则该格式条款无效。《个人信息保护法》第二十六条也规定了个人信息收集者的提示义务。格式合同的产生过程实际上是一种帕累托改善[1]，缔约成本与追索成本是格式条款相对方接受格式条款的重要因素。为避免合作剩余利益的分配失衡，法律予以相应强制规定具有正当性。

在大数据时代，个人信息主体与信息处理者、保存者、使用者间所签订的个人信息授权协议多为电子版本。基于"卡尔多—希克斯效率"原理，当前采用电子类型的格式合同较为高效而且有利于减少"社会总成本"[2]，但如何尽到充分且合理的告知义务值得探讨。

例如，在用户使用互联网领域产品或服务前可以出现网络弹窗，告知用户该产品或服务可能涉及的收集、保存或使用个人信息等情况。此时，停留于该界面的用户具有选择权，可以在知悉个人信息处理情况后自愿选

---

[1]　冯玉军：《新编法经济学：原理·图解·案例》，法律出版社 2018 年版，第 282 页。

[2]　Ronald Coase. The Firm, the Market, and the Law. University of Chicago Press Economics Books, 1990, p. 740.

择继续授权，或拒绝同意。倘若互联网企业或平台未尽到合理的告知义务，依据《民法典》第四百九十六条与《个人信息保护法》第二十六条等强制规定，可以用法律来框定个人信息适用之底线。

3. 强制规则的出处：相关法律关系之厘清。《个人信息保护法》《数据安全法》《民法典》之间的关系需要进一步厘清，解决各强制规则间适用困惑的问题。在大数据时代，应当注意个人信息与个人数据的区分与适用。"个人信息"与"个人数据"可能分别指向《个人信息保护法》《数据安全法》，此外，还可能涉及《民法典》人格权编的相关规定。《个人信息保护法》与《数据安全法》属于特别法，《民法典》属于一般法。实践中，何时适用《个人信息保护法》的强制性规定，何时适用《数据安全法》的强制性规定，何时适用《民法典》的相关规定？在适用具体强制规则前，需要先厘清个人信息与个人数据间的关系。

（1）个人信息与个人数据之区分。个人信息不同于个人数据。笔者认为，个人信息涵盖了个人数据。换言之，个人信息的外延大于个人数据。例如，某人自然表露的个人特性属于个人信息[①]，但不属于个人数据；还有一些以纸质形式记载且其内容未被转化为电子形式的档案信息，也属于个人信息的范畴。不可否认，在大数据背景下，个人信息更多地以"个人数据"的形式呈现在数字化网络之中。置身于茫茫人海，我们每个人都可以被量化、分割、定义、细分、归类，每个人都是数据的集合，也正是每个人在数字化网络时代所体现的数据集合间的差异性，决定了在数字化网络世界里"我们自己是谁"的问题。哲学家曾言"我思故我在"，而在当今大数据时代，我们与网络世界间产生的数据交流与回馈决定了我们的存在。

但是，个人信息区别于个人数据，大致有以下两点原因：

第一，个人信息与个人数据间转换具有时间差。个人信息与个人数据间的转换存在一定的时间差，需要经历将"输入"转化为"输出"这一过程。个人数据属于个人信息进入网络世界后被"数据化"的结果，或者说个人数据其实是个人信息的转化物。相较于个人信息，个人数据所呈现的形式与互联网环境更加契合，更便于在网络中记录、储存和使用。当前互联网技术日新月异，呈现不断发展的态势，例如常常提及的"互联网+"

---

① 齐爱民：《论个人资料》，载《法学》2003年第8期，第80-85页。

这一概念就是互联网与各类生产要素相结合并不断延展其应用范围的最佳诠释。在此情景下，个人数据的范围与类型不断延伸，存在着新的数据类型尚未被界定为个人数据且无法及时救济的可能。当前大数据时代，将保护对象仅限于"个人数据"未免有些太过迁于现状、画地为牢，应当长远考虑，给予个人信息被充分保护的可能。

换言之，个人信息涵盖了个人数据，并且个人信息与个人数据间的转换可能存在时间差。在互联网环境中，每一种个人信息在未来都极有可能转化为大数据的某一组成部分。我们需揭开外表，抓住实质——揭开个人数据的外表，其实质是个人信息。

第二，存在越过个人数据直接触及个人信息的情况。个人信息不仅存在上述时间差的问题，而且还存在尚未侵犯个人数据便已触及个人信息的情况，例如，对"声音"的秘密监测。我国《民法典》关于个人信息内容采列举式立法，《民法典》第一〇三四条所列举的"生物识别信息"，当然包括自然人的声音。

依据相关报道①，手机应用程序存在擅自使用用户声音的情况。此时的"用户声音"是用户在日常生活中自然流露的信息，其形态与性质并不属于个人数据的范畴。平日闲聊时所提及的内容，无论是地点名称还是商品名称等内容，下一秒便可能精准出现在各 App 的初始页面与推荐列表，用户甚至可能接到相关咨询电话。据相应报道，即使手机 App 未被开启，也并不妨碍 App 暗自利用手机传感器捕捉不同振频的声音信号，加之解析，还原用户声音。浙江大学的研究团队进行了多组试验，相关应用成功识别率超过了 90%；即使离手机有一定的距离，识别准确率仍然高达80%②。手机 App 擅自使用用户在日常生活中自然流露的声音信息，属于侵犯个人信息的范畴。倘若在大数据时代将保护对象界定为个人数据，想要规制此类情况未免有些力所不逮。

简而言之，个人信息区别于个人数据，且个人信息的外延大于个人数据。将保护对象界定为个人信息，保护与互联网不断交互所涉及的个人信

---

① 人民资讯：《窃听风云！手机 App 正在偷听你说话》，载腾讯网（2020 年 7 月 15 日）：https：//xw. qq. com/cmsid/20200715A0B6MN.

② 南国早报：《手机 App 在"偷听"我们吗?》，载百家号网（2021 年 8 月 5 日）：https：//baijiahao. baidu. com/1707210926393223424&wfr=spider&for=pc.

息，更有利于实现完整人格权益的保护。

（2）《个人信息保护法》《数据安全法》《民法典》之适用。依据凯尔生"框"之理论，法律之解释需要限定在"框"内进行，所谓"框"者，即为法律本身①。细读条文，《数据安全法》中关于"个人信息"的相关规定共有两条：一条位于第五章"政务数据安全与开放"的第三十八条，规定国家机关履行职务对"个人信息"的数据应予以保密；另一条位于附则：第五十三条中，规定"个人信息"的数据处理还应遵守有关法律、行政法规的规定。由此可见，在"个人信息"字样之后必出现"数据"二字，即"……的数据"。我国《数据安全法》中关于"个人信息"的相关规定，其落脚点为个人信息的"数据"，或许我们可以将"个人信息的数据"解读为"个人数据"。

在此解释之下，《个人信息保护法》与《数据安全法》之适用问题便可以迎刃而解了。

涉及个人数据这一类型时，适用《数据安全法》的有关强制性规定。而《数据安全法》中关于个人数据之处理没有规定的，可以适用《个人信息保护法》《民法典》等相关规定。这也与我们上一部分所主张的个人信息范围涵盖了个人数据这一观点相吻合。

涉及个人信息这一类型时，适用《个人信息保护法》《民法典》等相关规定。《个人信息保护法》缺乏相关规定的，可以在《民法典》中找到答案。例如关于个人信息"处理"的相关问题，在《个人信息保护法》第二章信息处理规则、第四章信息主体权利以及第五章处理者义务没有规定或规定不明的，可依据《民法典》中关于信息处理的相关规定予以个案判断。

四、个人信息保护路径之二：侵权角度调整

除了上述存在合同关系这一情况，还存在不具有合同关系但依然侵犯"个人信息权益"的情况。例如，伪装成"颜值检测 App"的黑客软件侵入手机，在手机用户不知情且未授权的情况下盗取用户手机中的照片、姓

---

① 杨仁寿：《法学方法论》，中国政法大学出版社 2018 年版，第 141 页。

名、电话号码等个人信息，违规收集用户个人信息数量达数万条①。此外，现有技术可以将相册中的人脸照片转化为动态人脸视频②。一旦动态的人脸视频与个人身份信息相结合，极有可能引发巨大的安全隐患，例如可以通过"刷脸"进行款项支付，通过"刷脸"办理银行卡、电话卡等。显然，此类行为的行为主体与信息主体间并不存在合同关系。

在不具有合同关系的情况下，我们可以通过侵权这一角度来对大数据时代个人信息保护的相关问题予以解读并解决。设立侵权类法律规定的目的之一就在于保护权利，所以当个人信息受到侵害时，侵权类法律规定通过对侵权行为确定侵权责任并予以制裁，使个人信息所受到的损害得以救济。

（一）个人信息可否作为权利予以保护

对于上述问题，倘若从侵权的角度出发，则首先需要判断：个人信息是不是一项权利，是否可以直接诉诸个人信息来请求救济？换言之，个人信息能否作为一项权利来予以保护？

解决上述问题需要对一些关键概念进行比较和区分。

1. 个人信息与财产权之辨析。个人信息能作为财产权进行保护吗？不可否认，个人信息具有一定的财产属性。一方面，经匿名化处理后的个人信息，其人格属性消灭，但财产属性依然存续；另一方面，个人信息可被交易的情况从侧面论证了个人信息含有一定的财产属性③。不可否认，个人信息的不当收集、保存与使用，可能会导致信息个体财产的损失。依据科斯定理，为了达到市场均衡，实现最大正外部化效应，须确定好产权④。而将个人信息以财产权性质予以保护，或许有助于减少产权纷争，减少守护成本，最终有利于个人信息合理且可持续的利用。

但是，将个人信息以财产权来进行保护，具有一定的不合理之处。首先，观察《民法典》的编排体例可以发现，个人信息被归类于第四编的人

---

① 奉贤检察院：《公诉现场之利用"颜值检测"软件窃取公民个人信息，判了!》，载腾讯新闻网（2021年8月25日）：https://view.inews.qq.com/a/20210825A09Y9H00.

② 刘名洋：《"与时俱进"的人脸识别黑产》，载新京报网（2021年4月13日）：https://mp.weixin.qq.com/s/Hve6oSiXCV1W-I9omFnogw.

③ 齐爱民：《论个人信息的法律属性与构成要素》，载《情报理论与实践》2009年第10期，第26～29页。

④ 冯玉军：《新编法经济学：原理·图解·案例》，法律出版社2018年版，第207～208页。

格权编。依据《民法典》第九百八十九条的规定，第四编所调整的是因"人格权"享有和保护而产生的民事关系。显然，将个人信息作为第四编人格权编的内容之一，表明立法者并没有将个人信息作为财产权来进行保护的意图。其次，依据《民法典》第九百九十二条的规定，人格权不得继承。作为人格权编内容之一的个人信息同样受此约束，个人信息不得继承，显然与可继承的财产权特质相悖①。将不得继承的个人信息作为财产权来进行保护便可能存疑。再次，以财产权性质对个人信息进行赋权保护，忽略了信息流通与共享的问题，过于强调对主体权利的保护。赋予财产权是一种比较彻底的保护模式，却不利于大数据背景下个人信息的交流与共享。区别于知识产权，当前财产权的赋权模式并不具备相应的保护期限与限制条款例如《著作权法》第 24 条所规定的合理使用情形，为知识产权的交流与共享预留了窗口；最后，个人信息具有非竞争性、非稀缺性。倘若将其以财产权性质予以保护，非但不会增加社会财富与社会总体福利，还可能造成公共资源、维系成本的浪费。

综上所述，将个人信息以财产权性质进行保护，具有一定的不合理之处。

2. 个人信息与著作权之辨析。个人信息能作为著作权进行保护吗？不可否认，因为权利能力不可与主体相分离，个人信息除了具有一定的财产性质之外，还与个人信息主体具有较强的人身联系。例如《民法典》第一千零三四条规定，个人信息可以识别"特定"自然人。这意味着个人信息具有指向上的唯一性；亦或许，我们可以将个人信息界定为具有财产性质兼具人身性质。现今，不断有"中间型权利"出现②，其中最典型的便是著作权这一具有财产与人身双重属性的民事权利③。

但是，将个人信息以著作权进行保护，同样具有一定的不合理之处：首先，不是所有的个人信息都具有独创性。例如：同名同姓的人名、同样的出生日期、相同的地址等；而著作权所保护的是具有独创性的智力成

① 李伟民：《"个人信息权"性质之辨与立法模式研究——以互联网新型权利为视角》，载《上海师范大学学报（哲学社会科学版）》2018 年第 3 期，第 66—74 页。

② 冉昊：《论"中间型权利"与财产法二元架构——兼论分类的方法论意义》，载《中国法学》，2005 年第 6 期，第 68—79 页。

③ 陈星：《云计算时代制约窃取个人信息软件著作权的法律机制》，载《知识产权》2014 年第 5 期，第 65 页。

果。不可否认，某一部分的个人信息可能具有独创性，例如全国唯一的人名可能具有独创性，但仍然存在许多不具有独创性的个人信息。显然，将个人信息作为著作权来保护，具有一定的不周延性。其次，个人信息与著作权的产生原因不同①。著作权需要"创作"等事实行为的参与，例如著作权的取得时间是作品完成之时。个人信息的产生原因同其他人格权一样，于自然人而言，始于出生，终于死亡；于法人而言，始于成立，终于终止。最后，著作权需要一定的物质载体，将思想与创意以一定形式表现出来。换言之，知识产权要在一定的物质载体上固定下来。而个人信息却并不要求必须在一定的物质载体上固定下来，个人信息的认定与否并不需要借由物质载体来彰显。

综上所述，将个人信息以著作权进行保护，具有一定的不足之处。

3. 个人信息与传统人格权之辨析。个人信息能作为人格权进行保护吗？不可否认，个人信息具有一定的人格属性。以法律来规范个人信息的原因之一便是个人信息的不当处理极有可能影响信息主体的人格。提及人格，国际上现有名为"迈尔斯—布里格斯类型指标"（MBTI）的心理测试，该测试通过四个量化标准（内倾外倾、感觉直觉、逻辑情感以及有无计划），将自然人区分为十六种不同的人格②。每一自然人都有其特别指向的人格，不同的人格是不同行为与心理偏好的综合体。但随着年龄的增长、见识的拓展，同一自然人的人格也可能会发生变化，例如由"提倡者"人格（INFJ）转化为"执行者"人格（ESFJ）。换言之，人格的塑造是一个动态的过程，是个人因素与社会环境相互作用的结果。

在大数据时代，人格的塑造或许可归结为个人信息与互联网世界相互交流而产生的结果——在互联网世界里，你是谁，别人如何解读你，绝大部分基于你在网络中所呈现的个人信息。以原始个人信息为触角向不同的生活圈进行延伸，在不同生活圈所展现的不同个人信息"集合体"，决定了每一个自然人的"人设"（例如分组可见、工作号与私人号的切换使用等）。个人信息的不当处理极有可能影响信息主体的人格，造成他人对信息主体的错误解读，因为互联网拓宽了当代人的社交范围，缺乏通过现实

---

① 王利明：《人格权重大疑难问题研究》，法律出版社2019年版，第88页。

② Animesh Pandey. Idea of a new Personality-Type based Recommendation Engine. Eprint Arxiv, 2013, p. 14.

相处予以改观、解释和纠正的机会。此外，网络传播具有耗时短、范围广的特点，个人信息的不当处理给他人所造成的影响或许会被成百上千倍迅速放大。王泽鉴教授曾言："所谓人格权，系指关于人的价值与尊严的权利。"① 个人信息也同样具有关乎人的价值、尊严的特性。

观察《民法典》的编排体例可以发现，个人信息被归类于第四编的人格权编，与隐私权并列为章，可见立法层面认可个人信息与人格保护息息相关，并且个人信息区别于传统人格权。

问题的实质在于：个人信息究竟是不是一项人格权利。以下将分两种情况进行讨论。

观点一：区别于传统人格权，个人信息不是一项人格权利。

首先，区别于传统人格权，个人信息在《民法典》里并没有体现为具体的权利。在《民法典》第四编人格权编的相关规定中，个人信息保护并没有单独成章，而是在第六章与隐私权并列，或许个人信息与隐私权之间存在一定的联系，但是个人信息不同于隐私权。

其次，人格权编并没有以"个人信息权"来予以规定②。分析具体法条可见，《民法典》第九百九十三条针对姓名、名称、肖像采用的是"许可"二字；而《民法典》第九百九十九条涉及个人信息时采用的是"可以合理使用"的字样。"许可"体现了对权利的控制性、支配性；而"可以合理使用"并无相应赋权性的体现。可谓个人信息在《民法典》里并没有如传统人格权一样体现为具体的权利。

最后，区别于传统人格权，侵害个人信息具有更"前置性"的特点。在大数据时代，个人信息更多地是以"信息"这一形态存在的。个人信息的不当处理可能会接连导致传统人格权的侵犯（如图 1 所示）。例如，对个人信息中的人脸信息、姓名信息以及隐私信息处理不当，可能会接连导致姓名权、肖像权、隐私权等传统人格权的侵犯。《民法典》第一千零三十四条中个人信息的具体内涵里所提及的"姓名"即指向自然人的姓名，提及的"生物识别信息"（包括自然人的肖像）。另一方面，关于与个人信息并列为章的隐私权，依照《民法典》第一千零三十四条的规定，个人信

① 王泽鉴：《民法研究之侵权行为》，北京大学出版社 2016 年版，第 117 页。
② 陆青：《数字时代的身份构建及其法律保障：以个人信息保护为中心的思考》，载《法学研究》2021 年第 5 期，第 3—23 页。

息包含隐私信息，可见个人信息的范围大于隐私信息。从另一视角而言，保护好个人信息，便同时实现了隐私信息的保护，可谓间接保护了隐私权。所以，该类观点认为区别于传统人格权，个人信息并不是一项权利，但将保护的对象界定为个人信息，是在触犯其他传统人格权益前实现更本源性的保护，以"前置性"地保护人格权益的完整。

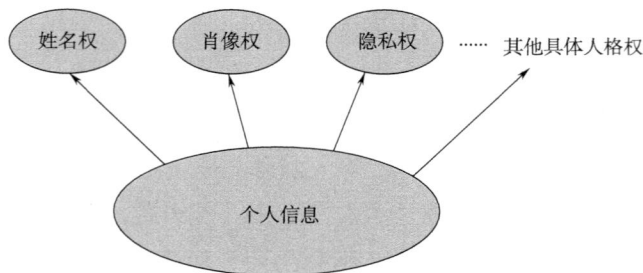

图1　基于个人信息衍生具体人格权

观点二：区别于传统人格权，但个人信息也是一项人格权利。第二类观点认为个人信息也是一项人格权利。依据《民法典》第一百一十一条规定，自然人的个人信息受法律保护。基于法理学原理，某一事物的主体存在权利是该事物受到保护的前提。倘若缺乏权利基础，则不存在义务主体相对应的义务行为①。

若将个人信息视为一项权利，在这样的前提下，或许个人信息与传统人格权会呈现相互交叉的关系（如图2所示）。不可否认，个人信息可能会与传统人格权所保护的对象或权益存在重叠的关系，例如个人信息中自然人姓名、肖像等要素与传统人格权中姓名权、肖像权等要素存在一定的重合。除此之外，还有一部分属于个人信息范畴但不归属于传统人格权的信息类型。该类个人信息依然与自然人的人格形象存在密切的联系，并具有指向上的唯一性。

典型例子之一是自然人的身份证件号码。依据《民法典》第一千零三十四条的规定，个人信息包括"身份证件号码"。通过一长串身份证件号码，我们可以精确地指向唯一自然人，同时可以间接地解读出该自然人的省份、城市、区县、出生年月日、性别等其他个人信息。换言之，通过一

---

① 程啸：《论我国民法典中个人信息权益的性质》，载《政治与法律》2020年第8期，第2—14页。

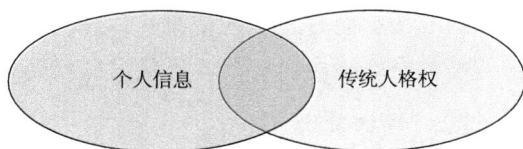

图 2 个人信息与传统人格权呈交叉关系

长串冰冷的数字，可以推导出一个鲜活的人物画像，而且该人物画像与该自然人的个人形象息息相关。在此情况下，个人信息中的"身份证件号码"与其他传统人格权具有同样的重要性，并且可能更加重要。

将属于个人信息和传统人格权"交叉范围之外"的个人信息同样予以人格权保护，符合个人信息保护的立法初衷；否则，在与个人信息相关的损害发生后，直接对所导致的具体的人身、财产损失主张救济即可。所以，从侵权的角度而言，个人信息可以作为一项人格权来予以保护。

依据观点一，其将个人信息看作具体人格权的衍生"原型"，由个人信息的侵害后续扩展到具体人格权的侵害（或许不仅包括具体人格权的侵害，还可能包括其他人身、财产权利的侵害）。观点一认为个人信息不是一项权利，符合了文义解释的要求，有利于较全面地保护个人信息，不容易因保护范围的遗漏而致使个人信息受到侵害。

依据观点二，其将个人信息看作一项人格权利（该观点的保护范围可以包括观点一的保护范围）。换言之，观点一所指的个人信息范围，在观点二中就是个人信息和传统人格权呈现"交叉"的那部分个人信息范围（见图 2 个人信息与传统人格权二者间的交叉部分）。除此之外，观点二还对个人信息的范围予以合理扩展，将属于个人信息和传统人格权"交叉范围之外"的个人信息同样予以人格权保护（例如自然人的身份证号码同样存在保护的必要）。观点二将个人信息看作一项权利来予以保护，其力度更大，对于个人信息保护更为全面。

综合比较，或许将个人信息看作一项权利来予以保护更符合当前大数据时代保护个人信息的迫切需求，更能给予个人信息全面的保护。但也需要注意，法律并不保护所有的个人信息，应该将并不具有保护价值的个人信息剔除在法律所保护的个人信息之外。故需要对法律所保护的个人信息范围进行一定的解释和限缩，只保护那些具有敏感性的个人信息，不保护非敏感性的个人信息。

综上所述，从侵权的角度而言，个人信息可以作为一项人格权来予以保护，且法律保护的是具有敏感性、与个人形象息息相关的个人信息。

（二）不正当竞争行为的侵权禁止

在大数据背景下，互联网企业或平台极有可能将"个人信息"作为一种工具或手段，来破坏市场原本的公平交易秩序。以《反垄断法》有关规定来禁止与个人信息相关的不正当竞争行为，不仅有利于维护公平有序的市场竞争秩序，还可以从规制企业或平台行为的角度对个人信息予以保护。在大数据时代，互联网企业或平台利用消费者个人信息进行算法歧视、大数据杀熟等不正当竞争行为层出不穷。算法歧视、大数据杀熟可以被视为侵权，此类做法严重损害了用户作为个人信息主体的权利。

2021 年 2 月，国务院发布《关于平台经济领域的反垄断指南》①（以下简称《指南》），强调我国反垄断法等相关规定适用于所有行业，其中也包括互联网行业。互联网领域的企业或平台常常存在滥用市场支配地位等不正当竞争行为。《指南》着重回应了"大数据杀熟"这一热点问题。大数据杀熟可总结为：互联网企业或平台利用大数据与云计算，对用户信息进行归类并形成用户特定"画像"，然后依据"画像"对同一件商品收取不同的价格。一方面，此做法侵害了用户的消费者权利；另一方面，此做法还可能涉及个人信息保护的问题。《个人信息保护法》第六条规定，处理个人信息应具有"合理"目的。显然，大数据杀熟与"合理"目的相背而行，其主要目的在于从用户身上谋取不合理利益。

从企业或平台的角度而言，规制企业或平台在互联网领域的不正当竞争行为，有利于实现个人信息的保护。在大数据时代，为了保护个人信息，《反垄断法》《个人信息保护法》《民法典》等相关规则针对不当处理个人信息并破坏市场正常交易秩序的企业，除了适用相关规则予以处罚外，还可以适用《反垄断法》中惩罚性赔偿②等措施。《个人信息保护法》《民法典》主要以个人信息权利主体为本位，考虑个人信息被侵害时如何

① 市场监管总局：《中国发布平台经济领域反垄断指南》，载中国政府网（2021 年 2 月 7 日）：http：//www. gov. cn/xinwen/2021－02/07/content_5585764. htm.

② 孔东菊：《论惩罚性赔偿在我国立法中的确立和完善——从〈消费者权益保护法〉到〈侵权责任法〉》，载《法学杂志》2010 年第 8 期，第 56－58 页。

救济权利主体；而《反垄断法》主要针对规制企业或平台破坏市场正常竞争秩序的行为。所以，《反垄断法》与《个人信息保护法》、《民法典》可以并行，它们所追求的目标并不冲突，且各方相配合有利于实现个人信息的全面保护。

（三）侵权责任的特殊豁免机制

1. "安全港"机制。由于互联网行业刚刚勃兴，可以适当引入"安全港"① 机制。此处所提及的"安全港"机制，本质上是一种责任豁免机制。针对互联网行业内企业或平台所涉及的用户个人信息之使用，设定相应的豁免标准，或者说，设定相应的追责"红线"。低于该标准、尚未越过该红线的行为，反垄断执法机构原则上不介入调查，不对其予以追责，而是给予不当使用用户个人信息的行为主体一定的整改期间。互联网企业或平台应在整改期间内及时改正不当行为，对用户的个人信息予以妥善利用、保存与处理。

《反垄断法》并不禁止垄断结构，其所规制的是垄断行为，即借助市场垄断地位所实施的不正当竞争行为。垄断结构在一定程度上有利于更好地整合生产要素，统筹社会各生产环节，效率较高，有利于产生较多社会福利。大数据时代，为顺应互联网行业蓬勃发展之态势，适当引入"安全港"机制有助于提高法律的确定性，并能促进互联网行业的发展。

2. "安全标准"机制。由于互联网行业刚刚勃兴，可以适当考虑"安全标准"机制。该"安全标准"机制，是指倘若互联网企业或平台达到了正常应当具有的保护用户个人信息的安全标准，那么可以适当免除一定的责任。例如企业或平台所采用的安全措施能保证其所控制的用户信息在正常情况下免于泄露，但是"黑客"利用其高超的破译技术窃取了该企业或平台的用户数据，则不属于正常情况下的用户个人信息泄露安全问题，应当对"黑客"予以重点追责。

如何判断企业或平台是否达到了适当的安全标准，依据法经济学逻辑或许可以解答。在大数据时代，倘若互联网企业或平台知晓其产品或服务可能会给用户的个人信息保护带来风险，其产品或服务应该达到怎样的安全程度，大致取决于以下：第一，达到安全的实际成本，包括设计、制作

---

① 陈享光，钟洲：《论反垄断规则的优化设计》，载《经济理论与经济管理》2016 年第 7 期，第 71 页。

与维护所需的成本；第二，互联网企业或平台因不当处理个人信息所面临的法律层面赔偿价格之多寡；第三，其产品或服务存在个人信息保护不力的风险，致使市场减少该产品或服务需求的幅度。为了追求利润最大化，互联网企业或平台往往会将其产品或服务所具备的安全程度，调整至边际成本接近或等于减少的法律层面赔偿数额和更多市场需求所带来的收益之和①。所以，需要平衡内部市场原理与潜在冲突利益的差异，实现大数据时代的个人信息保护。基于互联网行业蓬勃发展的新兴态势，可以适当考虑"安全标准"机制。倘若互联网企业或平台达到了正常应当具有的保护用户个人信息的安全标准，那么可以适当免除一定的责任。

3. "敏感信息分级保护"机制。由于互联网行业刚刚勃兴，可以考虑适用"敏感信息分级保护"机制。"敏感信息分级保护"机制要求根据用户个人信息的敏感程度进行分级，并实施相应的分级保护②。当出现侵权纠纷时，只要达到相对应的敏感信息层级所要求的预防程度，可以适当减轻互联网企业或平台的责任。

换言之，倘若互联网企业或平台履行了"有效"的预防义务，可以适当免除一定的责任。基于法经济学理论，所谓有效预防，简单来说就是指能使社会成本最小化的预防水平③。倘若当前预防水平远低于有效预防水平，那么继续增加预防措施可以有效降低伤害成本；反之，倘若已经达到了有效预防水平，那么再增加相应的预防措施，不仅降低伤害成本的功效微乎其微，还可能导致社会资源的浪费，也不利于大数据背景下个人信息的交流与流通。

所以，在大数据背景下，可以对用户个人信息的敏感程度进行分级，对敏感程度各不相同的个人信息进行"量身定制"，不同层级的个人信息适用不同程度的保护标准。针对不同层级的个人信息，可以适当比较采取预防措施所增加的预防成本与采取预防措施所减少的伤害成本之大小。大

---

① Jens Uwe Franck, Kai Purnhagen. Homo economicus, behavioural sciences, and economic regulation: on the concept of man in internal market regulation and its normative basis. Springer Netherlands, 2014, p. 24.

② 郭晓利，张佳佳，王秀磊：《The research and application of information privacy protection method for smart grid users》，载《电测与仪表》2016 年第 24 期，第 94~99 页。

③ John Prather Brown. Toward an economic theory of liability, Journal of Legal Studies, 1973, p. 323.

数据时代，互联网企业或平台对用户个人信息的使用具有较强驱动力①，却缺乏同等程度的有效预防激励。考虑适用"敏感信息分级保护"机制时，一方面，对达到相应信息层级所要求的预防程度的企业或平台，适当减轻其责任，从而对企业或平台采取有效预防措施起到激励效果，间接焕发互联网行业的生命力；另一方面，对个人信息的敏感程度进行分级，可以有效增强个人信息保护的力度，增强个人信息保护的针对性。

五、结语

"你是谁便取决于你遇见谁"，即在一定程度上，人格的形成是社会环境、人际际遇与个人因素相互作用的结果。在当前大数据时代，或许可以说"你是谁取决于个人信息的流露、组合与解读"，即互联网拓宽了人际交往可实现的范围，在网络活动中所彰显的个人信息构成了每一个独特的你我。毫无疑问，个人信息于每一个个体而言都是极其重要的。

随着大数据时代带来的互联网技术进步福利，个人信息保护问题也迫在眉睫。网络世界中个人信息的获取成本低，保护激励却相对不足，稍有不慎便可能存在侵害个人信息的风险之虞。

本文从个人信息保护可实现的两条路径（合同路径与侵权路径的独特视角）来解读并解决当前个人信息保护所面临的问题。通过解决当前个人信息保护所面临的问题，探寻个人信息合理利用与个人信息有效保护之间的平衡点，为大数据时代互联网行业的发展写下生动注脚，促进大数据时代个人信息相关产业的蓬勃发展。

参考文献

[1] 王泽鉴. 请求权基础理论体系 [M]. 北京：北京大学出版社，2009：41.

[2] 杨立新. 人格权法 [M]. 北京：法律出版社，2015：7.

[3] 冯玉军. 新编法经济学：原理·图解·案例 [M]. 北京：法律出版社，2018：282.

---

① 周汉华：《探索激励相容的个人数据治理之道——中国个人信息保护法的立法方向》，载《法学研究》2018 年第 2 期，第 3—23 页。

［4］ COASE R H. The Firm，the market，and the law ［M］. Chicago：University of Chicago Press，1990：740.

［5］ 齐爱民. 论个人资料 ［J］. 法学，2003（8）：80-85.

［6］ 人民资讯. 窃听风云！手机 App 正在偷听你说话 ［EB/OL］.（2020－07－15）［2023－03－10］. https：//xw. qq. com/cmsid/20200715A0B6MN.

［7］ 南国早报. 手机 App 在"偷听"我们吗？ ［EB/OL］.（2021－08－05）［2023－03－10］. https：//baijiahao. baidu. com/1707210926393223424&wfr＝spider&for＝pc.

［8］ 杨仁寿. 法学方法论 ［M］. 北京：中国政法大学出版社，2018：141.

［9］ 奉贤检察院. 公诉现场之利用"颜值检测"软件窃取公民个人信息，判了！ ［EB/OL］.（2021－08－25）［2023－03－10］. https：//view. inews. qq. com/a/20210825A09Y9H00.

［10］ 刘名洋. "与时俱进"的人脸识别黑产 ［EB/OL］.（2021－04－13）［2023－03－10］. https：//mp. weixin. qq. com/s/Hve6oSiXCV1W-I9omFnogw.

［11］ 齐爱民. 论个人信息的法律属性与构成要素 ［J］. 情报理论与实践，2009（10）：26-29.

［12］ 李伟民. "个人信息权"性质之辨与立法模式研究：以互联网新型权利为视角 ［J］. 上海师范大学学报（哲学社会科学版），2018（3）：66-74.

［13］ 冉昊. 论"中间型权利"与财产法二元架构：兼论分类的方法论意义 ［J］. 中国法学，2005（6）：68-79.

［14］ 陈星. 云计算时代制约窃取个人信息软件著作权的法律机制 ［J］. 知识产权，2014（5）：65.

［15］ 王利明. 人格权重大疑难问题研究 ［M］. 北京：法律出版社，2019：88.

［16］ ANIMESH P. Idea of a new personality-type based recommendation engine ［M］. Los Alamos：Eprint Arxiv，2013：14.

［17］ 王泽鉴. 民法研究之侵权行为 ［M］. 北京：北京大学出版

社，2016：117.

[18] 陆青．数字时代的身份构建及其法律保障：以个人信息保护为中心的思考 [J]．法学研究，2021，43（5）：3-23.

[19] 程啸．论我国民法典中个人信息权益的性质 [J]．政治与法律，2020（8）：2-14.

[20] 市场监管总局．中国发布平台经济领域反垄断指南 [EB/OL]．（2021-02-07）[2023-03-10]．http：//www.gov.cn/xinwen/2021-02/07/content_ 5585764. htm.

[21] 孔东菊．论惩罚性赔偿在我国立法中的确立和完善：从《消费者权益保护法》到《侵权责任法》 [J]．法学杂志，2010，31（8）：56-58.

[22] 陈享光，钟洲．论反垄断规则的优化设计 [J]．经济理论与经济管理，2016（7）：71-82.

[23] FRANCK J U, PURNHAGEN K. Homo economicus, behavioural sciences, and economic regulation：on the concept of man in internal market regulation and its normative basis [M]. Berlin：Springer Netherlands, 2014：24.

[24] 郭晓利，张佳佳，王秀磊．智能电网用户侧信息隐私保护方法的研究与应用 [J]．电测与仪表，2016，53（24）：94-99.

[25] BROWN J P. Toward an economic theory of liability [J]. Journal of Legal Studies, 1973（1）：323.

[26] 周汉华．探索激励相容的个人数据治理之道：中国个人信息保护法的立法方向 [J]．法学研究，2018，40（2）：3-23.

人工智能在司法裁判中的运用及其规制

毕源武

摘　要：区别于智能辅助系统，人工智能具备独立作出决策的能力。司法裁判中的人工智能存在着两种进路，一是自动决策系统，二是增强决策系统。自动决策系统完全剥夺了人类法官的自主决定权，不能也不应成为未来司法裁判人工智能化的发展方向。增强决策系统虽然具有理论上的可行性，但同样面临着来自数据、算法以及决策三个维度的现实挑战。要使人工智能于司法裁判实体层面中发挥作用，需要明确其使用边界，从风险规制的角度出发，在遵循司法裁判独特性质的前提下，建构起具体的监管制度进行保障。

关键词：人工智能；司法裁判；机器学习；风险规制

一、问题的提出

当前，人工智能被广泛应用于各个领域，加之算法时代的到来，致使其以迅猛的势态进入我们的生活。司法裁判作为社会生活中的重要组成部分，同样面临着巨大的机遇和挑战。一方面，党的十八大以来，最高人民法院大力推进裁判文书上网工作，为人工智能所需要的大量数据录入和学习提供了基础，使"数字法院""睿法官""量刑规范化智能辅助系统"等项目的建设和进一步开展成为可能。另一方面，人工智能的使用始终存在着边界问题。学界对于人工智能应当定位于"辅助性工具"基本达成共识①，但这样的解读似乎背离了人工智能未来的发展方向，即具备独立思考能力并作为有知觉的生命体运作的机器人主体。

之所以会出现概念上的模糊与分歧，原因在于"人工智能"一词本就包含多种类型的技术，它们以不同形态呈现在我们的视野之中，诸如完成简单机械任务、运行人工仿真系统、发挥预测决策功能等。上述"辅助性工具"实际上是基于规则的过程增量自动化的探讨（例如通过人工智能提高税务机关数据录入和分类的速度）；然而，这种构想并没有跳出现有"数字政府"的框架，只是一种现状的平稳延续，无法真正回应未来人工智能对司法裁判模式所提出的挑战。

不可否认的是，伴随着算法的进步与算力的提升，过去需要大量人力才能完成的工作，现在仅需要少许人员对人工智能进行操作，便可准确、高效地加以完成。问题在于，司法裁判是公权力对纠纷进行解决的手段，时刻面临着不同的案件情况，其中贯穿着人与人、证据与证据、条文与条文、法理与情理之间的沟通与协商、权衡和判断。这些任务很难被简化或定义，即便业已存在各种诉讼规则，但整个过程绝不仅仅是简单地进行涵摄，还包含各种价值判断等其他内容。换言之，似乎人工智能所带来的自动化与司法裁判之间存在着内在的本质冲突，智能化变革"侵蚀"了传统司法的运作根基②。

尽管我们很难设想强人工智能时代下司法裁判模式的转变，但至少可以基于"机器学习"的弱人工智能现状，对司法裁判可能受到的影响和挑战进行分析和解构。为了达致这一目标，本文将采取如下论证方式。首先，明确司法裁判中人工智能的真正所指。其次，从宏观和微观两个层面出发，勾勒司法裁判逐渐人工智能化的方向及其挑战（宏观层面），以及在具体实践中人工智能将可能面临的困境（微观层面）。最后，笔者将持

① 例如，有学者认为，"作为一种辅助工具，人工智能技术有着非常光明的应用前景"；参见宋旭光：《论司法裁判的人工智能化及其限度》，载《比较法研究》2020年第5期，第80-92页。又如，"它在司法裁判过程中的定位是，仅仅发挥一种辅助性的作用，并不太可能取代法官进而扮演一种决定性的角色"；参见孙海波：《反思智能化裁判的可能及限度》，载《国家检察官学院学报》2020年第5期，第80-99页。

② 孙道萃：《我国刑事司法智能化的知识解构与应对逻辑》，载《当代法学》2019年第3期，第15-26页。

审慎的态度，引入风险规制理论探讨人工智能在司法裁判领域使用的可能进路。

二、司法裁判中人工智能的界定

为了能够有效地进行讨论，需要明确一个前提性的问题，即当我们在讲司法裁判中的人工智能时，到底在言说怎样程度、何种类别的人工智能。

一种较为主流的观点认为，涉及人工智能的所有应用，例如将阅看卷宗的电子化、类案推送等，均视为人工智能[1]。这种观点显然是有失偏颇的——并非上述工具不属于广义上的人工智能，而是这些工具并未反映出人工智能的独特性。换言之，它们与以往的电子科技、互联网等技术手段没有本质上的区别。而人工智能的特征则体现为"类人化"，即在发展的过程中能够不断学习和模仿人类的行为特征和思维模式，其中一个关键问题就是通过算法学习自动解决新的目标。

具体到司法裁判领域而言，法官需要严格遵守各种诉讼规则、洞悉不同案件情况、听取多方当事人及其律师的意见，最终依照实体法做出具有法律效力的判决。在整个过程中，法官不仅需要熟谙法条，还需要在自由裁量空间内行使权力，这就不可避免地加入个人因素，如性情倾向、价值判断等。诚如卡多佐所言，"在这些有关道德的科学中，并不存在任何完全取代主观理性的方法和程序"[2]。

实际上，人工智能存在着多种形态，这与其具体的系统研究设计相关，例如翻译文本、自动驾驶、好物推荐等。尽管体现形式多种多样，但普遍的做法是向算法投喂大量的数据，亦可称为训练样本，从而建立起不同的人工智能模式，这一过程被称为"机器学习"[3]。需要注意的是，现阶段人工智能做出预测的依据是不同数据层面的相关性，而不是两者之间的因果关系。这也就决定了如果数据采样的分布发生变化，数据之间的关联

---

[1] 例如，有学者认为，"如案件繁简分流等，可以适当由机器辅助"；参见王禄生：《司法大数据与人工智能技术应用的风险及伦理规制》，载《法商研究》2019 年第 2 期，第 101-112 页。

[2] ［美］本杰明·卡多佐：《司法过程的性质》，苏力译，商务印书馆 2020 年版，第 98 页。

[3] ［英］凯伦·杨、马丁·洛奇：《驯服算法》，林少伟，唐林垚译，上海人民出版社 2020 年版，第 54 页。

性就可能不复存在，甚至呈现出虚假的关联性。然而，如果具备了足够的数据基础、充分的算力以及完善的算法模型，人工智能在这一领域发展的最终形态极有可能是类似甚至取代法官的存在。

问题在于，在可预见的未来里，强人工智能能否实现仍然是个未知数，司法裁判模式在那个时代或许已经发生了根本性的改变。因此，精力应当集中于稍弱一些的人工智能，即基于"机器学习"的弱人工智能将会如何冲击现有司法裁判体系，我们又能如何进行应对。进而言之，本文所讨论的人工智能既不是那些进化了稍许的辅助工具，也不是那些已经具备替代甚至超越法官能力的强人工智能，而是指能够根据数据输入算法自动进行决策的机器。在这个定义下，当前司法裁判领域中所出现的大部分系统均只能作为辅助性工具而存在，虽然属于人工智能技术的一个子集，但与本文所讲的人工智能并无关联。

三、司法裁判人工智能化的路径

司法裁判人工智能化的发展方向应当符合司法裁判本身的性质，这是一个基本的判断。因此，明晰司法裁判的性质是讨论其人工智能化方向的前提。人工智能自身同样存在着不同的决策路径，这也为我们提出了新的问题，即应当选择何种路径去对应所理解的司法裁判性质？只有科学地分析，理性地探讨这些问题，才有可能构建出人工智能时代下的科学司法裁判模式，切实享受到科技发展所带来的红利，而不是迷失在技术的囚笼之中。

（一）司法裁判的性质

严格意义上来讲，如果存在具体的制定法规范，且其构成要件已经足够明确，那么借助逻辑的涵摄方式就可以完成一项司法裁判。然而，发生争议的部分往往集中于没有相应制定法或制定法本身之间存在冲突的情况。如何在此时仍然做出正当的个案判决，是所有法官所必须面临的问题。一般而言，对于判决是否公正存在着这样的比较方法论："平等的正义"和"实质的正义"①。前者要求以同样的标准来衡量相类似的案件，后

---

① ［德］卡尔·拉伦茨：《法学方法论》，黄家镇译，商务印书馆 2020 年版，第 188 页。

者则涉及制定法中的规范与案件事实的适当性问题。

事实上，司法裁判并非直接以结果的形式呈现，而是需要经过严密的诉讼程序方能实现。在诉讼过程中，法官及当事人将会对具体案件所关涉的法律问题进行全方位的探讨，进而努力探知所有关于制定法之内的乃至制定法之外领域的观点。当然，这一过程必须严格遵循一定的程序，即先确定制定法已有的规范，而后明晰规范背后的正确含义，抑或找到其他进路。唯此，才能使司法裁判的嗣后审查变得可能，虽然其中不免介入价值判断。

（二）基于机器学习的自动决策系统

"自动化决策"的提法来源于 1995 年《欧盟数据保护指令》①，其核心在于实现任务的自动化，即由机器运行算法直接做出具体的决策。技术的快速变革深刻地影响着公共生活，同时引出了这样一个问题，即：信息与数字技术的发展能否为公共管理服务提供更为有力的支撑？自动化决策系统则给出了答案，过去难以协同一致的计算机系统终于能够合乎逻辑地彼此联动，极大程度提高了公共部门的运作速度和效率。

然而，部分工作本身是和自动化相抵触的。具体到司法裁判活动而言，由于当前的人工智能并不能够理解"价值"概念，更遑论对不同价值进行比较，这就决定了其在对法律进行适用的过程中，实质上仅能够基于实在法的角度对案件进行分析和预测。其底层逻辑可以概括如下，即被适用于具体个案的制定法能且只能提供一个正确的判决，并且这一判决的正确性完全建立于制定法自身的基础之上。问题在于，实在法本身并不存在这样的标准，即实在法是否被适用、何种实在法应当被优先适用？尽管存在诸如"上位法优于下位法""特别法优于一般法"等法律适用规则，但任何规则都存在例外，当上述规则发生冲突时，显然不可能仅从制定法出发，通过纯粹的形式逻辑推理出唯一正确的裁判。

（三）基于机器学习的增强决策系统

鉴于自动决策系统难以通过编码推理和决策对司法裁判活动进行量化，亦不能将最终的决策权完全交由机器行使。因此，这就引出了第二类机器学习系统，即增强决策系统，其核心在于，以往必须由自然人作出判

---

① 参见《欧盟数据保护指令》第十五条。

断的任务，现在可以在机器学习系统等模型的帮助下更好地完成，达到改善决策过程的效果①。

随着司法改革的不断深化，一些问题得到了解决，但同时出现了一些新的问题，例如"案多人少"。将人工智能引入司法裁判领域，其初衷就是为了缓解法官超负荷工作的难题②。人工智能的算法模型极大提升了法院对案件的分析能力，法官可以快速把握案件信息，并在人工智能所提出的各个预测结果中进行选择和裁判。问题在于，这样的增强决策系统至少面临着两个关键的质疑。第一，尽管最终的决策权仍然在于人类法官，但人工智能所提供的选项是否能够在最大限度减少法官工作量的同时，穷尽案件所可能出现的判决？如果经过人工智能的预测，仍然不能有效减少法官的选择范围，抑或不能实现更高的预测准确性，那么这样的人工智能非但无法提高效率，甚至会造成裁判结果的不公正。第二，算法中立能否成为人工智能技术免除自身责任的理由？事实上，技术本就不是中立的③。通过大量数据而做出的预测可能只是看似中立。即便不去讨论恶意运用算法的部分，原始材料的不清洁或算法模型的不合理都有可能导致具体案件中的歧视和区别对待，长此以往则会带来更深层次的社会问题。

四、司法裁判人工智能化面临的现实挑战

通常情况下，相较于人类做出的决策，我们认为人工智能生成的增强决策是近乎完美的，因为无须考虑长期运作导致的疲劳或个人的偏见等问题。然而，机器学习算法极易受到原始样本、模型设计者价值取向等因素的影响，从而生成歧视性的结果。事实上，机器学习算法歧视的持续性、系统性以及规模远非传统非数字歧视可及。本文认为司法裁判人工智能化在数据、算法以及决策三个维度面临挑战。

---

① 凯伦·杨、马丁·洛奇：《驯服算法》，林少伟，唐林垚译，上海人民出版社，2020年版，第137页。

② 郑曦：《人工智能技术在司法裁判中的运用及规制》，载《中外法学》2020年第3期，第674-696页。

③ 刘宪权：《人工智能时代的刑事责任演变：昨天、今天、明天》，载《法学》2019年第1期，第79-93页。

（一）数据之维：原始样本的清洁

如前所述，机器学习是以大量的数据样本为基础的，算法的设计、训练以及应用都建立在既往样本基数足够的基础之上。关于是否具备足够的样本这一问题，随着裁判文书上网工作的大力推进，已经在一定程度上得到了解决。因此，更为重要的是，这些数据样本自身是否清洁。输入信息的质量将会影响算法运算的结果，这就要求喂养算法的数据本身是清洁、纯净、无污染的。

具体到司法裁判中的人工智能而言，至少需要提供两个方面的原始样本，即有效判决和制定规范。在有效判决的部分，尽管数量上的问题似乎已经得到了解决，然而数量增加并不意味着能够有效提取的清洁样本增多。在案件的审理和评议中，并不是所有的信息以及讨论过程都被写入最终的裁判文书，可能有许多信息虽然不能作为证据进行认定，但确实对合议庭的审理造成了影响。这些信息的缺失和合议庭在休庭环节讨论的不公开等众多因素夹杂在一起，决定了裁判文书不足以充分体现案件的全部审理过程。退一步而言，即便裁判文书能够把上述内容都纳入文本的范围内，我们仍然很难获得一个完全没有任何意识形态与价值判断的客观化的法律信息数据[1]。制定规范的部分则面临着更为严峻的挑战。不能否认的是，我国拥有着相对完备的成文法体系，但一如上述关于有效判决部分的论证，数量多不能推导出数据的清洁。只要制定法仍然以日常生活的语言写就，就必然面临着解释的问题。即便被转译为人工智能所需要的数字符号，也无非是对语言解释的场域进行了更换，而不是一劳永逸地取消了解释的任务。更为重要的是，对于制定法的解释权应当也必须掌握在人类手中，至于是哪一部分人，并非是本文的讨论范围，此处不再展开论述。但至少要明确，话语，尤其是法律话语，作为权力的核心[2]，如果在解释时出现偏差，将会于适用过程中产生出何种令人毛骨悚然的结果。

（二）算法之维：黑箱理论的困境

司法裁判中所使用的人工智能通常由某一算法构成，匹配以大量的原

---

[1] 左卫民：《关于法律人工智能在中国运用前景的若干思考》，载《清华法学》2018年第2期，第108—124页。

[2] 约翰·M.康利、威廉·M·欧巴尔：《法律、语言与权力》，程朝阳译，法律出版社，2007年版，第9页。

始样本，让机器能够实现精准地分类、识别、预测，最终帮助人类法官进行决策。虽然这一过程描述起来字数寥寥，但在绝大多数情况下，很难基于算法模型对人工智能具体的运作过程进行准确的解释。即便技术人员能够提供一定的解释，但对于司法裁判的参与者乃至公众而言，算法犹如一个未知的"黑箱"①，真正理解算法模型背后的决策机理几乎是不可能的。

司法裁判的直接目的是解决纠纷。规则正义要求我们遵循制定法的规范，相应地，人们也会从规范主义的角度来评价法律和司法当局的裁决②。传统的诉讼过程中，当事人能够针对案件事实发表意见，并提出相应的抗辩。而人工智能的决策是通过算法做出的，个体此时不再享有质疑、反对或参与决策的机会，仅能够通过事后进行救济。问题在于，上级法院如果同样使用该类型的人工智能，预测出的判决结果理应是一致的，此时上诉审似乎都失去了其价值。事实上，司法裁判中的人工智能并非仅仅面向当事人，还要服务于法官。对于一名人类法官而言，其在使用人工智能前，至少应当了解算法模型运行的逻辑基础。在当事人对判决进行质疑时，如果人工智能自身无法解释，法官就必然负担着进行解释的义务。退一步来讲，即便人工智能通常都能够给出正确的结论，但政府、法院、安全监管机构等都仍然希望了解司法裁判人工智能预测判决的底层逻辑，这不仅仅是求知欲的问题，因为如果不了解为什么算法模型运作后最终达致某一或某些结果，便无法对该算法进行评估，更遑论对算法进行改进和更新。当然，似乎这些都指向一个终极的答案，即人工智能的制造者、算法的程序员。问题在于，一方面，创造人工智能的组织通常不愿意将其预测的算法模型公之于众。对外而言，这样可以避免他人投机取巧；对内而言，机器学习的自我进化甚至同样超出了其设计者的理解范畴。另一方面，无论是已经公开的算法还是尚未披露但确实影响着司法裁判的算法，公不公开对大部分人而言毫无意义。

(三) 决策之维：法官独立的削弱

相较于自动决策系统，增强决策系统并没有剥夺人类法官最终的独立决定权，在这个语境下讨论法官独立性的削弱似乎是个假问题。但是，司

---

① 张淑玲：《破解黑箱：智媒时代的算法权力规制与透明实现机制》，载《中国出版》2018 年第 7 版，第 49-53 页。

② 汤姆·R. 泰勒：《人们为什么遵守法律》，黄永译，中国法制出版社 2015 年版，第 306 页。

法裁判并非直接得出判决，为了达致这一目标，前期还存在着太多诸如法庭调查、法庭辩论等环节。而人工智能几乎将这些环节全部剥离出去，仅仅将收集到的证据与算法预先设定好的模型进行匹配，随后就能得出一个或数个人工智能认为最符合预期的结果。人类法官此时需要做的只是在这些预设好的结果中进行选择和完善。

如前所述，司法裁判的性质包含着实体和程序两个层面。在实体层面，司法裁判需要于制定法足够适用时严格参照进行逻辑推演作出判决，于制定法空白或存在漏洞时按照社会需求等因素在制定法语词范围内进行解释从而得出判决。在程序层面，司法裁判需要按照不同具有法律效力、稳定、可靠的程序行进，最终得出符合规则正义的判决。问题在于，人工智能似乎在上述每一个环节都削弱着法官的独立性。具体而言，由于制定法总是存在漏洞，这就意味着总要对其进行填补，但填补漏洞绝非一件易事。在逻辑上，填补制定法漏洞的前提是识别并确定存在漏洞，然而，这种确定本身要求从法律目的的角度对制定法作出批判性的评价。仅能够通过大数据和现有制定法录入的人工智能显然尚不具有这种批判性能力，而只能通过类推的方式找到数据上最为相近的类似判决。进一步而言，实体规则的适用应当遵循相应的程序规定，人工智能的特质决定了其无须那些看似严苛的程序，输入数据和输出结果几乎是同步的。换言之，曾经的"法律程序"转化为"算法程序"。短期来看，人工智能的应用可以在很大程度上提高效率，毕竟在更少选择中做抉择相较于自己寻求答案要更为便捷。但长此以往，实际上则会矮化人类法官自身的批判能力，使其不再具备填补漏洞的主动性和技巧，转而更多依赖于人工智能给出的预测结果，最终导致对人工智能的盲从。

五、司法裁判人工智能化的使用边界及其风险规制

前述部分集中讨论了司法裁判人工智能化面临的现实挑战和困境。为了有效解决这些问题，笔者认为，首先应当明确司法裁判中人工智能的使用边界，将其聚焦于增强决策系统的场域。其次需要确定产生这些问题的原因，进而转变规制路径。最后跳出"算法道德"的窠臼，找到合法有效的治理体制和机制来消除或者减轻这些问题所带来的诸多负面影响。

（一）从智能辅助到增强决策

当前关于司法裁判人工智能化的讨论仍然局限于过程增量自动化的部分。换言之，程序意义上的辅助系统比较被认可，但有关实体裁判意义上的人工智能则很少被触及。这种有意识的回避，一方面体现了学者和法官对人工智能认识的清醒与冷静，另一方面也限制了人工智能在司法裁判中所可能发挥的作用。

需要注意的是，下面的论述将不再过多阐述人工智能对于缓解人类法官压力的作用，而是试图从其他侧面为增强决策于实体层面的必要性和正当性寻求答案。事实上，所谓的增强决策，无非是基于机器学习的人工智能通过算法模型对案件最终的判决结果进行预测，而裁判预测本身无处不在①。无论是司法工作者还是社会公众人员，都会在各自掌握的信息基础之上对案件的判决结果进行预测，虽然预测的准确性存在差异。因此，争议焦点在于，增强决策系统能否提供更高准确性的预测以供法官进行最终的考量。由于人工智能被投喂的样本主要为具有法律效力的判决文书，尽管这些为人工智能提供了大量的数据来源，但许多对于案件判决结果具有重大影响的因素并未体现在其中，这就导致那些看似明确的预测结果背后仍然有着巨大的不确定因素。当然，案件信息的完整程度总是相对的，而预测判决结果的准确性同样是相对的。这些不确定因素也存在着两面性：一方面，某些因素实际上对最终裁判结果产生的是消极影响，比如存在着暗箱操作的情况，这些信息不予录入可能会扩大不公正的影响；另一方面，某些因素又对最终裁判结果产生着积极影响，比如当事人与被害人之间存在着特定关系，虽然没有体现在文书中，却实际上对量刑产生了影响，这些信息虽未录入，但同样会在未来判决结果的预测中逐渐显现出来司法过程中的人文关怀。因此，笔者认为，相较于回避人工智能在实体裁判中存在的诸多弊端，不如主动探寻符合法治自身规律的解决路径。

（二）从结果导向到风险规制

人工智能所使用的算法实际上将原本的公共管理方式由风险规制推向了结果导向。原因在于，算法能够对未来事件进行预测，比如通过算法来

---

① 白建军：《法律大数据时代裁判预测的可能与限度》，载《探索与争鸣》2017年第10期，第95–100页。

预测可能出现的失误，从而在尚未发生真正失误时就能够进行规避。但对于人工智能本身而言，不能从结果导向的角度出发进行考量。换言之，作为人工智能的设计者和使用者，不应当只在结果输出的那一刻判断是否具有合法性和合理性，而是恰恰相反，即需要回归风险规制的角度。

在司法裁判活动中，人们讨论的重点是算法程序给出判决结果的预测，却往往忽略得出这些结果的过程。其中原因大致有二，其一是大部分人不具备理解算法的能力，而其二在于基于机器学习的算法会给检察员提供一个"原始风险评分"①，即在即将进行的检查中发现问题的可能性。这一评分会造成检察员认为自己已经及时识别出被检查对象问题，过度依赖给出的分数，实际上将检察员排除在了监管过程之外。事实上，理解"正在运行的算法"，特别是机器学习的快速更迭，对于检察员，包括那些创建初始代码的人来说，都不是可以立即实现的事情。然而，对算法给出的预测结果承担解释义务的主体显然无法回避这一问题，算法规制必然内含着对"透明度"条件的某些限制，即能够为自身做出的预测提供事后的合理化解释。由于人工智能使得裁判是一个"一次性"过程②，因此，必须将精力集中于对算法模型的事前监管部分，并在其运行过程中注意及时识别风险、锁定风险、修正算法和反馈结果。需要说明的是，即便存在人工智能，法院在进行司法裁判活动时仍然需要严格依照现行法律规定的程序进行审理，这一审理过程本身也是对人工智能进行风险规制的一部分。如果法官审理得出的结论与人工智能相一致，则进一步完成判决文书的撰写即可；如不一致，则进行比对，发现问题所在；如差异很大，则应立即停止该机器的使用并对其进行修正，先依照法官作出的推理作出判决。

（三）从技术伦理到制度保障

当我们在谈及司法裁判中人工智能的弊害时，究竟在担心什么？这种担心是由人工智能本身导致的，还是以机器学习为基础的增强决策系统造成的？仅从技术伦理的层面显然不能对上述问题进行有效回应，而只会停留在使用各种不同的抽象概念进行文字游戏。只有引入明确的判断标准，

① ［英］凯伦·杨，马丁·洛奇：《驯服算法》，林少伟、唐林垚译，上海人民出版社 2020 年版，第 212 页。

② 罗维鹏：《人工智能裁判的问题归纳与前瞻》，载《国家检察官学院学报》2018 年第 5 期，第 16-31 页，第 172 页。

才能厘清司法裁判中人工智能所带来的具体侵权和潜在风险，进而能够更直观地检视其对个体、群体乃至整个社会所可能造成的影响。

所谓司法裁判中的具体侵权，并不单纯指出现了错误的判决。一方面，上诉审制度能够对尚未生效的判决作出调整。另一方面，造成错判的原因是复杂、多样的，有可能是由证据搜集本身的不到位或其他原因所导致的，不能直接归咎于人工智能；因此，对具体侵权更为准确的判断是：使用人工智能是否不公正地抹杀了个体受平等对待和尊重的基本权利。如果因此造成了直接的不利影响，则显然有权要求决策主体做出解释，并且享有反对该项决策的权利。所谓司法裁判中的潜在风险，实质上无论是否引入人工智能都始终存在。不管承认与否，法官就是一个意识形态执行者①，尽管这一结论看似武断，但每一个司法判决中都确实夹杂着法官各种主观因素的判断。当然，笔者无意将司法裁判划归为彻底的不确定，因为彻底的不确定本身就是一种确定，即确定的不确定。问题在于，人工智能的加入将会给现有司法裁判中角色理解和权力结构带来巨大的挑战。增强决策系统所带来的累积效应可能会不断蚕食人类社会中所珍视的各种道德价值，这显然属于一种潜在的系统性风险。要想应对这些挑战，势必不能停留于伦理的层面，而应当架构起具体的制度，对司法裁判中的人工智能进行规制。

六、结语

综上所述，司法裁判中的人工智能在未来可能会更多地介入实体裁判中，但其形式并非是自动决策系统，而是发挥增强决策的作用。这一进路既能够更充分地发挥人工智能的作用，又可以避免彻底解构当前的司法模式，提供了其发展的可能方向。尽管司法裁判人工智能化面临着来自数据、算法和决策三方面的挑战，但随着对算法规制的角度由结果导向转为风险规制，有助于从事前模拟、事中识别与事后回溯三个层面建构起牢固的监管模式。具体而言，这些制度可以从以下方面入手。首先，应当创设一个集中的监管机构，制定出针对司法裁判中人工智能使用规制的专业标

---

① 邓肯·肯尼迪：《判决的批判——写在世纪之末》，王家国译，法律出版社，2012年版，第7页。

准，以规范监管实践。其次，建立起司法裁判中人工智能使用的特定司法程序，通过特定的程序来抵消算法歧视，增强算法的可解释性，并赋予当事人进行权利救济的途径。再次，逐步设定司法裁判中可以适用人工智能的案件类别，由简单案件向复杂案件进行过渡。最后，规定人工智能监管本身的透明要求，从内部和外部两个层面对算法进行监督，进而促进算法的更新与问题的发现。

追寻法律的确定性，延展到司法裁判中即体现为寻求唯一正确的司法判决。然而，法律规则不只是一堆文字，它们本身就存在着一些可供裁量的边缘地带。因此，对于司法裁判的构建与批判是一项永无止境的活动，即便在人工智能时代下，也不可能一劳永逸地得出正确的唯一判决。所幸的是，相信法律之治不只是认可现行法律的约束，同样是一种方向的指引，而这种信念会让我们始终致力于建构一个良善的社会。

参考文献

[1] 宋旭光. 论司法裁判的人工智能化及其限度 [J]. 比较法研究，2020（5）：80-92.

[2] 孙海波. 反思智能化裁判的可能及限度 [J]. 国家检察官学院学报，2020，28（5）：80-99.

[3] 孙道萃. 我国刑事司法智能化的知识解构与应对逻辑 [J]. 当代法学，2019，33（3）：15-26.

[4] 王禄生. 司法大数据与人工智能技术应用的风险及伦理规制 [J]. 法商研究，2019，36（2）：101-112.

[5] 卡多佐. 司法过程的性质 [M]. 苏力，译. 北京：商务印书馆，2020：98.

[6] 杨，洛奇. 驯服算法 [M]. 林少伟，唐林垚，译. 上海：上海人民出版社，2020：54.

[7] 拉伦茨. 法学方法论 [M]. 黄家镇，译. 北京：商务印书馆，2020：188.

[8] 郑曦. 人工智能技术在司法裁判中的运用及规制 [J]. 中外法学，2020，32（3）：674-696.

[9] 刘宪权. 人工智能时代的刑事责任演变：昨天、今天、明天

［J］．法学，2019（1）：79-93．

［10］左卫民．关于法律人工智能在中国运用前景的若干思考
［J］．清华法学，2018，12（2）：108-124．

［11］康利，欧巴尔．法律、语言与权力．［M］．程朝阳，译．北
京：法律出版社，2007：9．

［12］张淑玲．破解黑箱：智媒时代的算法权力规制与透明实现
机制［J］．中国出版，2018（7）：49-53．

［13］泰勒．人们为什么遵守法律．［M］．黄永，译．北京：中国
法制出版社，2015：306．

［14］白建军．法律大数据时代裁判预测的可能与限度［J］．探索
与争鸣，2017（10）：95-100．

［15］罗维鹏．人工智能裁判的问题归纳与前瞻［J］．国家检察官
学院学报，2018，26（5）：16-31，172．

［16］［美］邓肯·肯尼迪．判决的批判：写在世纪之末［M］．
王家国，译．北京：法律出版社，2012：7．

RCEP 视角下我国数据跨境流动法律规制困境及破解

王智韬

摘　要：在数字经济快速发展的背景下，《区域全面经济伙伴关系协定》（下文简称"RCEP"）作为丝绸之路的重要一环，促使我国与东盟等地区贸易关系紧密融合，并伴随带来了频繁的数据互动。数据跨境流动逐渐成为 RCEP 背景下经济发展的关键环节，也使我国面临诸多困境，如国家安全威胁、个人隐私保护、企业利益维护以及数据跨境流动的过度限制等。在此现状下，中国应针对困境构建系统性应因策略。本文在重点考察欧美数据跨境立法规制后，结合 RCEP 体系与国内有关立法提出如下破解对策：第一，完善国内立法，建立数据出境安全评估体系，包括重要数据的分级分类目录、非重要数据跨境标准、监管机制及个人信息保护认证体制；第二，致力于提高 RCEP 整体数据跨境安全保障能力；第三，以 RCEP 为契机，推广数据流动中国方案，把握国际话语权。

关键词：RCEP；数据跨境流动规制；数据出境安全评估；中国方案

一、RCEP 视角下我国数据跨境流动规制面临的新问题

（一）RCEP 签订背景及主要内容介评

RCEP，英文全称为 Regional Comprehensive Economic Partnership，中文全称为《区域全面经济伙伴关系协定》，2012 年由东盟十国发起，目标是建立以畅通贸易便利与自由为宗旨的自贸区。历经八年协商与谈判，RCEP 于 2020 年 11 月 15 日正式签署，成员包括中国、日本、韩国、澳大利亚、新西兰以及东盟十国，是发达国家与发展中国家的经济融合。RCEP 作为"一带一路"的重要板块，对我国推动"一带一路"建设意义重大。RCEP 签订带来经贸发展的同时伴随产生大量的数据跨境流动，需要我国特别关注并加以规制。在 RCEP 协定中，第 12 章规定电子商务合作内容，包含对数据跨境流动的规制。总体来看，目前 RCEP 对数据跨境流动规制较为宽松且笼统，多为指导性意见。RCEP 在鼓励数据跨境自由的同时，出于公共利益考量赋予成员国数据跨境自决权。在贸易相关的数字化文件、电子签名、电子认证等领域进行规范，以保护区域内信息安全，对数据治理逐渐呈现区域化特征。但 RCEP 数据跨境规制尚不完备，各成员国数据跨境标准不统一，加之我国国内相关立法正在起步阶段，使得我国在实际 RCEP 数据跨境中面临较多问题。综上，RCEP 对我国数据跨境规制提出新要求。

（二）RCEP 对我国数据跨境流动规制的新要求

在经济全球化背景下，数据跨境流动规制发展需经历三个阶段——单边治理、区域性治理及全球化治理阶段。对于数据全球化治理，需要全球数字技术水平的统一与贸易、经济的大融合，目前条件并不具备。所以现今大多数国家、地区处于数据跨境治理的萌芽期或第二阶段初期。RCEP 作为区域性经贸组织，正处于数据区域性治理阶段，面临数据安全与数据流动、国内规制与国际协调、国内发展水平与世界发展水平间多方面冲突。我国作为 RCEP 成员国之一，以上挑战对我国数据跨境流动规制也相应提出以下新要求：第一，亟待建立更为健全的数据跨境流动规则体系。第二，增强数据跨境流动的安全保障能力。第三，以 RCEP 为契机，推广数据跨境治理的中国方案。

其实数据跨境流动规制的核心是数据安全的维护与保障，需要配套具体措施，如出台具体数据出境安全评估制度、细化监管程序等。在重视国家安全保障的同时，还要兼顾个人隐私保护、企业利益与数据流动自由度等重要方面，这需要我国积极探索并加以落实。

二、国际数据跨境流动规制的主要模式评析

数据跨境流动概念在 1980 年经济合作与发展组织（Organization for Economic Cooperation and Development，或简称"OECD"）颁布的《关于保护隐私与个人数据的跨境流动准则》中被首次提出[1]。当前，对数据价值的认定已不仅仅取决于数据本身，更取决于数据的加工和再次利用。伴随数字技术的发展成熟，数据跨境流动已基本实现，数据逐渐成为国与国经济往来的重要媒介，成为推动世界经济贸易高质量发展的新生动力。在实践中，数据跨境流动伴随的普遍挑战与威胁推动各国竞相完善数据跨境流动规制，给数据跨境立法带来了现实经验[2]。笔者以欧盟、美国、RCEP 为例，对国际三大主要数据跨境流动规制体系进行梳理，以探寻在 RCEP 视角下我国数据跨境立法未来的完善进阶。

（一）欧盟：在同等保护水平下提倡数据跨境流动自由

早期，欧盟签署的自由贸易协定（Free Trade Agreement，FTA）较少包括数据跨境流动的规制；伴随 2015 年"数字单一市场"战略出台，欧盟开始将 FTA 的关注焦点由传统电子商务转移到数字贸易规则。由于欧盟始终坚持重视个人隐私保护的立法理念，虽然开始对数据跨境流动予以规制，也未在个人数据方面作出让步。经过艰难摸索，欧盟逐渐建立起一个具有折中性的差异保护规则[3]。欧盟在提倡数据自由流动的同时，以高标准限制数据跨境，提出将同等保护水平作为个人数据跨境的

---

① KUNER C. Regulation of transborder data flows under data protection and privacy law past present and future［J］. SSRN Electronic Journal，2010（10）.

② 参见许多奇：《论跨境数据流动规制企业双向合规的法治保障》，载《东方法学》2020 年第 2 期，第 185-197 页。

③ 参见冯洁菡，周濛：《跨境数据流动规制：核心议题、国际方案及中国因应》，载《社会科学文摘》2021 年第 8 期，第 38-40 页。

前提。

1. 欧盟"充分性认定"的个人数据跨境条件。2018年欧盟内部推行的《通用数据保护条例》（General Data Protection Regulation，GDPR）确立"充分性认定"的个人数据跨境标准，也被称作"白名单机制"。欧盟委员会在综合考察其他国家和地区有关数据的立法、执法、救济能力等因素后，将达到"充分性"标准、与欧盟数据保护水平相当的国家或地区列入"白名单"，使其成为欧盟认可的个人数据可跨境目的地[①]。"白名单机制"是以维护数据跨境安全为最终目的设置的"充分性"前提。GDPR第四十五条规定了"充分性标准"的考察因素：第一，相对国家和地区立法水平与立法实施现状，是否尊重和保障人权自由；第二，是否具有专业的独立监管机构；第三，是否加入与个人数据保护有关的国际条约，承担相应国际义务[②]。截至2021年6月底，已有包括英国、韩国在内的14个国家和地区获得欧盟的"充分性认定"，进入欧盟"白名单"内[③]。

2. 以限制数据本地化方式提倡非个人数据跨境流动[④]。2018年11月，欧盟发布《非个人数据在欧盟境内自由流动框架条例》（下文简称《条例》），对成员国的数据本地化存储进行限制。此举推动非个人数据的自由跨境，进一步完善欧盟的数据跨境流动规则。该《条例》对成员国数据本地化提出具体要求：其一，除非基于公共安全考虑，不得提出数据本地化要求；其二，成员国须相应改进国内数据立法，以满足欧盟对数据本地化限制的决定；其三，成员国应公开需要数据本地化的具体条件，并保持不断更新。此外，该《条例》还对国家机关相关数据获取、行业内数据自由迁移作出了详细规定，给予国家主管部门获取必要数据的权利，保障贸易、商业等行业的数据自由迁移；并且尝试为行业制定"自律性行为守则"，包括数据迁移程序规定、技术和时间要求等，为数据自由迁移提供明确指引。

3. 探索多样化的数据跨境传输方式。对于没有获得欧盟"充分性认

---

① 参见石静霞：《数字经济背景下的WTO电子商务诸边谈判：最新发展及焦点问题》，载《东方法学》2020年第2期，第170-184页。

② See Art. 45 GDPR Lawfulness of processing：https：//gdpr-info. eu/art-6-gdpr/.

③ Adequacy decisions：https：//ec. europa. eu/info/law/law-topic/data-protection/international-dimension-data-protection/adequacy-decisions_ en.

④ 非个人数据在欧盟境内自由流动框架条例：https：//www. secrss. com/articles/5639.

定"的国家或地区，欧盟设定其他路径以提供数据跨境选择保障，如在满足数据主体同意、合同义务履行等特殊情形时，也可实现数据跨境。GDPR 规定的"多样化选择"主要包括：标准合同条款（Standard Contractual Clause, SCC）、具体行为准则（Codes of Conduct, CoC）、约束性公司规则（Binding Corporate Rules, BCR）、认证机制（Certification）[①]。

事实上，欧盟数据跨境流动规制发展的主要推力来源美国数字贸易变革后有关数据跨境流动规则的强势输出。欧盟为化解美国以自由主义为指导的数据跨境流动规制带来的压力，避免数据闭塞等消极影响，做出相应数据跨境流动规制的调整与转变，这是针对美国的因应策略。但欧盟最后成功保留了个人数据保护至上的立法理念，在融合中懂得变通，掌握了世界数据立法的话语权。

（二）美国：数据流动自由主义与敏感数据限制结合

1. 美国主导的 CBPR——过于推崇数据流动自由。美国跨境数据流动规制的发展与成熟源自自身主导并建立的跨境隐私规则体系（Cross Border Privacy Rules System, CBPR）。CBPR 是早期具有数据多边监管性质的数据保护机制。CBPR 关于数据跨境流动规制的最大特点便是数据跨境传输范围的可选择性。CBPR 规定成员国或地区可以在其传输的数据种类上进行自由选择，包括产品数据、健康数据、消费者数据等；而美国加入 CBPR 时，也只选择消费者数据作为其跨境传输的数据范围[②]。实际上，CBPR 的发展总体并非蓬勃向上：截至目前加入 CBPR 的国家、地区、企业仍是少数，较其他数据跨境机制下成员国数量相差较大。笔者认为，影响 CBPR 发展的原因来自以下两个方面：第一，各国间数字科技发展水平非常不均衡，CBPR 以美、日两个现代数字科技的领头国为主导，使数字技术欠发达国家出于对国家安全、数据隐私保护等方面的考虑，迟缓加入 CBPR；第二，CBPR 对整体数据安全保护力度较弱，由于美国持有较强的数据自由主义理念，多依靠行业自治而非国家强制力保障数据安全，使得 CBPR 整体数据保护力度偏弱。这一现象对数字技术发达的美国、日本可能不会

---

① 全球及中国数据跨境流动规则和机制建设白皮书：https://mp.weixin.qq.com/s/v6tRxRrR250FDJ8WLnorjg.

② 参见李艳华：《全球跨境数据流动的规制路径与中国抉择》，载《时代法学》2019 年第 5 期，第 106-116 页。

造成太大威胁，但对大多数科技水平不高的国家和地区却会造成较大的数据跨境困境，最终阻碍数据跨境流动自由。所以 CBPR 的发展也对 RCEP 的数据跨境流动规制提供借鉴启示，即数据跨境流动规制必须综合考虑各国情况，因地制宜，才可发挥最大效力。

2. 通过多双边协定促进数据自由流动。2018 年 11 月达成的《美墨加协议》（USMAC）和 2019 年美日签订的《数字贸易协定》是美国多双边协定的代表。USMAC 规定各成员国原则上不允许采取任何措施限制或阻碍数据的流动，并且明确反对"数据本地化"的理念，规定"禁止将计算机等设施的境内使用作为进行自由贸易的条件"，以上规定也使 USMAC 成为现今世界范围内开放度最高的数据跨境流动规则①。2019 年美、日《数字贸易协定》沿袭 USMAC "数据自由"理念，其中交互式计算机服务等数字贸易条款将数据跨境自由理念体现得淋漓尽致。以上展现了美国通过达成多双边协定将数据跨境自由作为原则性条款以打破贸易壁垒、促进数据自由流动的途径。

3. 对关键数据的跨境进行严格限制。随着美国数据单边主义的推行，美国开始将数据治理重点从多边治理转到单边控制，对关键数据跨境进行严格限制②。2020 年美国《外国投资风险审查现代化方案》（FIRRMA）生效，将关键技术、敏感个人数据等视为国家安全的组成要素，纳入外国投资审查范围，对经审查后可能给国家安全造成威胁的数据采取本地化储存措施。FTRRMA 也相应设置"白名单"，规定"白名单"中的"例外国"可豁免有关敏感数据的安全审查，目前已将澳大利亚、英国、加拿大涵括在"白名单"中。

2021 年 6 月 9 日，美国总统拜登签署《关于保护美国人的敏感数据不受外国敌对势力侵害的行政命令》。该行政命令表示涉外应用程序可能大量获取美国个人信息、商业信息等重要信息，给国家安全带来潜在风险；要求美国商务部对外国相关联软件进行安全评估，评估内容包括外国使用应用程序进行间谍活动的可能性，外国访问美国政府机密、商业敏感信息

---

① 参见陈寰琦、周念利：《从 USMCA 看美国数字贸易规则核心诉求及与中国的分歧》，载《国际经贸探索》2019 年第 6 期，第 109 页。

② 全球及中国数据跨境流动规则和机制建设白皮书：https：//mp.weixin.qq.com/s/v6tRxRrR250FDJ8WLnorjg。

和个人数据的可能性等，最后给予商务部根据评估结果酌情采取措施的权利。

这表明美国在兼顾数据自由流动与经济发展的同时开始重视对国家安全的保护。其系列规定虽彰显对数据跨境自由理念的坚持，但也重视对数据的跨境安全审查，从侧面印证了敏感数据的重要性。

（三）RCEP 体系：数据跨境自由理念下国家干预与数据本地化存储并行

1. RCEP 协定。截至目前，在 RCEP 成员国中，有部分国家颁布了数据保护立法。结合欧美式数据跨境流动规制体系考察可知，当今国际主要采取的数据跨境流动规制方式包括国家干预、本地化存储、数据本地化豁免三种①。现行 RCEP 数据跨境流动规制是在综合欧、美体系后做出的尝试，重点落实国家干预和本地化存储两方面内容，对数据本地化豁免涉及不多。RCEP 第十二章十四条规定禁止以数据本地化作为贸易条件，第十二章第十五条规定成员国为保护公共政策或基本安全利益对数据跨境进行限制的例外情况②。这表明，在 RCEP 数据跨境规制方面，虽支持高度自由的数据跨境流动理念，但也接受成员国出于对公共安全的考量采取一定的数据跨境限制措施。

2. 东盟③。东盟作为 RCEP 的发起国，对数据跨境流动规制也作出了尝试。2018 年，东盟发布《东盟数字数据治理框架》，明确提出建立东盟数据跨境流动机制的目标。2019 年 11 月，东盟通过《东盟跨境数据流动机制的关键方案》，给出两个重点发展方向：示范合同条款（MCCS）与数据跨境认证。2021 年 1 月，东盟发布《东盟跨境数据流动示范合同条款》，明确数据输出方与接受方的责任与义务。MCCS 作为数据跨境流动的最低标准，保证成员国无论是否具备相应数据保护法律，均可实现数据跨境传输。

对于数据跨境认证，目前东盟尚未出台相关标准、程序与要求。数据

---

① 参见：冯洁菡，周濛：《跨境数据流动规制：核心议题、国际方案及中国因应》，载《深圳大学学报（人文社会科学版）》，2021 年第 4 期，第 88-97 页。

② RCEP 第十二章，第十四、十五条。

③ 全球及中国数据跨境流动规则和机制建设白皮书：https://mp.weixin.qq.com/s/v6tRxRrR250FDJ8WLnorjg.

跨境认证类似于欧盟的"白名单机制",给予符合认证标准的成员国、地区、企业、组织等以标志,给予一定程度的数据本地化豁免权。此外,东盟还允许数据传输方使用东盟认可的数据跨境传输机制,如 CBPR。

综上,RCEP 数据规制方案明确支持数据自由流动,同时给予国家对跨境数据的自由裁量权,是对成员国安全利益的维护,也体现 RCEP 多元共治的理念。RCEP 的签订使有关跨境数据保护体系初步形成,该体系排除欧美数据大国干预,为发展中国家建立符合自身实际情况的数据跨境流动方案提供了可行思路,最终也可能成为世界核心的数据保护规则。

三、我国数据跨境流动规制介评

现今国内有关数据跨境的立法包括但不限于:《网络安全法》《数据安全法》《个人信息保护法》(下文简称"三部法"),主要涉及重要数据、个人信息跨境两方面内容。

(一) 重要数据跨境规制

我国《网络安全法》《数据安全法》确立了数据出境的基本框架:对于重要数据原则上境内储存,确需向境外提供时须进行数据安全评估,所以数据安全评估是数据跨境规制的核心。2017 年国家网信部门发布《个人信息和重要数据出境安全评估办法(征求意见稿)》,2019 年发布《个人信息出境安全评估办法(征求意见稿)》,综合上述意见,我国数据跨境安全评估主要包括以下内容:第一,数据出境的必要性;第二,重要数据的数量、范围、类型及敏感程度等因素;第三,数据接收方的数据安全保障能力;第四,数据出境或再转移后被泄露、滥用、损毁的风险以及可能对国家安全、公共利益、个人合法权益造成的威胁。但目前,以上评估内容并未形成具体化规制。

(二) 个人信息跨境规制

我国《个人信息保护法》第三章是针对个人信息跨境流动的专门规制。该法承接《数据保护法》相关立法理念,设立个人单独同意制度,规定对跨境个人信息进行安全评估或认证,并且国家认可以合同方式约定境内外双方对个人信息跨境的权利义务。《个人信息保护法》确立以信息主体同意为前提的安全评估、认证、标准合同文本三种个人信息跨境流动机制。目前，该法仅规定个人信息跨境安全评估由国家网信部门组织实施；个人信息保护认证由国家网信部门出台规定，专业机构具体开展；标准合同文本由国家网信部门制定，但三种机制仍未形成具体制度，这给个人信息跨境规制的落实造成不小困难。

综合上述考察，我国数据跨境流动规制存在以下问题：第一，缺乏数据出境安全评估的具体规则。虽然"三部法"均提及建立健全数据出境安全评估体系，国家网信办也开始进行数据安全评估的征求意见，但具体规则仍未落地①，此情形不利于 RCEP 数据跨境规制的完善，容易造成数据跨境规制的混乱。第二，数据跨境流动监管方式形式单一。《网络安全法》虽确立数据本地化存储与数据出境安全评估相结合的监管方式，但立法未能结合数据跨境流动的具体情形与种类进行多层次、差异化监管设置，使得规制效果不佳。

四、RCEP 视角下我国数据跨境流动面临的困境

在数字科技快速发展的背景下，无论施行严格还是宽松的数据跨境制度，都会使国家或地区面临一定的问题与挑战，这是由数据本身特性所导致的。在 RCEP 背景下，我国当前面临的困境主要表现在国家安全、个人隐私、商业利益以及数据跨境流动自由度受限四个方面。

（一）RCEP 数据跨境流动使我国面临国家安全威胁

数据作为一种特殊的信息载体，可以被计算加工成精确的数据库，加大精准信息获得之可能。在数据跨境流动背景下，利用大数据、人工智能等技术对所获信息进行精密整合，就可能把握他国社会、科技甚至军事现状，此举严重危害国家安全，已引起各国重视。国家对这一潜在威胁的担忧并无道理，例如欧盟曾质疑微软公司参与美国政府监视计划而对微软公司提出警告。②

面临国家间数字技术水平发展失衡现状，如何规避技术水平不均带来

---

① 参见高钰，周蔚：《完善数据跨境流动法律规制》，载《检察日报》2021 年 9 月 27 日，第 7 版。

② 参见马其家，李晓楠：《国际数字贸易背景下数据跨境流动监管规则研究》，载《国际贸易》2021 年第 3 期，第 74-81 页。

的潜在国家安全威胁也成为一个重要问题。在 RCEP 中，有日本、澳大利亚等发达国家的参与，在中国向发达国家数据流动过程中如何寻求平衡，保护发展中国家的数据安全，就成为我国在 RCEP 背景下所要攻克的一个难关。

（二）RCEP 数据跨境流动使我国面临个人隐私保护的难题

个人信息是数字贸易的重要组成部分，也极易在数据跨境中受到侵害。例如在个人信息跨境过程中，如果境外数据接收方不能对跨境个人信息进行恰当处置，就极易造成个人隐私权益的侵害[①]。例如在 Facebook（脸书）侵权案中，Facebook 利用自身数据存储及分析优势，对他国用户的敏感数据（包括宗教信仰）进行收集，但由于其安全防范措施不完备，使得个人信息泄露，由此遭到美国 FTC（联邦通信委员会）的巨额惩罚[②]。

目前，国际有关个人信息跨境保护机制并不完善，只局限于个别 FTA（自由贸易协定）中，没有形成全球性的治理体系。诸如 APEC 制定的 CBPR（《跨境隐私规则体系》），其中关涉个人信息跨境部分也未成为国际社会普遍遵循的准则。在 RCEP 数据跨境规制机制中，对个人信息跨境流动的规定较为笼统，面临标准不统一等问题。我国国内立法也未形成与之相关的具体规制措施，以上使个人隐私安全成为 RCEP 数据跨境中我国面临的第二个问题。

（三）RCEP 数据跨境流动使我国面临国内企业利益维护困境

在数据跨境流动中，企业可能面临较高的知识产权侵害风险。企业跨国交易时，影像、书籍、软件等都可实现数据形式交付，这为企业获取便利的同时带来了潜在风险：在数据跨境中可能存在数据泄露、黑客攻击等情形，结合数字化产品易复制传播特性，使凝结在数据中的知识产权受到极大挑战。

此外，考虑数字技术发展水平差异性，企业还可能面临竞争力缺失问题。大数据的广泛运用可以使企业通过数据精准分析完成业务研判，给企业带来发展契机。但由于数据处理水平的差异，数据分析研判能力

---

① 参见牛哲莉：《个人数据跨境流动——中日韩合作规制进路探析》，载《山东科技大学学报（社会科学版）》2021 年第 4 期，第 55—63 页。

② 参见马其家、李晓楠：《国际数字贸易背景下数据跨境流动监管规则研究》，载《国际贸易》2021 年第 3 期，第 74—81 页。

不足也会给企业造成竞争压力。在 RCEP 数据跨境过程中，我国企业正面临知识产权威胁与竞争力不足问题。目前 RCEP 体系未出台有关企业数据跨境的具体要求，国内立法也未形成企业数据跨境的统一标准，虽然我国金融、交通运输、卫生健康等部门已明确相关数据本地化存储原则①，但规定较为笼统，缺乏操作性，这给国内企业利益维护造成不小的困难。

（四）RCEP 数据跨境流动过度限制成为我国面临的现实困境

数据跨境自由度受限源自 RCEP 数据跨境规制体系的局限，也是数据流动与国家安全、个人隐私保护、企业利益平衡的结果。虽然 RCEP 体系提倡数据自由跨境，但由于成员国数据跨境标准的不统一，RCEP 在实际运营中存在数据跨境过度限制、容易形成数字贸易壁垒等情形。我国作为 RCEP 的主要推动国，应从国内立法入手，积极推广以数据跨境安全评估为核心的数据跨境机制，探索解决数据跨境可能带来的国家安全威胁、个人或企业权益损失等问题，为 RCEP 数据跨境规制提供中国方案。

五、RCEP 视角下数据跨境流动规制的中国方案

中国解决 RCEP 数据跨境困境的前提是完善国内相关立法，以维护国家安全、公共利益、个人权益为指导理念。目前，中国法律已基本搭建起数据跨境流动的规制框架，所以下一步完善重点应是建立数据出境安全评估体系，核心为确定数据分级分类机制与配套监管措施。国家立法应尽快明确分级式的数据出境种类，公布具体评估标准并配套有效监管机制督促实施②；同时，提高数据跨境的安全保障能力，以积极态度推广符合我国利益的数据跨境规制方案，与 RCEP 成员国共同建立适用性强的数据跨境规制。

（一）立法层面：建立数据出境安全评估体系

1. 明确重要数据分级分类目录。重要数据是指具有高度关键性，可能

---

① 全球及中国数据跨境流动规则和机制建设白皮书：https：//mp. weixin. qq. com/s/v6tRxRr R250FDJ8WLnorjg.

② 参见王志杰：《论我国跨境数据流动的监管完善——基于数据安全性与数据开放性的利益平衡视角》，载《福建金融》，2021 年第 7 期，第 9–16 页。

对国家安全、公共利益等方面造成重大威胁的数据。重要数据不仅包括重要商业数据、国防数据、政府数据、特种行业数据等,还应包括可以推断和计算出国家安全、科技、军事、社会等现状的敏感数据。目前,我国尚未成立专门的数据安全评估中心,缺少重要数据的分级分类目录。因此应加快数据安全评估机构建设,运用数字技术、人工智能等方式预测何种敏感信息可能会给国家安全、公共利益造成潜在风险与威胁,根据风险等级确定重要数据目录;对确需出境的重要数据,根据风险分类等级进行安全审查与评估,以便有关部门具体监管。

2. 确立非重要数据跨境标准及监管机制。相对重要数据,非重要数据在跨境中面临的影响因素更加复杂。对于非重要数据,中国可伴随数据安全评估中心的设立相应出台非重要数据的分级分类目录,以目录为基础明确非重要数据的出境条件,配套相应监管机制。对于非重要数据出境条件的设计,中国可参考欧盟 GDPR "白名单机制",规定数据跨境流动的中国要求,以刚性、活性标准进行具体规制①。在 RCEP 体系中,刚性标准是指中国在综合考察 RCEP 全体成员国数据安全发展情况(包括数据安全维护能力、国内法政策等)后确立的数据跨境基本标准,该标准对 RCEP 全部成员国通用;活性标准是指中国在分析数据跨境相对国具体情况(包括跨境数据详情、跨境具体原因等)确立的特定标准,该标准只对跨境相对国适用,较为灵活。针对非重要数据跨境的"活性标准",可以仿照欧美方式以"合同"形式确定。国家网信部门有必要牵头制定标准合同文本,非重要数据跨境主体可以选择适用标准合同文本,并就跨境数据内容、跨境原因、数据接收方信息等向有关部门备案,以便统一监管;此举措一旦落实,可更好地释放 RCEP 经济活力。

3. 建立个人信息保护认证体制。借鉴国际做法,我国可对重要数据与个人信息进行分置管理,建立个人信息保护认证体制,并将认证结果作为个人信息出境的前提。目前,个人信息保护认证在我国处于探索阶段,认证机构、程序、标准、要求等尚未明确,也需要尽快建构个人信息保护认证体制框架。

考虑数据安全评估过程工作繁杂,我国可以鼓励第三方专业机构进

---

① 参见杨署东,谢卓君:《跨境数据流动贸易规制之例外条款:定位、范式与反思》,载《重庆大学学报(社会科学版)》2021 年第 7 期,第 1–15 页。

行适度参与，为网信等有关部门提供帮助与参考。第三方机构还可以行业规制形式对企业数据安全进行定期考察评估，督促相关主体提升数据治理能力。最后应特别重视数据跨境的监管，有关部门可尝试将形式审查与实质审查结合，其中实质审查可随机进行，但需贯彻数据跨境的全过程。

（二）技术层面：提高数据跨境安全保障能力

安全保障是数据跨境的前提。为避免数据跨境可能造成的对国家安全、个人隐私、企业利益的威胁，除了有效的立法规制，也需要技术安全保障。为应对数据跨境中可能产生的数据泄露、数据窃取等问题，我国应加速提高数据安全保障能力。第一，我国应重点建设数据跨境风险评估系统，加强数据监管、数据威胁信息的共享能力，鼓励政府部门与第三方企业、机构合作，统筹跨境数据风险的分析、研判、预警、阻断工作，鼓励前沿数据安全技术探究，综合降低数据跨境流动安全风险。第二，压实数据跨境各方的责任义务，应特别加强对我国数据主体的监管。通过标准合同方式强化对数据输出方、数据接收方的管理，严防数据被窃取、泄露的风险。

（三）理念层面：以 RCEP 为契机，推广数据跨境规制的中国方案

目前，世界尚未形成统一的数据跨境规制体系，但以欧美为代表的国家正尝试构建数据跨境流动圈，把握国际数据话语权。在此背景下，我国需充分利用 RCEP 建设契机，以互利互惠、保证数据跨境安全为原则推广数据跨境规制的中国方案：第一，在尊重 RCEP 各成员国法律的基础上，分享中国数据立法理念，推动形成统一的数据跨境标准、通用标准合同文本等，以实现 RCEP 区域内数据跨境自由；第二，以数据跨境安全保障与国家利益维护为构思前提，积极达成与 RCEP 成员国的双边或多边跨境协助协议，畅通司法或行政执法协助通道，成立跨境数据互助调取机制，更好地维护本国利益；第三，积极探索数据安全保障技术，建立 RCEP 数据技术分享与交流机制，以技术水平提升数据安全保障能力。

参考文献

[1] 习近平. 携手推进"一带一路"建设：在"一带一路"国际合作高峰论坛开幕式上的演讲 [N]. 人民日报，2017-

5-15.

［2］全球及中国数据跨境流动规则和机制建设白皮书［EB/OL］. (2021-09-02)［2021-10-02］. https：//mp. weixin. qq. com/ s/v6tRxRrR250FDJ8WLnorjg.

［3］石静霞. 数字经济背景下的 WTO 电子商务诸边谈判：最新 发展及焦点问题［J］. 东方法学，2020，74（2）：170-184.

［4］高钰，周蔚. 完善数据跨境流动法律规制［N］. 检察日报， 2021-9-27.

［5］李艳华. 全球跨境数据流动的规制路径与中国抉择［J］. 时 代法学，2019，17（5）：106-116.

［6］李晶，张靖辰. "双循环"格局下中国数据跨境制度创新研 究［J］. 中国发展，2021，21（1）：41-47.

［7］单文华，邓娜. 欧美跨境数据流动规制：冲突、协调与借 鉴：基于欧盟法院"隐私盾"无效案的考察［J］. 西安交通 大学学报（社会科学版），2021，41（5）：94-103.

［8］冯洁菡，周濛. 跨境数据流动规制：核心议题、国际方案及 中国因应［J］. 深圳大学学报（人文社会科学版），2021， 38（4）：88-97.

［9］王东光. 国家安全审查：政治法律化与法律政治化［J］. 中 外法学，2016，28（5）：1289-1313.

［10］牛哲莉. 个人数据跨境流动：中日韩合作规制进路探析 ［J］. 山东科技大学学报（社会科学版），2021，23（4）： 55-63.

［11］马其家，李晓楠. 国际数字贸易背景下数据跨境流动监管 规则研究［J］. 国际贸易，2021，471（3）：74-81.

［12］王志杰. 论我国跨境数据流动的监管完善：基于数据安全 性与数据开放性的利益平衡视角［J］. 福建金融，2021， 435（7）：9-16.

［13］翁国民，宋丽. 数据跨境传输的法律规制［J］. 浙江大学学 报（人文社会科学版），2020，50（2）：38-53.

［14］朱扬勇，熊赟. 数据跨境监管初探［J］. 大数据，2021，7

（1）：135－144.

［15］ 许多奇．论跨境数据流动规制企业双向合规的法治保障
［J］．东方法学，2020，74（2）：185－197.

［16］ 陈寰琦，周念利．从 USMCA 看美国数字贸易规则核心诉求
及与中国的分歧［J］．国际经贸探索，2019，35（6）：
104－114.

［17］ KUNER C. Regulation of transborder data flows under data
protection and privacy law past present and future［J］. SSRN
Electronic Journal，2010（10）．

超越私法的制度供给

——论个人信息保护中的公私法合作治理

罗凯杰

摘　要： 个人信息的多重复合属性，集中表现为个体权利的保障需求及社会的信息综合治理需求的统一，而传统的私法保护视角无法平衡个体与信息收集、处理、使用者天然不对等的地位关系，也不足以解决信息的合理开发使用与信息保护之间存在的既有矛盾。随着个人信息潜在的价值性与风险性日益同时凸显，更为现实的手段应当是在私法保护之上构建公法意义上的客观责任制度，以公私法合作治理的方式实现个体、信息经营者、社会管理者三方间的权利义务平衡，并由此建立安全、公正、可信任的信息经济秩序。

关键词： 个人信息保护；信息利用；公私法合作

在个人信息保护制度的建构过程中，始终伴随着个人与企业、个人权益与企业发展等多重主体、多重利益的博弈，这种博弈使得如何界分个人信息保护的范围与方式成为一个颇具争议的话题，而诸多争议的核心则在于个人信息的权益保障与数字经济发展的冲突与协调。毫无疑问，信息技术的迅猛发展使得个人信息这一法律关系的客体成为大数据挖掘与开发的对象，也促使数据、算法、平台成为数字时代法律制度不得不直面的问题；信息技术所产生的变革导致传统法律制度在权益的界分与保护方式上都显现出捉襟见肘的窘迫。究竟是建构一套以个人意志自决为核心的主观权利保护制度，还是以"义务"为基础建立一种基于权利但超越权利的具有客观属性的法律制度，是立法必须考虑的首要问题；同时，这种考量意味着技术再次将公私法关系摆在了现实的面前。

一、问题与挑战

（一）主体间非对等关系

私法上往往将企业与个人间的合意作为双方平等关系构建的基础，基于此，企业与个人间的权利义务也被合意的内容所限制。然而区别于传统民事主体间的意思自治，事实上个体与信息经营者间并不具备意思自治的先决条件——二者地位并不平等；一方面，互联网信息服务者往往占据着各自行业的优势地位，作为个体的消费者在接受或拒绝其服务面前并没有太多的选择权，因而在双方的权利义务关系构建之初，个体在意思自治中的表达权便已受到限制，所谓的合意更多体现的也是服务提供者的意志，而缺乏服务承受者的意志；另一方面，由于缺乏风险预知与控制能力，个体消费者往往将服务的便利性视作合同履行的优位目标，而企业所追求的则是服务成本控制与效益叠加。信息服务领域与传统服务领域不同之处在于，双方看似对立的需求在实现路径中却有重合点——信息控制权的转移与信息相关权益的让渡。企业为了挖掘信息中所蕴藏的市场价值与经济效益，需要逐步扩大对于信息提供者的信息搜集范围，而个体为了获取服务，往往不断降低让渡自身的信息控制权限的阈值。

除了主体间实力的非对等性之外，现行基于"告知—选择"框架，即面对网站等信息收集者的告知而选择同意或拒绝其个人信息被收集①，建立的信息保护规则也存在一定的局限性。诚然，在私法上构建该框架有助于保障用户的知情权，然而实践中的困境往往更为复杂，受限于行业知识及技术背景的欠缺，个体在大企业面前很难判断企业所提供的条款是否具备合理性与必要性，甚至对于那些将"允许搜集信息"作为提供服务的门槛条件的企业，个体很难有余地选择不同意；即便个体有强烈的主观意愿去审查企业提供的信息条款以行使自身的选择权，但在面对现实中冗杂繁

① 参见赵宏：《〈民法典〉时代个人信息权的国家保护义务》，载《经贸法律评论》2021 年第 1 期，第 2 页。

复的信息条款时，其也很难真正达到充分知情的程度。所谓最终达成的同意只是现有构架中形式性的选择自由，实质性的"用户数据自决"并没有被嵌入大数据模式①。

在个人信息泄露及损害后果发生后，个体的弱势地位更为明显，主要表现为个体在举证责任上的困难性。个人信息的数据化后所带来的价值的低密度性使得个人数据信息的使用和其产生的结果之间的因果关系变得模糊和薄弱，而私权的侵权责任认定和损害赔偿都是基于明确的因果关系，这种模糊的相关性使得个体难以通过现行私法制度获得救济②。当面对此类争议时，个体很难求证信息的实际控制者是否存在泄露与侵权的事实；即便存在泄露与侵权事实，举证其泄漏事实与自身的损害结果存在直接因果关系也是一个巨大的难题，这些都是摆在个体维权前的现实障碍。

(二) 数据风险的不确定性

个人信息在当下时代的主要载体是基于数字技术呈现的数据，因此个人信息保护还需要面对的一个挑战便是数据本身的风险不确定性。在数据时代之前，人们保存、传递信息的主要手段是有存储容量限制的纸质材料，相较于电子数据存储设备，虽然这类纸质材料也存在信息泄漏与滥用的风险，但受限于本体的限制，即便发生信息泄漏或信息滥用，其给权利主体带来的风险和影响也是定向且可控的。如今社会进入了大数据时代，信息采集、存储、传输与利用的技术发生了根本性的变化，并仍旧保持着一种较快的速度在持续演进。一方面，区别于传统的信息储存方式，数据化的信息规模巨大、涵盖领域众多，但保存与维护方式却较为单一，主要依赖于信息数据库的维护与加密算法的更新。在此种情形下，跨领域、多层次的信息的汇集与叠加将极易引发聚合性风险（换言之，如今的信息所承载的不仅仅是单个体、单领域的内容，而是跨个体、跨领域的内容集合体），发生泄露后所波及的范围将不仅仅止于个体权益，还可能延伸至数据所涉及的整个行业乃至整个社会；另一方面，电子数据非常易于被共

---

① 参见刘泽刚：《大数据隐私权的不确定性及其应对机制》，载《浙江学刊》2020年第6期，第48页。

② 参见吴伟光：《大数据技术下个人数据信息私权保护论批判》，载《政治与法律》2016年第7期，第118页。

享、复制和重组，同时提供了巨大的可重复利用的机会①，而现行涉及个人信息存储与分析的行业早已经涵盖通信、金融、医疗、教育、交通等关系国民基本生活及社会公共安全的领域，数据的易复制属性与公共领域的结合，使得搜集、争夺乃至窃取相关数据可能成为资本逐利的主要竞争手段，而这也导致个人信息保护的价值不再仅仅停留在个人权益层面，而是上升到社会、国家的维度。

面对数据的聚合性风险及超越个体权益的公共价值，传统私法领域"损害—赔偿"的事后救济机制也显得捉襟见肘。就个体而言，尽管自身在权益损害后有明确的救济路径，但损害结果与原因之间的因果关系举证仍存在不小的困难，传统归责原则使得个体沦为明显的举证弱势方；就社会整体而言，恢复数据泄露或滥用所造成的社会损害将耗费高昂的社会治理成本。不确定性不仅仅是数据自身蕴含的特性，也是其所造成的冲击的最大特性。

（三）义务与权利的非对应性

权利义务一致性理论是法律关系分析的基础，也是建构合理的法律秩序的基本前提。尽管从私法的逻辑推断，在个人信息领域，信息处理者确实仅应当根据承诺的信息条款承担各自的保护责任即可，但事实上《中华人民共和国宪法》（下文简称《宪法》）第三十三条第三款明确规定"国家尊重和保障人权"，而这里面的人权当然也包括个人信息权益的相关内容。纵然《宪法》并未对个人信息保护作出明确的规则表达，但基于基本权利条款的上述规范要求，该条款在实质上已经明确了个人信息的国家保护义务②。而国家的保护义务与责任机制直接触发的便是作为国家直接管控对象的各信息处理者的责任义务，换言之，只有明确信息处理者在公法意义上承担信息保护与合理利用的义务，才能使得国家的个人信息保护义务得以开展与落实。

更进一步而言，在个人信息日益呈现多元价值的当下，个人数据作为社会治理环节中一项重要要素，其显现的作用与实际的地位也正在逐渐攀升。因此，就数据的实际控制主体——个人信息的收集与处理者而言，其

---

① LYNCH C. How do your data grow？［J］. Nature，2008，455：28-29.
② 参见王锡锌：《个人信息国家保护义务及展开》，载《中国法学》2021年第1期，第147-148页。

所承担的义务自然也不应局限于对合同相对人的权利的满足与保障，更需要契合公共职能履行部门有关数据安全与数据治理的需求，契合其他市场竞争主体对于数据公平流转以及必要数据开放共享的需求，这些需求本身便带有公私法的复合属性。私法上信息处理者仍旧需要承担对合同相对人达成的基本承诺，履行保障其基本信息安全及合理处理使用相关信息的基本义务；而公法上信息处理者也应当承担构建自律机制，建设并主动维护数据信息应用行业的整体良善环境，履行对其他信息处理机构必要的数据流转与共享的义务①。应当说，要求信息处理者承担复合属性的义务是未来个人信息保护演进的基本方向，也是我国《数据安全法》和《个人信息保护法》立法采取的现实路径。

（四）保护与超越保护的多重目的

在个人信息保护议题尚未流行之前，个人隐私概念更受个体的关注，且个体对个人隐私也抱有更为敏感的保护意识，主要原因是个人隐私具有明显的人格权属性，人们在面对自身隐私泄露时通常会感受到个人的私密领域遭到侵犯、自身的人格尊严受到攻击，因而自然地产生权利救济的需求（这也是自罗马法时代，立法者便将隐私权作为一项独立的民事权利进行保护的原因）。而区别于个人隐私，尽管个人信息在广义上也包括个人隐私，但个人信息并不必然将私密性作为自身的特征。一般而言，个人信息是指与特定个人相关联的、反映个体特征的具有可识别性的符号系统，包括个人身份、工作、家庭、财产、健康等各方面的信息②。一方面，这类信息当然具有人格权属性，因为借由这些信息第三方能够精准地识别个体的身份，甚至进行个人画像的勾勒；但另一方面，此类信息在数据时代下还具有明显的财产属性及社会属性。财产属性主要表现为：个人信息聚合成为大数据后，其对于特定行业的发展与前景分析具有指引作用，对于各类企业而言也是自身经营战略规划的重要依据，这一特点使得个人信息具有了巨大的商业价值；而社会属性则体现为数据化呈现的个体信息（尤其在医疗卫生及金融领域）往往与国家的公共安全有着密切的相关性，数

---

① 参见张珺：《个人信息保护：超越个体权利思维的局限》，载《大连理工大学学报（社会科学版）》2021年第1期，第92页。

② 参见王利明：《论个人信息权的法律保护——以个人信息权与隐私权的界分为中心》，载《现代法学》2013年第4期，第68页。

据能否被合理使用不仅关系到个体的信息权益是否能够得到合理保障，更关乎国家重点公共领域的安全能否被切实保障、国家相关数字战略能否顺利推进。

基于个人信息的多重属性，若简单将个人信息比照个人隐私从而赋予其绝对保护的特性则会显得不合常理。一方面个体并不会将自己所有的信息视作需要保护的对象，立法强加保护可能违背个体自身的意愿；另一方面，数据的价值使得其无论之于商业组织还是社会公共管理机构都是重要的基础性资源。具体而言，企业为个体提供个性化服务的根基是数据汇集；政府改善社会治理、制定高效公共政策的关键是数据分析；社会正常运行与实现快捷沟通的途径是数据流转①，信息以及由信息汇集而成的数据已经成为社会构成的基本要素，如今研究个人信息保护相关立法，其表层意义是在社会剧烈变革与发展的主轴中确保"人"的个体概念不沦为资源供给与生产的机器，深层意义应当是重新定位个体与客观信息社会的内在关系，探索构建符合时代与未来发展趋势的数据使用与规制体系。而构建这样一种制度体系，需要满足的不仅仅只是保护个体信息权益不受损害的需求，更需要在保护之上探索个人信息及数据更为成熟化的法律使用与规制机制，构建相应的法律适用域。

二、公私法合作治理的目的与切入点

在私法体系中，法律只能够实现对个人信息极其有限的保护，且该种保护单一表现为提供事后程序意义上的救济手段。正如上文所述，个体与信息收集和处理者之间所形成的关系不仅包括民法上展现的平等关系，其中也包含着消费者与商家之间实质不平等的经济服务关系，以及信息收集处理机构作为信息经营者与社会公共监管机构的管理服从关系。因此，在多种关系之下，简单依靠私法试图建构个人信息的保护框架自然是不合理的，正确的制度建构方向应该是引入合作共治的理念，以公私法合作治理的方式实现个人信息保护与使用的平衡，通过主观权利与客观法律制度的复合建构一个合理的数字秩序。

---

① 参见丁晓东：《论个人信息法律保护的思想渊源与基本原理——基于"公平信息实践"的分析》，载《现代法学》2019 年第 3 期，第 98 页。

（一）依托个人权利建构安全、公正、可信任的数字秩序

在数字技术大规模应用之初，一方面受限于数据总量规模较小，尚不足以形成指向性的数据服务产业，另一方面行业基础设施仍处于初期建设阶段，支撑其发展所需要的数据传输与应用渠道尚未完全成型，因此公众和政府对于数据的收集与使用都持比较宽容的态度，这种宽容不仅体现在监管机构的宽松式监管模式选择之上，也体现在个体对于自身权利的主动让渡上。然而随着数据产业的不断发展，具备规模的企业逐渐掌握了各自行业内的数据专断权，成为"数据寡头"，个体以信息换取服务不再是自我割舍而做出的有选择性的放弃，而是行业的基本规则；信息能否被收集或使用无关乎个体的知情与同意，而是听任于信息处理者自身设立的处理规则与自律机制。在此种情形下，不仅个体的信息安全遭受空前的危机，数字产业也面临着垄断及不正当竞争带来的不利影响，诸如流量截取、干扰网页与产品、安全软件恶意不兼容以及数据爬虫等类型的排除竞争的手段也层出不止①，个人信息沦为行业内部竞争的筹码与工具，数字行业的健康发展也因此笼罩了一层阴霾。

从国外"open data"（数据开放）到"my data"（本人数据管理）的兴起与演变不难看出，在法律制度尚未提供直接、有效的约束机制的情形下，社会自发形成了一股对抗数据垄断与个人信息侵权的防范力量。"open data"的主要诉求在于要求企业重视数据的公共属性。数据本身无法单独形成生产力，更遑论改造行业，若想依靠数据形成生产力并助推行业的升级进步，需要依赖不同产业、不同需求的企业与政府机构实现数据开放与共享，并在其中确立合理的开放、流转与使用标准。"my data"的主要诉求是将个人数据的控制权归还个体。在这种理念下，个人理应是数据的第一权利主体，作为数据处理与使用者的企业不仅要确保个人充分掌握所有信息的分散渠道，也要确保建立个人能够快速处理其个人信息的机制。数据可携带权②也是由此引出的衍生概念。

---

① 参见丁晓东：《互联网反不正当竞争的法理思考与制度重构——以合同性与财产性权益保护为中心》，载《法学杂志》2021年第2期，第84-85页。

② 数据可携带权，指数据主体有权获取经过整理的、普遍使用的和机器可读的个人数据，有权无障碍地将此类数据从收集其数据的控制者那里传输给其他控制者，参见《欧洲一般数据保护条例》，丁晓东译。

公私法合作治理与"open data"和"my data"有着相近的理念，其核心并不在于进行简单的个体赋权或设定行政监管责任，更为重要的是通过科学的立法与制度设计，理顺个体、信息控制者与公共管理机构三者的关系，并由此形成一个严密的多维治理结构，使个人信息保护真正成为信息控制者的内在需要，而不是外在强加的责任义务①。个人信息保护立法之所以成为立法研究的热点和难点，主要原因并不是立法者不愿意给信息控制者施加法律的强制性约束规定，也并非行政机关刻意逃避自身的监管职责，更为深层次的原因是：比起单纯的权利保护，立法者和管理者更希望在权利保护的基础上，利用专项立法的现实机会构建合理、可持续的数字秩序，后者对社会的发展更加具有积极意义。制度的构建之所以需要以个人权利为核心，是因为现实中数字市场发展过快的节奏湮没了人所以为人的基本价值，这是人权保障和权利弥补的现实要求，也是当下纠正市场发展方向、恢复市场秩序的重要手段；但市场中信息控制者作为实际经营方的地位不会因此改变，数字经济仍需要进一步发展的需求也不会改变，如果法律规则不能因势利导，只是简单施加各种禁止性或者强制性规定，势必将打击信息经营者的热情和发展动力，纯粹的禁止规范也可能使得个人信息成为紧锁在仓库内难以流通的积压物，数据的价值也将得不到有效开发。

合作治理正是政府为了规避其作为权力部门单方施加行政力可能损害市场发展的不良结果，转而以开放、包容的角色去拥抱传统私法建构下的信息经营者，与之共寻数字秩序经营与治理之道，以达成建立三方可信任的市场约束与调节机制的重要手段。当然，在这其中个人权利仍旧是最核心的保护对象，并不会因为政府从纯粹管理者到合作者的身份转型而发生变化。

（二）主观权利与客观法律制度的复合

实现主观权利与客观法律制度的复合是制度构建的另一个基本目标。为个人信息保护寻求法律支撑从来不是私法垄断的课题，尽管现实中学者更偏向从私法角度来研究个人信息保护问题，但究其本质而言，仅仅是从权利义务关系角度对个人信息的归属及使用作出界定及区分而已，并不直

① 参见周汉华：《探索激励相容的个人数据治理之道——中国个人信息保护法的立法方向》，载《法学研究》2018年第2期，第3-23页。

接触发强制约束的效力。在权利的界定及区分之外，还应当注意到的是个人信息权保护的国家责任，这里的个人信息权并非单纯民法意义上个体享有的权利，而是指公法意义上国家履行其保护义务的价值基础与宪法依据，其功能主要在于对抗和缓解"数据权力"对个人信息造成的侵害风险①。因此，私法上界定个人信息权的属性与公法上建立客观的个人信息权保护制度应当是同步行进的立法趋向。

就主观权利而言，私法上仍旧需要进一步明确个人信息权的法律定性，这里的定性一方面指个人信息的定义需要进一步厘清，使得其具备进一步同传统的隐私权概念或现在盛行的数据概念相区别的特征，并充分展现其本身所蕴含的多重属性；另一方面指落入保护范围的信息边际需要确定，个人信息保护制度并不需要构建所有信息的保护屏障，而是针对具有保护必要性、可能对个体权益产生影响的部分设立保护机制即可，如何进一步明确"保护"与"无须保护"的边界也有依赖于私法意义上的概念重构。此外，私法上一个热门的议题是个人信息权是否应当被定性为一项独立的权利：若被定性为一项独立权利，其所涉及的下属权益包括哪些；若不应当被定性为独立的权利，那么它与既有的权利是否存在重合性，区别之处又是什么②？这些都是有待制度去进一步规范的内容，而明晰权利的最终目的就是为信息权主体提供与信息控制者及不当使用者抗辩的依据，并提供其向法院或其他争议解决部门实现救济的路径。

就客观责任而言，主要指的是对于信息收集、处理与使用者的公法义务规范和法律责任规定，从实践的角度来看，指的就是数据相关企业以及可能涉及的公权力机构的责任明晰问题。事实上，尽管仍有不少声音表达对公法介入传统意义上的私法管辖领域的排斥，但从《个人信息保护法》的现实规定来看，动用公法的保护手段已经是箭在弦上的必然趋势，这也说明在个人信息保护体系中引入客观责任的制度规范是现实的，也是必要的。论证客观法与主观权利之间是否具备足够的关联性，主要就是判断个人利益能否汇集为公益、客观法的媒介：为了保护个人利益而保全不特定

① 参见王锡锌：《个人信息国家保护义务及展开》，载《中国法学》2021年第1期，第156-158页。
② 参见丁晓东：《个人信息权利的反思与重塑 论个人信息保护的适用前提与法益基础》，载《中外法学》2020年第2期，第342页。

多数人的利益以及社会全体利益①。个人信息毋庸置疑具备公共属性，特定领域的个人信息（例如基因等生物信息）甚至与公共安全具有直接关联性，因而个人信息保护不仅仅关乎个人利益的预防性保护，也关系到社会整体利益的维护；此外，与个人信息有关的载体——数据，也被称为二十一世纪的石油，尽管其不是天然存在的自然资源，但毫无疑问其也是影响社会发展与进步的重要公共资源。因此，公法介入个人信息保护领域本身并无再讨论与纠结的必要，更为适宜的讨论焦点应当是公法介入的边界以及公私法各自应当在制度构建中承担的目标与任务。

三、合作治理中公私法的功能界分

公私法在个人信息保护中不同的定位也会引发一系列衍生的问题，其中比较典型的是如何保证公法的介入不会成为干涉个人信息自决的新侵害源，或是如何减少私法的渗透对公法责任效力的掣肘。解决这些问题的关键在于，应当恰如其分地厘清公私法各自的功能，并进行合理分工，灵活运用合作治理的理念来开创个人信息保护领域管理、协作、自治的新局面。

（一）私法的责任

私法的责任主要是贯彻以权利为本位的制度构建原则。尽管未来的个人信息保护将以公私法合作治理的形式展开，但权利保障仍旧是制度设计的基石。而相较于公法制度可能带来的侵害风险，私法的权利体系完善是最为基础也是最为安全的个体权利保障手段。

1. 厘清个人信息权益的边界。我国《民法典》人格权编第六章已经就个人信息处理与保护问题作出了规定，其中第一千零三十四条第二款对个人信息权进行了定义："个人信息是以电子或者其他方式记录的能够单独或者与其他信息结合识别特定自然人的各种信息，包括自然人的姓名、住址、电话号码、电子邮箱地址、行踪信息等。"②《民法典》对个人信息的定义尽管仍具有模糊性，但立法者已经明确将其同传统的隐私权进行区

---

① 山本隆司，王贵松：《客观法与主观权利》，载《财经法学》2020 年第 6 期，第 104 页。
② 参见《民法典》人格权编第一千零三十四条第二款。

分，并赋予个人信息独立的保护价值。但是综合上下条款来看，针对个人信息的保护依然带有明显的隐私权烙印，更多的是赋予权利人基于人格权被侵犯后的消极对抗权，并没有基于个人信息人格权与财产权的复合属性赋予权利人积极主动行使的权利。

私法未来的责任是进一步厘清个人信息权益的边界，不仅需要进一步规范个人信息的概念、定义，也需要就个人信息是否需要独立成权的争议问题作出明确的回答：若独立成权，新的权利的概念是什么；权利下属权益的范围是什么；权益的救济手段是什么？若不应当独立成权，未来如何在人格权、财产权及社会权的交叉领域中就个人信息开展有针对而又不单一的保护？从概念来看，如今个人信息以"可识别"为特征的定义方式基本反映了个人信息的特征——浓厚的人格权属性，但是个人信息并不直接等同于人格权，而是人格权在信息时代发展中所形成的新的社会样态的具体展现①，其最大的特殊性便是个体能够忍受一定程度的权利让渡与干涉，甚至主动将其作为自身在信息社会生存的交换筹码与流通资源，这是信息提供者的现实需求，也是信息相关产业得以发展的基本动力。因而在"可识别外"，私法上对于个人信息定义的完善不能忽视其蕴含的财产权属性。《个人信息保护法》第四条规定区分了匿名处理的信息与非匿名处理的信息，不难看出立法者充分顾及了个人信息所具备的经济利用前景，因而将保护的范围限制为未剥离人格属性的个人信息（但该条款的指向仍不够明确，匿名化处理后的信息仍可能造成个体的权益受到损害）；而未经匿名处理的信息也未必需要强加严格的保护，使得相关的价值被埋没。简单剥离人格属性并不能实现对个人信息的精准保护，仍旧需要私法在概念界定上作进一步的区分。

从具体的权属范围来看，私法也应当明确个人信息权益具体包含的内容，需要对个人信息控制权的每个具体权项进行分解、分析，在充分讨论的基础上明确哪些权项需要予以明确规定，哪些权项暂时还不宜规定②。具体而言，一方面基于人格权不受侵犯的特性，信息主体应当享有保障自身权利不受侵犯的消极对抗权，主要包括对于他人收集、传输与利用个人

---

① 参见郑维炜：《个人信息权的权利属性、法理基础与保护路径》，载《法制与社会发展》2020年第6期，第134页。

② 参见周汉华：《个人信息保护的法律定位》，载《法商研究》2020年第3期，第44-56页。

信息的知情权、删除权、更正权、保密权等排除妨害的权利；另一方面，基于个体对于自身信息财产价值的追求，也需要明确个体享有的决定权、信息查阅复制权、信息可携权、规则解释权等主动行使的积极权利。这些权利的明晰也有助于实践中个体权益救济更好地开展，同时能将信息处理者纳入私法的约束机制之下。

2. 完善个人信息分类保护制度，确立不同类型个人信息的保护原则。基于信息收集与应用技术仍在快速发展的现实，未来进一步规范及完善后个人信息的定义仍可能是一个较为宽泛的概念，并且仍将处于不断变化与更迭的过程之中。面对这种不确定的特性，进行可确定的界定分类是一个较为明智的规范思路。一方面，信息的分类可以区分不同信息的性质，从而把握纷繁复杂的信息背后的本质，因此即便将来随着技术更迭出现新的、存在是否保护争议的个人信息，也可以根据已经划分的不同区间实现归类；另一方面，信息分类保护也有助于权利的进一步细化区分。尽管不同的个人信息同属一个概念之下，但其中因信息存在的方式、存在的阶段、存在的敏感程度不同，所对应而享有的权益在本质上也是不同的，这本身便依赖于私法对其进行精细化区分。

此外，分类保护也有助于确立信息开发与利用的边界，构建保护与利用的二元平衡机制。传统的个人信息保护理论完全立足于个体，并从静态规制角度出发，即采取一刀切式的处理办法，这不仅与个人信息的利益形态多样化和保护目标多元化的特点不相吻合，而且无法兼顾多方主体对个人信息迥然相异的利益需求[①]。现代社会中，以数据为主要载体的个人信息具有的经济价值不仅引起了数据产业相关企业以及政府机构极大的开发与利用兴趣，就个体而言，其也不可避免地产生利用自身产出与掌握的信息为自己谋取利益与便利的需求，而缺乏信息分类制度的私法建构体系一来无法满足不同主体存在的对信息利用与开发的现实需求，二来还可能因为对于部分极敏感信息没有加重保护，而使得信息权的保护效果也大打折扣。建立并完善个人信息保护制度则有助于确立不同性质的信息的保护层级，对于涉及隐私的敏感个人信息，应当对照传统隐私权的级别给予保护；而对于其他不敏感信息，突出个人信息的利用价值而非单纯的保护价

---

① 参见袁泉，王思庆：《个人信息分类保护制度及其体系研究》，载《江西社会科学》2020 年第 7 期，第 192-200 页。

值可能是更为合适的处置对策。

总体而言，私法完善个人信息分类保护制度的主旨应当是通过推动建立数据匿名化与去标识化规则的完善，实现保护个人权益与加强数据利用之间的平衡。在该主旨下，信息分类保护制度也并非仅仅为了更好地保障数字经济下个人信息的安全，而是为了实现法律制度与现实的信息生态更精准的契合。不可否认，保护仍旧是个人信息与传统隐私权概念下不变的主基调，但保护的精细化、分类化更有助于在保护背后，依靠成熟的匿名化与去标识化规则体系，实现对于信息价值的充分利用。

（二）公法的责任

相较于私法对既有命题的进一步完善，公法所需要承担的责任更加具有复杂性与开创性。一方面，基于私法的保护不足，公法需要为此设计补偿保护与救济的制度；另一方面，基于公权力主体自身的职能限制、职能优化行使的需要，结合个人信息保护的特殊性，公法也需要在充分控权的同时，立足社会整体构建具有公共效益的社会风险预防机制。

1. 基于公共目的，政府对个人信息及相关数据处理的制度化。基于意思自治原则，即便没有国家力量的介入，民事主体之间也可以依照私法既有的规范及双方的合同或约定处理个人信息的侵权事宜。尽管个体权益在此过程中可能得不到合理保障，但至少私法上的权利救济路径已经比较清晰。而政府作为公权力机关，虽然在组织属性上同商业机构有本质区别，但其同样具备收集、传输、保存与利用数据的基本权力，甚至凭借全方位介入公共领域的现实特性而在数据的收集与使用上更加具备天然的优势。事实上，目前我国信息数据资源 80% 以上掌握在各级政府部门手里[①]，而非企业手中。当然，这里面政府掌握的信息数据资源是广义上的数据概念，不仅包括个人信息相关数据，也包括其他数据。但依据常识不难推断，政府的信息数据掌控能力是不容小觑的，且在现实中实际掌握的个人信息数据的规模也是巨大的。从权利依据来看，政府收集个人信息并非基于私法上的意思自治，但也并未完全超越个体的同意权，其依据主要是法律、法规及规章的具体授权，因而私法上的规范先天就无法有效约束政府职能的行使，只有在公法上明确政府对于个人信息及相关数据处理的制度

[①] 李克强：《深化简政放权放管结合优化服务推进行政体制改革转职能提效能》，载中央人民政府网，2016 年 5 月 22 日。

才能有效约束公主体的信息处理过程。

此外，政府收集、处理个人信息还具备明显的公共属性，而这层公共属性使得政府处理个人信息及相关数据采取的模式区别于私法上建构的"知情—同意"模式。即便个体拒绝被政府收集个人信息，政府也可以依照职能行使及公共利益的需要强制收集与使用个人信息。然而，在现行的制度体系下政府收集、处理个人信息只不过是具体政府职能行使的附属手段，即信息收集、处理的合理性取决于前置行政行为是否具备合理性，而无关乎信息搜集的过程、范围、手段是否合理。《个人信息保护法》中明确了国家机关处理个人信息的活动需要遵循的义务与一般民事主体基本相同，而《数据安全法》中又着重强调了国家机关对于数据处置以国家利益、公共安全为先的准则。两部法律中似乎略带冲突性的规定说明，立法者并不认为当下应当就个人信息问题给予公权力主体明确的履职边界，而是将赋予其一定的自由裁量权作为现阶段面对冲突的主要应对手段。这种应对方法就短期过渡而言并无不妥，但长期来看可能造成行政机关成为个人信息侵权的高发主体。就公权力行使主体而言，公众权利的优位保障并不是一种纯粹的权力负担或义务履行，而是促使其以权利为本位更好地履行公共服务的职能、推动数据经济或数据价值的发展的动力①。因此，建立政府对于个人信息及相关数据处理的制度也不仅仅是为了控制自身权力、保障相对人权益，更为重要的目标在于进一步推动公权力行使主体对于数据利用的系统化进程，从而更好地把握其在自由裁量权上的尺度，这对于社会而言具有更为积极的意义。

2. 在私法权益保障不足的情况下，强化政府保障和补强介入。公法另一个责任是在私法保障不足时进行补强介入和救济。这里主要需要回答两个问题：第一是公法介入的前提是什么，即介入的必要性和正当性问题；第二是公法介入的原则是什么，即介入的合理性问题。回答公法介入的前提是什么，需要回归个人信息保护问题在当下呈现的特殊性（即第一章已经论证过的几个问题，包括主体间的不对等关系、数据风险的不确定性以及权利义务的非对应性）。在这些问题的共同作用下，私法原则显然已经无法充分保障个体在个人信息保护中应有的地位；个人自决权在个体与信

---

① 参见朱峥：《政府数据开放的权利基础及其制度构建》，载《电子政务》2020 年第 10 期，第118 页。

息处理者之间也无法发挥应有的作用，成为一项被架空的权利；"知情—同意"原则不仅不能成为个体积极维护自身权利的依据，反而沦为企业规避责任的万金油，在个人信息密集收集与多方流转的生态系统中，用户在很多情况下对其信息的收集并不知情，甚至对自己已经行使了同意权也不知情，难以对第一方收集者行使权利，更遑论向缺乏直接联系的第三方机构行使控制权①。因此对于公法而言，最重要的任务便是基于双方实质的不平等的地位，突破私法上的个人信息自决权，采用明确的公法保护手段进行介入。

另外需要回答的问题是介入的原则是什么，即如何保证政府的补强介入与保障是合理的。现实中的诸多信息处理者，以互联网数据企业为代表，在信息技术研发、个人信息储存规模及具体场景应用上具有显著的优势，最为明显的特征便是"掌握庞大的数据量、超乎常人想象的收集速度、多元的数据种类、潜在的详尽范围以及强人工智能技术下的数据关联与整合能力"②，这类优势不仅体现在其为自己不断创造、确立市场领先地位，从公法角度来看，他们所拥有的"私权力"也已经达到足够影响公共利益与社会安全、媲美公权力机构的地步，在此种情形下，结合个人信息本身属于个体权利的属性，也应当将公法上的合法性原则及比例原则纳入对此类机构行为的审查与评判之中。一方面，信息处理过程必须符合现行的公法制度；另一方面，需要审查其是否依照比例原则，在具备的合法性要件之外考虑其信息收集与处理行为的必要性和合理性。

我国《个人信息保护法》的部分内容也体现了与世界个人信息保护的共性经验，主要包括：

（1）个人信息处理者义务具有显著的公私法复合性。

（2）突破了主观法上的权利义务，呈现出客观法上的责任，如数据泄露的通知义务、内部自我规制的规则体系与组织体系与评估制度的建构等。

（3）对信息保护的监管制度进行了完善，将审慎监管原则也进行了制

---

① 参见范为：《大数据时代个人信息保护的路径重构》，载《环球法律评论》2016年第5期，第92-115页。

② Kitchin R. Big data and human geography: opportunities, challenges and risks. Dialogues in Human Geography, Vol. 3: 262, p. 267（2013）.

度化落实。

同时《个人信息保护法》显著创新的一点是第七十条规定，公益诉讼机制同样适用于个人信息保护，这也为个人信息的集体诉讼维权创造了路径。但是《个人信息保护法》的责任部分仍规定得较为宽泛，缺乏实际执行力和落实条件，而法律责任规定才是对社会形成实质公法约束的关键部分。另外，尽管上述法律第七十条明确了公益诉讼机制的救济方式，但该条款尚不足达到被权利人实际援引并应用的程度，考虑到公权力部门也可能存在执法懈怠，出现不及时、充分执法以致相对人权利受损害的情形发生，民事公益诉讼制度或行政公益诉讼制度在个人信息保护中都有进一步落实并实施的必要性，而当前仍缺乏制度细节来明确诉讼路径的选择方向。

3. 基于国家安全、公共利益的风险规制制度。个人信息的公共价值属性和潜在的风险性要求管理者必须在私法之外构建一个公共利益优先、实现风险预判处置的客观责任制度。当然，这里面既包括公共利益受损时政府的公法救济及保障制度，也包括对于不同义务主体确立的处罚责任制度。这项制度构建的核心不是简单明确"发现—处罚"的执法原则，更为重要的意义是将公法介入的阶段提前，在事中、事后监管之外建立一个解决聚合性系统风险的前端防范机制。具体而言，便是需要政府承担起规避个人信息保护不完善导致的社会整体公共利益受损的责任，并将相关的责任与义务以制度的形式予以明确。

个人在面对信息收集与使用时，其天然地更多关注自身的利益保障问题，主要包括收集的必要性、收集目的限制，自身权利的主张等，而并无顾及背后大数据的价值开发与风险规避的能力及需求；但企业、政府与之并不相同，作为数据经营者与社会管理者，其必须拥有更为宏大的经营与治理思维。无论是 2009 年谷歌公司基于个人信息数据对甲型 H1N1 流感的扩散范围作出的精准预测①，还是 2020 年新冠疫情暴发后个人健康码与行程码的广泛应用都指明一点：个人信息汇聚后形成的公共数据——尤其是涉及生物信息的敏感公共数据，之于社会的高效治理有着切实的作用，也并伴随着风险。若简单将其置于市场与资本的无序经营与控制之中，不仅

---

① 参见丁晓东：《论个人信息法律保护的思想渊源与基本原理——基于"公平信息实践"的分析》，载《现代法学》2019 年第 3 期，第 106 页。

可能造成个人利益受损，更为可怕的是公民的生物信息被不法之徒肆意收集、滥用，进而冲击国家整体的生物安全。而区别于企业，政府作为具有公共管理职能和责任的主体，应当具有规避风险的防范意识，并为之构建对应的制度。此外，个人信息流动的领域本就是公共空间，而不是完全由私主体所掌握私人空间，无论是数据流动的停滞，还是数据流动的泛滥、失序，都将对公共秩序造成一定的冲击，而后者的填补性恢复成本是高额且困难的。政府作为公共空间的管理者，理应对公共领域内的新要素——个人信息及数据进行规制，建立公共秩序失序前的风险防范机制。

公私法合作并不意味着二者完全对等、责任均摊，也并不意味着公法的提前介入或事先预防就是越权，事实上在个人信息领域治理的复杂网络中，也很难在制度设计初期便明确划分彼此的调控界限。治理或合作虽然改变了国家与社会的关系，但行政组织依然是权力的中心①，相较于私法对既有的权利内容进行精细化设计的制度构建目标，公法本身的职责便要求其不仅需要对私法保障不足的部分进行制度填补，还应当立足社会公共利益，从大局出发建立整体意义上的个人信息社会风险预防机制。当然，强调公法建立社会风险预防机制并非是为了将公权力的手伸入社会生活的每个角落，也并非是为了在市场经济中确立政府的管制优势，恰恰是在治理的新语境下赋予政府职能行使的一个全新的施展领域。个人信息数据化呈现形式下的风险已经无须再赘述，因此在个体实现自身的权利保障与救济之外，社会必须也形成一种社会救济个体、社会救济社会的机制，而这些有赖于政府的高瞻远瞩与事先预防。相较于事后的公法惩戒与责任追究机制，事先的风险预防机制显然更有助于个体权益的保障，也更符合数据化呈现模式下的个人信息的特殊保护需求。

参考文献

［1］赵宏.《民法典》时代个人信息权的国家保护义务［J］.经贸法律评论，2021（1）：1-20.

［2］刘泽刚.大数据隐私权的不确定性及其应对机制［J］.浙江学刊，2020（6）：48-58.

［3］吴伟光.大数据技术下个人数据信息私权保护论批判［J］.

---

① 参见宋华琳：《论政府规制中的合作治理》，载《政治与法律》2016年第8期，第14-23页。

政治与法律，2016（7）：116-132.

[4] LYNCH C. How do your data grow? [J]. Nature, 2008, 455：28-29.

[5] 王锡锌. 个人信息国家保护义务及展开 [J]. 中国法学，2021（1）：145-166.

[6] 张珺. 个人信息保护：超越个体权利思维的局限 [J]. 大连理工大学学报（社会科学版），2020（12）：1-8.

[7] 王利明. 论个人信息权的法律保护：以个人信息权与隐私权的界分为中心 [J]. 现代法学，2013, 35（4）：62-72.

[8] 丁晓东. 论个人信息法律保护的思想渊源与基本原理：基于"公平信息实践"的分析 [J]. 现代法学，2019, 41（3）：96-110.

[9] 丁晓东. 互联网反不正当竞争的法理思考与制度重构：以合同性与财产性权益保护为中心 [J]. 法学杂志，2021, 42（2）：70-86.

[10] 周汉华. 探索激励相容的个人数据治理之道：中国个人信息保护法的立法方向 [J]. 法学研究，2018, 40（2）：3-23.

[11] 山本隆司，王贵松. 客观法与主观权利 [J]. 财经法学，2020（6）：98-111.

[12] 郑维炜. 个人信息权的权利属性、法理基础与保护路径 [J]. 法制与社会发展，2020, 26（6）：125-139.

[13] 周汉华. 个人信息保护的法律定位 [J]. 法商研究，2020, 37（3）：44-56.

[14] 袁泉，王思庆. 个人信息分类保护制度及其体系研究 [J]. 江西社会科学，2020, 40（7）：192-200.

[15] 李克强. 深化简政放权放管结合优化服务推进行政体制改革转职能提效能 [EB/OL].（2016-05-22）[2020-09-16］. http：//www. gov. cn/guowuyuan/2016 - 05/22/content 5075741. htm.

[16] 朱峰. 政府数据开放的权利基础及其制度构建 [J]. 电子政

务，2020（10）：117-128.

[17] 范为. 大数据时代个人信息保护的路径重构 [J]. 环球法律
评论，2016，38（5）：92-115.

[18] KITCHIN R. Big data and human geography：opportunities,
challenges and risks [C]. Dialogues In Human Geography,
2013（3）：262，267.

[19] 宋华琳. 论政府规制中的合作治理 [J]. 政治与法律，2016
（8）：14-23.

类型化分析视角下的居住权条文适用困境与解释路径

高庆哲

摘　要：居住权作为民法典中新增的用益物权，在物权法定原则下，无论是法律体系还是实践应用都带来深刻影响。本文从居住权的功能和实践中存在的类型出发，将社会性居住权、投资性居住权进一步细化，探讨家庭设立的社会性居住权、国家设立的社会性居住权、兼具社会性的投资性居住权、纯投资性居住权的特点，阐释居住权实践中的功能定位。针对我国《民法典》中关于居住权仅有的六个条文规定不完善，存在的功能定位不清、物权性内容规定不完善、物上之债关系未规定等三个问题进行分析，并从解释论的角度出发厘清居住权的功能定位、完善居住权的实践适用、填补居住权的法律漏洞。

关键词：居住权；功能定位；解释论

一、引言

(一) 居住权的起源和发展

居住权是居住权人占有、使用他人建筑物及其附属设施的权利，源自罗马法，最初其带有强烈的人役属性。随着社会需求多样化，居住权也呈现出和人役权不一致的色彩。如法国居住权设立由遗嘱转向契约为主，凸显民法的自治功能①；意大利则首次明确了居住权主体家庭的范围，将服务人员、护理人员、未婚子女的配偶纳入②；德国存在两种类型的居住权，即《德国民法典》中的传统居住权和《住宅法》中可转让、可收益、可继承的长期居住权③。在英美法系，也存在着类似于居住权的终生地产制度和居住令④。

(二) 我国居住权的演变

在我国，居住权首次出现在 2002 年的《物权法》征求意见稿中，最终在第五次征求意见稿中删除，但在学术界引发了关于居住权是否设立的争论。反对派以钱明星、房绍坤等学者为主要代表，以中西习惯不同、人役权体系架构不足、居住权的适用范围过窄等原因反对设立居住权；支持派以申卫星、刘阅春、王利明等学者为主要代表，从适用范围的扩大、社会实践需要、理论架构等方面提出居住权入法的正当性。随着居住权的正式确立，学界也从制度设计的立法层面转向法解释应用层面来更好地适用居住权。但由于时间缘故，实践中居住权纠纷案例过少，学界中对于居住权的解释也并未形成完整一致的意见⑤，最高人民法院也并未出台关于居

① 在法国，居住权属于用益权的一种，居住权的设立方式同用益权，按照《法国民法典》第五百七十九条的规定：用益权依法律设立，或者依人的意思设立。
② 《意大利民法典》第一千零二十三条规定：在权利设立时权利人尚未结婚的情况下，家庭的范围应当包括使用权或者居住权发生以后出生的子女。此外，即使收养、认领以及领养是在使用权或者居住权发生以后完成的，家庭的范围同样应当包括养子女、认领的私生子女和领养的子女。
③ 长期居住权规定在德国的 1951 年颁布的《住宅所有权及长期居住权法》（WEG）第三十一条至第四十二条。长期居住权是可以转让和继承的，而且长期居住权人有权进行任何合理的用益，特别是有权进行使用出租和用益出租。
④ 终生地产权制度是指基于法律的规定或当事人的约定而产生，特定人于其生存期间内对特定财产享有所有权，该特定人一旦死亡，该所有权即行终止的法律制度。在英国，其《家庭法案》（Family Law Act 1996）在"家庭住宅与家庭暴力"一章规定了居住令，是在一方配偶基于契约或法律的授权而享有住宅的使用权或所有权，另一方配偶虽无此授权的，但若其正占有住宅，享有在另一方配偶未获得法院指令时，不得将其逐出该住宅或部分住宅的权利。
⑤ 如关于居住权的主体，房绍坤在《论民法典中的居住权》中认为设立者为法人，居住权人仅为自然人，田韶华的《〈民法典〉居住权制度探微》从社会性居住权视角认为居住权主体限于自然人。汪洋的《民法典意定居住权与居住权合同解释论》谈及关于意定居住权的解释问题，陆剑副的《〈民法典〉视域下居住权征收补偿问题研究》谈及居住权的补偿地位问题，除此之外居住权还面临着一些潜在利益的处置：学区房问题，避免居住权成为逃避执行的手段，也就是说关于居住权的研究各学者均有涉及，但是没有统一的定论。

住权的司法解释，这就为本文研究居住权条文提供了更多的可能性。本文将从社会需求的实践角度把居住权分成社会性居住权、投资性居住权，深入解析两种居住权包含的不同类型，探求居住权的多元化价值发展可能，并结合我国社会实践、本土需求来有针对性地提出相应的解释路径，以期更好地适用居住权。

二、社会性居住权

社会性居住权主要是指在家庭、婚姻、继承领域存在的以亲属、血缘关系为纽带的无偿或者以明显低价设立的居住权，并不可转让、继承，一般以居住权人终身为期。这是通过私人之间的意思自治来实现对弱势群体居住权益的保护。

（一）家庭设立的社会性居住权

社会性居住权在家庭、婚姻、继承领域常见于以下情形：其一，离婚财产分割中通过为另一方设立居住权实现对弱者的经济补偿、赔偿、帮扶；其二，基于法定抚养或赡养义务，合意为子女/父母/其他需要救济的亲属设立居住权；其三，老年人进行遗产分配时，对于特殊需要照顾的人，如配偶尤其是再婚配偶和"特留份"人员设立居住权。社会性居住权人往往没有付出相对应的金钱、劳务等代价，设立者也无法获得更多的收益，多是基于亲属或者血缘关系而设立的，具有帮扶性质，对象也具有一定的指向性，故具有终身性，具有不可转让、继承的限制。

我国司法案例所提及的居住权或者居住权益大多是社会性居住权。北京市海淀区人民法院宣判首例居住权案件就是社会性居住权[1]。在社会性居住权中，我国在司法实践中已经积累了相当的经验，相信在家庭、婚姻、继承领域的社会性居住权能够实现所有权人对于财产的自由处分和对于特定弱势人群的妥善安排，并使得互通互助的善良品格得到发扬。

---

[1] 来自北京海淀法院微信公众号文章：《〈民法典〉实施，海淀法院宣判首例居住权案件》；案情简介：王迪（化名）系王家和（化名）与李芳（化名）所育之女，王家和与李芳早年离婚，王迪随王家和共同生活在涉案房屋内，后王家和与张杨（化名）再婚，王迪称张杨不让其在涉案房屋内居住，要求确认对涉案房屋享有居住权。

（二）国家设立的社会性居住权

由国家设立的居住权能够为社会底层弱势群体提供住房保障，具有兜底作用。居住权人往往以低价或者无偿取得居住权。类比家庭设立的居住权，二者具有相似性，均有帮扶性质，具有人役权属性。但值得注意的是，由于国家这个特殊主体带有天然的公法属性，国家设立的居住权合同更加倾向于行政合同；而房屋资源的稀缺性、对价的低负担性、政策对象筛选性以及国家行政部门的管控性，都注定在居住权合同中国家行政部门作为设立者有更多的话语权；也就是说，此时的居住权倾向于国家帮扶的一个工具，居住权合同也往往是格式合同。虽然国家设立的居住权具有一定的公法属性，但它仍属于社会性居住权，就像行政合同亦是合同。

社会性居住权的典型代表涉及以亲属为纽带的家庭、婚姻、继承等领域；非典型代表为国家设立的居住权，包含着更多的公法属性。注意甄别一点：企业为员工设立的居住权不属于社会性居住权。实质上，企业给员工设立居住权是员工宿舍的进一步发展，无论依据劳动法还是公平正义，企业都应该给员工提供更多的便利、福利，这属于道德或者义务层面的安排。从劳资关系分析，企业给员工设立居住权，往往是因为员工工作出色，为企业创造了居住权应给付的对价，或者希望员工继续创造价值，一旦员工离职，居住权可能就归于消灭。故该类居住权是有对价的，是存在隐性利益的，故不属于社会性居住权，而属于下文中的兼具社会性的投资性居住权。

三、投资性居住权

（一）兼具社会性的投资性居住权

自 2005 年申卫星提出将居住权分为社会性居住权和投资性居住权后[1]，投资性居住权的讨论就日益增加。将居住权细化分类，有助于清晰定位居住权。兼具社会性的投资性居住权主要指居住权人支付相应的对价来换取居住权；在市场经济中，其能鼓励投资，无须通过高额费用买房便

---

[1]　参见申卫星：《视野拓展与功能转换：我国设立居住权必要性的多重视角》，载《中国法学》2005 年第 5 期，第 79-81 页。

实现用较少资本获得居住的可能性。该类居住权相比较于社会性居住权具有更大的外延性，特点是不以家庭、血缘关系为必要条件，意思自治的程度也更高，具有商业性，能够促进房地产企业的发展和房屋的充分利用，故该类居住权最后的性质定位为投资性居住权；但该类居住权在实践应用中体现了对居住权人的照顾，往往限制转让、继承，以居住权人终生为期，故具有社会性居住权的属性，称为"兼具社会性的投资性居住权"。

兼具社会性的投资性居住权典型代表包括"合作建房协议"（类似于德国的建筑造价补助)[①]，一方出地，另一方出钱，双方约定一方享有所有权，另一方享有居住权（或者在合资购房中，合意约定居住权和所有权的分配）。合资购房以及合作建房多见于父母为子女购房或者建房，且父母出资比例较大，所有权归属于子女，父母只享有居住权益的情形。我们之所以将具有家庭背景的合资购房以及合作建房归属于兼具社会性的投资性所有权，除去支付对价具有商业性这一考量之外，也是因为这里的居住权人不是真正意义上的弱势群体，即他们不同于社会性居住权中的居住权人——没有财力、生存能力差等需要帮扶；相反，他们具有一定的财力或者资本，能够支付居住权的对价，甚至于有些父母支付的对价超过居住权，在财力上处优势地位，只不过他们支付对价是为了让子女获得所有权，他们只需居住的权益，故这个居住权益自然具有终身性、不可转让性。这个本质特征使得它具有双重属性，属于兼具社会性的投资性居住权。

兼具社会性的投资性居住权的另一个典型代表是以房养老。以房养老是指老人将所有的房屋低价转让给他人或者其他组织，在原有的房屋上为老人设立居住权。这就使得老人能够通过转让房屋获得一定的现金，同时不丧失居住权益。当老人去世后，房屋将进入流通领域。将居住权制度引入以房养老，能够消除现行适用的房屋反向抵押制度的弊端，更好地保护老年人的利益。以房养老的实质是对设立了居住权的房屋进行的空虚所有权交易，以房养老也是有偿的，实际上支付的对价是房屋是否设立居住权的差价。以房养老的适用范围较宽，交易对象一般是无家庭关系的保险组织，具有市场商业性质。但以房养老以养老为目的，用于保障老人生活，

---

① 德国著名法学家鲍尔教授在其《物权法》一书中曾举例说，地上权人为曾向其提供给一笔大额建筑造价补助的 M 先生在其房屋中一间住房上设定一项长期居住权。

设立的居住权具有终身性、不转让、不继承的特征，因此兼具社会性。

（二）纯投资性居住权

纯投资性居住权在我国实践已显现。在居住权正式确立之前，北京、三亚、深圳等城市就推出了分时度假酒店（也称时权式酒店），即向游客、中产家庭或者企业集团出售一定时期内使用酒店住宿或娱乐设施的权利，该权利可转让或交换。通过众多人的共同投资，每个使用者获得度假寓所一定时间限度内使用的可能性，从而使每个使用者以较低成本获得特定时期的对度假寓所的占有、使用权利。2001年4月的大梅沙雅兰酒店是我国首家时权式酒店，开辟了投资的新渠道，受到了旅游业以及房地产业的欢迎。但该投资性居住权在我国的适用仍具有一定的困难，我国民法典居住权规定的不可转让限制会在一定程度上阻碍该居住权的流通，而时权式酒店的居住权人通过出租和分红来获得回报，可能催生一批实质上变相转让居住权的情形。

纯投资性居住权可能还会在民宿旅游中广泛存在，客栈、庄园、宅院、驿站、山庄所有权人可以为专业的经营管理者设立居住权，经营管理者向其支付对价，再向外出租给游客获利，这里的专业经营管理者类似于中介机构，不过相较于租赁，居住权能够给予所有权人和经营管理者更大的保障。这种商业模式下，经营管理者能够凭借经营管理经验更好地开展民宿旅游行业，又不用获得民宿的所有权（况且在农村也无法实际上获得房屋所有权），所有权人通过有偿设立居住权获利，各取所需。

四、居住权条文适用困境

结合上文中对于居住权类型的分析，居住权在未来的社会实践中具有广泛的应用前景。《民法典》中关于居住权的条文（第三百六十六条到第三百七十一条）仅有六个，对居住权的设立、限制、消灭作出了简单的规定，却不涉及具体权利、义务的分配。从数量上看，现行规定与2002年《物权法（草案）》中的居住权的十二个条文相比也相距甚远；显然这对于居住权这样一个新兴权利尤其是一个具有前景和争议的权利来说，无法清晰表达出其内涵、外延，从而对其的实践应用造成困境，无法实现其价值。

（一）功能定位不清

《民法典》中对于居住权的功能定位并未明确，我们暂且从居住权的立法原因中窥探一二。在居住权入《民法典》的草案说明中①，居住权的功能主要体现在三个方面。一是为了落实党中央对人民住有所居的承诺。这就使得居住权不单纯是奉行私人自治的物权，它背负着国家房屋调控的责任，一定程度上是国家满足民众居住需要、保护弱势群体的一个制度工具。这样的价值取向限定了居住权的适用路径，也使得居住权承担了公法上的责任。二是认可和实现了房屋产权人对住房的灵活安排，尊重和保护了民事主体对于居住权的意思自治，使得居住权更多地往私法领域扩展，使得居住权重归私法自治的核心价值。三是满足特定人群的居住需求。这与 2002 年公布的《关于〈中华人民共和国物权法〉（征求意见稿）的说明》相类似②，并将过去的老年人、妇女、未成年人典型弱势群体变更为特定人群，该特定人群没有具体列举，给予居住权更大的适用空间。

（二）物权性内容规定不完善

物权性内容是指居住权物权自身所包含的、应具备的内容。通俗地讲，就是一项权利"从生到死"过程的规定，物权性内容包括居住权主体、客体、设立方式、权利期限、消灭事由等，法律通过制定对应的条款，赋予该权利生命，使之更好地应用于社会实践。

关于居住权的主体《民法典》中并没有明确规定，只以"居住权人"出现，多数学者从《民法典》的第三百六十六条"满足生活居住的需要"、第三百六十七条"当事人的姓名或者名称"、第三百七十一条"居住权人死亡"进行推断。可以确定的是，自然人当然是居住权的主体，而同样作为民事主体的法人和非法人组织能否成为居住权的主体，这一问题存在争议；关于居住权的客体，《民法典》中第三百六十六条的"他人的住宅"是他人必须所有吗？住宅是否包含公寓等经营性质的住所，居住权又是否包含对于附

---

① 参见全国人大常委会法制工作委员会主任沈春耀于 2018 年 8 月 27 日在十三届全国人大常委会第五次会议第一次全体会议上所作的《关于提请审议〈民法典各分编（草案）〉议案的说明》。具体内容为："为落实党中央的要求，认可和保护民事主体对住房保障的灵活安排，满足特定人群的居住需求……"

② 参见 2006 年 8 月 22 日《全国人大法律委员会关于〈中华人民共和国物权法（草案）修改情况的汇报〉》，何勤华等编，第 1800 页。

属设施的占有、使用？如果包含，边界在哪里？

关于居住权的设立方式，结合《民法典》第三百六十七条和第三百七十一条规定，设立方式有合同和遗嘱，但居住权合同本身是一种新合同，却只有第三百六十七条对居住权合同具体条款的简单罗列，存在着一定的问题，例如：当事人类型的不确定；双方权利义务自由约定的混乱性；遗嘱设立的参照适用；遗嘱范围是否包含遗赠；等等。遗嘱依域外经验这应是家庭继承领域的一种特殊类型，属于社会性居住权，有人役权属性，但我国立法体例直接参照适用居住权的规定，试图用一个不确定的概念解释另一个不确定的概念，这就给遗嘱设立的居住权适用带来困境。

关于居住权的权利期限和消灭事由，第三百六十七条只将居住权的期限作为居住权合同的一项内容，由当事人自行约定；值得注意的是，《民法典》第三百七十条明确规定，居住权人死亡的，居住权消灭，这是否意味着居住权的权利期限最长是居住权人的终生？如果是这样，居住权期限实际上就是一个不确定的期限，会给居住权带来更多的不确定。至于居住权的消灭事由，未采取 2002 年《物权法》草案的单列体例，而仅在第三百七十条中提及的期限届满和居住权人死亡两种事由，未提及房屋灭失、居住权人滥用、放弃等原因。

《民法典》中关于居住权的规定只有短短六个条文，对居住权的规定不够细致；同时，居住权作为新兴物权，其基本的物权内容从设立到消灭事由过程的不清晰，势必会导致居住权实践应用的困难。

（三）物上之债关系未规定

物上之债关系是依托于物的特定主体之间形成的一种债的关系。这种债的特性在于确认谁是物权主体，谁就是债的主体。物上之债具有债的属性和物的属性。物上之债作为债的属性体现为相对性，仅在特定主体之间形成约束力，以请求权为中心进行构造，债务人负责提供劳务或实物、支付维修费用、承担损害赔偿责任等积极给付义务；作为物的属性体现在特定物上，随着所有权移转而移转，随着物的灭失而消灭，不适用债权转让和债务承担规则①。

物上之债可分为法定物上之债和意定物上之债。法定物上之债是法律

---

① 参见常鹏翱：《物上之债的构造、价值和借鉴》，载《环球法律评论》2016 年第 1 期，第 7-8、13-14 页。

对相关权利义务进行规定。一般来讲，强制性规定的法定物上之债是优先的，倡议性或者兜底性的法定物上之债次于意定物上之债，这也反映了民法中意思自治的特性。具体到居住权，法定物上之债就是居住权人和设立人具体的权利、义务关系；意定物上之债是居住权意定合同内容，但必须登记才能产生物上之债的效果。如果仅仅只是双方当事人之间的约定，只有债的效果，经过登记后，将居住权人和设立人之间的权利义务划分清楚，具有公示效果，无论谁实际占有、使用房屋，都能够约束使用人。

2005 年的《物权法》（草案）规定了居住权人的合理使用义务、日常维护费用和物业管理费用的负担方式、不同性质修缮义务的分配方式以及所有权人保障居住权人利用房屋的义务①，其性质属于法定物上之债。但现行《民法典》对居住权的物上之债并未进行规定，导致居住权人的权利、义务没有明晰的法律规定，物上之债需要依靠居住权人和设立人意定并登记，由于物上之债不是我国居住权合同必备条款，一部分当事人不会主动订立，日后发生矛盾的潜在可能性也由此增加。

（四）小结

《民法典》对于居住权的相关规定仅有六个，同时，相关文字语言的模糊性使得居住权功能定位不清晰，各条文之间相互冲突，需要从居住权的类型化分析实践需求出发，进一步明细居住权的功能定位，结合多种解释方法，理顺物权性内容。而对于物上之债关系的欠缺，应该通过寻找最相近的法律关系，通过类比解释的方法进行填补法律漏洞。

五、居住权条文解释路径

（一）居住权立法目的解释

公私法的划分是由古罗马的乌尔比安提出的。经过时间的演变，关于公私法的划分标准有利益说、权利说、主体说和调整关系说等。公法更加注重公平和公共利益，而私法更加注重自由和个人利益；随着时间和社会的发展，公私法也逐渐交融，出现第三法域（如环境法、消费者保护法、劳动者保护法等）。亦即公法和私法并非完全对立，可以在某个法律制度

---

① 参见何勤华等编，《新中国民法典草案总览（增订本）》（下卷），第 1800 页。

中和谐共生。居住权的公法保障和私法自治虽然存在一定程度的冲突，但也反映了居住权的多元价值建构；对于立法者来讲，居住权的社会保障和意思自由都是它入典的理由，应该都予以承认，两者的价值缺一不可。

居住权在本文中主要分为社会性居住权、兼具社会性的投资性居住权和纯投资性居住权三种类型。在承认居住权双重价值的基础上，必须思考当两种价值取向冲突时优先性的问题。民法典固然应该有保护弱势群体的温情关怀，但民法典的价值取向优先性只能是意思自治，在民商合一的背景下，市场交易遵循等价有偿、真实意思、形式平等，它注重的是效率而非公平。居住权归属于物权编，物权的价值取向是恒产者有恒心、促进物尽其用，并不涉及弱者保护，居住权的弱者保护更多的是人役权属性的一种继承，并非传统民法固有的价值。具体到三种居住权中，在社会性居住权中，弱者保护通过家庭、婚姻、亲属领域或国家订立的低价居住权合同实现，这两种设立方式都是意思自治的产物，通过意思自治实现了社会保障。若弱者当事人不愿被设立居住权，必不得强制。兼具社会性的投资性居住权逐渐摆脱了社会保障的属性，需要执行对价。纯投资性居住权则完全脱离了社会保障的范畴，具有纯粹的技术性，充分体现了商品经济下的等价有偿、交换互通的特点。随着社会实践的发展，民宿、分时度假产权以及合资建房等社会实践和需求也会也来越多。从居住权的本质讲，不是居住权的本质决定了居住权的需求，进而决定了居住权的制度设计，这是本末倒置的；相反，是居住权的需求决定了居住权的本质，进而影响到居住权的制度设立，追根溯源还是居住权的需求，而需求又是私人自治的最初动因。

居住权实际贯彻的不是弱者保护而是私人自治，借用施蒂尔纳教授谈论德国法上役权（Dienstbarkeit）制度的话说，居住权"表达了对所有权人依其喜好而处置其物的自由之限制，所有权部分地为他人服务"，换言之，居住权是"为了他人自由而对自由之限制"。弱者保护与私人自治共同构成了居住权的多元价值取向，但私人自治属于居住权的核心价值，是由民法价值导向和居住权自身需求所决定的。

（二）采取多种解释方法完善物权性内容

1. 居住权主体——体系解释。《民法典》第三百六十六条是否是居住权的定义①，有待商榷。一是第二百七十一条和第二百七十二条是关于建筑物区分所有权的定义，文本的落脚点是权利，第三百二十三条关于用益物权的定义，其落脚点也是权利，它们的定义表述都是×××权人依法对×××享有×××权利；而第三百六十六条的落脚点是用益物权，这是对居住权体系架构的一个回应。二是定义具有普适性，要将所有的居住权类型囊括其中，居住权人依照"合同的约定"排除了遗嘱设立居住权的情形，故其并非是居住权的定义，只是关于居住权的典型样态。

结合第三百六十七条，二审稿中特意在居住权合同条款中增加了"当事人的名称"，只有法人和非法人组织才享有名称。法人和非法人组织也需要居住，住所是法人和非法人组织作为实体机构的重要标志，是公司登记的必备要素，也是法院确定管辖、国家确定税收的重要依据；随着生活水平的提高，人民的生活需要也逐渐丰富，这也在一定程度上佐证了居住权的目的不仅限于最低的生存需求的弱者保护；从现代理论上讲，每个民事主体都是自己利益的最佳判断者，一切法律行为都是从生活需求出发的。法人与非法人组织作为居住权人，最终使用房屋的还是自然人，将居住权主体认定为自然人、法人及非法人组织，表明法人和非法人组织既可以作为设立人（如国家作为设立人提供住房保障），也可以作为居住权人，所有人可以将居住权交给企业、高级管理人，利用居住权经营民宿。否则有违平等性原则，会限制兼具社会性的投资性居住权和纯投资性居住权的发展。

2. 居住权客体——目的扩大解释。《民法典》第三百六十六条中居住权客体的表述为"他人的住宅"，这里的住宅仅限于居民居住的住宅区的房屋、别墅，还是指广义的住房，即所有能够居住的房屋、别墅、建筑物、酒店、公寓等？若将居住权客体限制在前者，则纯投资性居住权无法施展，也无法保障社会主体对房屋的灵活安排，甚至社会性居住权中也无法彻底避免公寓等作为客体。故从居住权的设立目的和价值追求解释，居住权的客体住宅为用于居住的房屋，包括别墅、公寓、商品房、宿舍以及酒店、旅馆等具有专门用途的建筑物。

将住宅的外延确定后，随即要讨论的是内涵。建筑物的房间是否可以

---

① 《民法典》第三百六十六条：居住权人有权按照合同约定，对他人的住宅享有占有、使用的用益物权，以满足生活居住的需要。

成为客体？居住权人占有、使用客体，是为了满足生活的需要，而且一定要有边界，区分自有和他有。具体讲，参照建筑物区分所有权的司法解释①，由于该套住宅的某个房间在构造上具有相对的独立性，能够明确予以区分；在功能上具有相对的完整性，可以排他使用；在不动产登记上具有可操作性，能够登记为特定居住权的客体。故以住宅的一部分设立居住权，建筑物的房间具有封闭性，能够形成完整的权利边界；在登记时能够辅助平面图等标注清楚具体房间，根据意思自治，则可以作为居住权的客体。基于此理论，宿舍房间内部的床铺独立性和封闭性过弱，且房间内部的再分割有违反一物一权原则和权利滥用之嫌。

住宅的附属设施是否属于居住权的客体②？若附属设施是行使居住权人满足必要的生活需求所必需的、不可缺少的（如生活所需的室外的厕所、水井等），则该附属设施为居住权人客体，反之不是生活必需，只是让生活更加舒适的设施（如别墅的公园、车位、车库、地下小棚等），这些附属设施不是居住权的客体（其使用居住权人可与设立人商讨确定使用的费用等）。

3. 居住权的消灭——历史解释。关于居住权的消灭事由，《民法典》中期限届满和居住权人死亡两种情况显然不足以概括居住权的消灭事由，经过前文对于居住权功能分析，根据居住权意思自治的优先性，若居住权人死亡，期限未至，则居住权继续有效，不过双方另有约定或者协议解除除外。这样安排，有利于保障居住权的稳定性。《物权法》四审稿中规定了最为全面的消灭情形③，其第一百八十八条规定了一般消灭事由，第一百八十七条规定了居住权被撤销事由。关于居住权人的滥用权利撤销的正当性，设立人可以《民法典》第五百零九条合同履行原则和第五百六十三

① 参见《最高人民法院关于审理建筑物区分所有权纠纷案件具体应用法律若干问题的解释》第二条。

② 关于附属设施是否为居住权的客体，来自《物权法》三审稿草案中第一百八十一条的规定"居住权人对他人享有所有权的住房及其附属设施享有占有、使用的权利"。

③ 《物权法》草案四审稿第一百八十七条规定，居住权人有下列情形之一的，住房所有权人有权撤销居住权：（一）故意侵害住房所有权人及其亲属的人身权或者对其财产造成重大损害的；（二）危及住房安全等严重影响住房所有权人或者他人合法权益的。第一百八十八条，有下列情形之一的，居住权消灭：（一）居住权人放弃居住权的；（二）居住权期间届满的；（三）解除居住权关系的条件成就的；（四）居住权被撤销的；（五）住房被征收的；（六）住房灭失的。

条的合同法定解除权进行诉讼，实际上便发生居住权消灭的效力。至于一般消灭事由，居住权是用益物权的下位概念，《民法典》中关于用益物权的消灭具体情形并未列举，但居住权作为用益物权下位概念，当然适用关于用益物权的一般规定和学界通说。所以权利人抛弃、房屋灭失、混同等事由自然也是居住权的消灭事由。

（三）运用类推解释填补物上之债法律漏洞

如上文所述，居住权的物上之债内容未规定。依卡纳里斯的论述，法律漏洞指"并非未为任何规定"，而是欠缺特定的规则。法律漏洞中的公开漏洞，指依法律的规范目的，对某个问题没有给出肯定回答①。物上之债实质上是关于居住权人和所有权人之间权利义务的分配，主要涉及居住权人是否享有优先购买权、修缮义务的分配、侵权责任的承担、共同居住人的居住等问题。这些问题经居住权合同双方确认后转化为双方的权利义务，若当事人之间没有明确，又不存在法定物上之债，法官又不得拒绝裁判，此时，我们便适用类推解释去填补法律漏洞。类推适用又称为比附援引，是指将法律于某案型明定的法律效果转移适用于法律未设规定的案型上②。其正当性是按照同样问题同样处理的原则进行评价，以保障法律评价体系中无矛盾性。《民法典》中居住权合同不是典型合同，但《民法典》第四百六十七条中规定非典型合同可以类推适用典型合同。

居住权与租赁权在功能与制度构造上有一定相似性，即都是对他人所有的房屋进行占有、使用；租赁权所具有的"买卖不破租赁"原则，也使得承租人能够以租赁契约对抗新的房屋所有权人，两者都构成了对所有权限制，其效力及于含所有权人的第三人。有些地方政府法规为了规范一房多租乱象，规定房屋租赁应当进行登记备案，从而有一定的公示效果。居住权人和承租人在使用房屋所面临的问题也具有相似性，《民法典》合同编第十四章租赁合同对于承租人和出租人的权利义务有明确的规定，能够给居住权物上之债明确的指导。下面介绍涉及居住权人和所有权的易引发争议的三个方面。

---

① 参见卡尔·拉伦茨：《法学方法论》，陈爱娥译，商务印书馆 2003 年版，第 252 页；恩斯特·A.克莱默：《法律方法论》，周万里译，法律出版社 2019 年版，第 157、163 页。
② 参见王泽鉴：《民法概要》，北京大学出版社 2009 年版，第 18 页。

第一，居住权人在使用房屋时发生的修缮、维修费用的分配。在租赁合同中，承租人合理使用租赁物，出租人承担租赁物的维修义务。在居住权合同中，无论当事人有无约定，居住权人仅获得房屋的使用权，有权利使用房屋及其附属设施，但必须以"合理"为限，有义务维护房屋及其附属设施，尽到善良管理人的注意义务，否则就造成对所有权人的侵权。值得注意的一点是，关于修缮费用的承担，由于居住权人是实际的受益者，且相比于租赁可能有对价偏低、时限偏长的情况，若房屋及其附属设施的一般改良、修缮、日常维护和物业管理等事宜最后受益者是居住权人，属于维持居住的功能所必需的，若全由所有权人承担，则对所有权人的负担过重；不过，重大修缮和改良则是为了房屋所有权的完备，最后受益者为所有权人，故费用应由所有权人承担。

第二，共同居住人的继续居住的权利。《民法典》的第七百三十二条规定了承租人生前共同居住人享有按照租赁合同继续租赁的权利。居住权合同中同样会面临这种问题。与所有权人订立合同的是居住权人，人作为一种社会动物，必然会有与其一起生活的人，我们将其称之为共同居住人，一般不包括保姆等家庭辅助人员。居住权人死亡而居住权合同期限未到，剩余期限内，参照《民法典》第七百三十二条，共同居住人当然有权继续居住，不过共同居住人要继续承担原居住权人的义务。

第三，居住权人的优先购买权。《民法典》的第七百二十六条明确规定了承租人的优先购买权。优先购买权是为了照顾承租人的利益，赋予承租人优先购买承租房屋的权利，使得承租人能够在熟悉的环境继续生活。对于社会性居住权，居住权人作为弱势群体需要得到相应照顾；对于投资性居住权，居住权人有更加优质的商业资源，其获得房屋后能够更好地实现房屋的效用，有利于社会资源的分配。故居住权应类推适用享有优先购买权，不过，优先购买权的行使条件应该参照适用《民法典》第七百二十六条，行使顺序次于近亲属和按份共有人。

六、结论

由于居住权设立时间较短，我国关于居住权的实践未形成大量的判例。本文从学理上层面进行解说，可能还具有一定的理想主义，但求在实践中更好地应用居住权。相信，随着人民和各地司法实践的不断推进，将形成更多的关于居住权的司法判例，经由司法实务界与学说界共同努力，在法律的框架内通过学说与判例并举，使《民法典》中的居住权内容不断完善，以适应当代社会的快速发展。

风险社会视角下行政行为排除司法审查制度研究

冯延有

摘　要：对行政行为进行司法审查对于防止行政机关违法擅权、维护公民合法权益而言具有重要意义。然而，在国家权力分工的基础上，对部分行政行为排除司法审查有利于保障行政机关的独立性，促进行政机关高效行政。当前，在风险社会的背景下，行政机关的任务面临着多重变迁，此时，应当重新审视行政机关的作用效能，厘清行政机关的职能定位，以维护国家权力之间的分工为原则、以保障公民权利和提高行政效率为核心、以加强立法指引和强化行政内部约束为具体实施步骤，重新构建、完善风险社会视角下我国的行政行为排除司法审查制度。

关键词：风险社会；风险行政；排除司法审查

一、引言

对行政行为①进行司法审查是指在行政诉讼过程中，"法院通过专门的司法程序对行政机关发布的法律文件以及其他行政行为是否违反合法性和合理性原则，并对其法律效力作出裁决的行为"[1]。对行政行为是否进行审查、进行何种程度的审查是行政机关与司法机关之间的博弈。具体而

---

① 本文讨论的范围仅限于行政机关所作出的具体行政行为与抽象行政行为。

言：其一，对行政行为进行司法审查是司法机关对行政行为合理性与合法性的重新审视、审查，在防止行政机关滥用权力、为受行政权力侵害的公民提供救济方面扮演着重要角色；其二，对行政行为排除司法审查则意味着对行政机关的部分行政行为排除司法机关的审查，其目的在于维护行政机关的独立性，保障行政机关的高效运行。面对风险社会化的来临，重新审视司法审查对行政行为的制约关系、考量行政机关与司法机关双方博弈中的基本原则是对风险社会进行高效治理的重要因素。

二、行政行为排除司法审查制度运行审视

对行政行为进行司法审查的目的在于判断可审查范围内的行政行为的合法性，从而决定行政行为是否应当维持、撤销、停止进行，或者判令行政机关履行某项义务。对行政行为进行司法审查是保障行政相对人合法权益的重要途径，但对部分行政行为排除司法审查则有利于保障行政机关独立、高效行政，现已成为域内外的共识。面对风险社会的来临，重新审视明晰部分行政行为排除司法审查的内涵及成因，将有助于重新定位行政机关与司法机关二者之间的关系，从而更好地促进行政机关积极、独立行政，有效便捷地解决风险社会中的各项治理难题。

（一）行政行为排除司法审查制度的基本内涵及成因

对行政行为排除司法审查指司法机关不得对特定的行政行为进行审查，需尊重行政机关的各项行为效力，保障行政机关的独立性。我国《行政诉讼法》第十三条①明确了不受司法审查的行政行为的范围，构建了我国行政行为排除司法审查的制度框架。针对行政行为与司法审查之间的关系，王贵松教授曾表明，"在法治发达国家，随着司法审查的深入发展，不受司法审查的行政裁量行为已近绝迹"[2]。值得肯定的是，行政裁量作为具体行政行为的一种方式，该论断在一定程度上表明了司法审查对于抑制行政机关过度裁量、切实保障公民合法权益的重要意义，但面对风险社

---

① 《中华人民共和国行政诉讼法》第十三条：人民法院不受理公民、法人或者其他组织对下列事项提起的诉讼：（一）国防、外交等国家行为；（二）行政法规、规章或者行政机关制定、发布的具有普遍约束力的决定、命令；（三）行政机关对行政机关工作人员的奖惩、任免等决定；（四）法律规定由行政机关最终裁决的行政行为。

会的来临，在风险治理领域，由于行政机关与司法机关权力分工的不同、行政任务具有专业性，对部分行政行为排除司法机关的审查仍具有重要的理论价值与实践价值。

1. 以权力分工原则为指引的制度构建。对国家权力进行分工指立法机关、司法机关、行政机关等机构出于管理职能分工的需要各司其职。各机关虽然在其职能范围内分别履职，但其总体目标仍在于高效快捷地完成国家的各项任务，实现全体人民的福祉。对国家权力进行分工的制度优势在于：一方面，该制度通过将国家的各项任务分散于不同机构来减轻每个机构自身的负担；另一方面，任务的分散化有利于各机关集中精力，高效化和专业化地行使职能。在权力分工原则的指导下，司法机关在定分止争方面发挥着重要作用；行政机关的作用则在于依法、合理地行使行政权力，积极履行各项行政任务，实现人民的各项利益。由于二者的角色定位不同，因此相互尊重、互不干涉是双方有效行使权力、履行职责的重要保障。具体而言，为保障行政机关依法、高效行政，司法机关应当给予行政机关一定的空间，保持一定的谦抑性，从而减少对行政行为的积极审查和干预。总体来说，权力分工原则是行政行为排除司法审查制度得以建立的理论基础。

2. 立法自身的滞后性容许行政机关自由裁量。在我国，在以人民为中心思想的指引下，人民将权力让渡给国家权力机关。民主性通过人民代表大会立法得以具体落实，行政机关根据民主性法律的要求进行行政管理、履行行政任务，实现立法—执法环节的贯通。"就行政与法的关系而言，由于法律系国民意志的表现，具体实行法律规定的内容，无异于实现社会的公共利益，因此为完成行政任务，达到行政目的，自应容许行政依个别具体情况，探行各种不同的行政作用，惟仍应在法所容许的范围内，始符合法治国家依法行政原则的要求。"[3] 即只要行政机关符合依法行政即可，允许其在法律范围内根据具体行政事务进行自由裁量，司法机关无权干预行政机关的自由裁量。美国"谢弗林案"所阐释的"第一尊重原则"亦阐明了该理论，即若有明确立法则首先应当尊重立法机关的明确立法，在无明确立法的情形下，若行政机关对其行为有着合理解释，司法机关应当保持谦抑性，应对行政机关的明确解释予以尊重。

及时、有效地进行行政管理与服务是对行政机关的基本要求，而面对纷繁复杂的社会现实，立法程序的冗杂与较长的周期导致了立法的滞后性，无法精准回应行政机关在相关事项上对法律的需求，即行政机关缺乏明确的立法指引；当然，缺乏精细化的法律指引并不意味着行政行为的无法可依，在相关立法原则的指引下，行政机关作出裁量性的行政行为成为现实的选择。行政机关进行裁量行政的目的在于完成各项行政任务、实现行政管理目的，因此若容许对此类行为进行司法审查，则有碍于行政机关目的的实现。另外，由于行政机关作出此类行为的主要依据为相关法律原则，因此无法为司法审查提供充分有力的审查标准，即使允许司法机关对该类行政行为进行司法审查，在行政机关可予以明确解释的情形下，司法机关也需对其行为予以尊重——其是为完成行政任务目的而允许行政机关进行的必要的自由裁量。

3. 出于保障高效行政的必要。面对纷繁复杂的行政任务，行政机关往往采用多样化、特色化的行政管理方式，具体表现为行政立法、行政许可、行政处罚、行政强制、行政合同、行政征收、行政给付、行政指导、行政确认等。"行政权的行使以合法、高效为基本原则，具有主动性、灵活性特征。"[4]然而，司法机关则体现为审慎克制、中立性等特点，具体理由如下：一方面，司法机关缺乏处理行政任务的专业性，我国《行政诉讼法》第十三条第四项即阐述了"法律规定由行政机关最终裁决的行政行为"不受司法审查（如在工伤认定案件中，社会保险行政部门享有工伤的行政确认权，司法机关不得"越权"）；另一方面，行政权和司法权二者的职能定位与运作机制的差异必然导致适用法律的目的与解释方法不同，因此为保障高效行政，司法机关应当对行政机关保持最大程度的尊重。

（二）行政行为排除司法审查制度的域外考察

对特定行政行为排除司法审查虽保障了行政机关的独立、高效行政，但为防止行政机关滥用职权，过度裁量，行政诉讼作为保障公民自由和权利的最后一道防线，往往需要尽可能地容纳审查所有的行政行为。不同国家、地域的立法价值取向决定了实践中行政行为排除司法审查制度的具体适用范围和领域。

1. 美国：从不审查的假定到审查的假定。排除司法审查的行政行为在美国被称为不能被审查的行为，主要有三种情形：第一，成文法明确规定大部分行政行为不受司法审查，即在一般情形下，司法机关要遵循行政行为不受审查的假定，除非有法律的明确规定可对其进行司法审查；第二，问题的性质不适宜司法审查，即该类行为被实质性地提交法院审查的可能性很小，例如行政机关的相关规范、指南等；第三类则是"谢弗林尊重"原则为行政机关创造的近乎不受司法审查影响的政策空间[5]。在十九世纪，美国行政行为不受审查占主流，典型的案例是1840年德凯特诉波尔丁案件①，最高法院在其判决中声称：法院无权干涉行政部门执行一般职务，否则将会产生不幸的后果。

在成文法所规定的排除司法审查的情形之中，除成文法明示或默示排除不受司法审查之外，最值得注意的便是不宜由司法机关进行审查的行为，该类行为通常是行政机关行使自由裁量权的行为或者行政机关内部制定相关规范、指南等行为（因行政机关行使权力有一定的幅度区间，所以要排除司法机关的干预，但此类行为并非完全一律地排除司法审查）。在针对行政机关的自由裁量行为上，法院往往会基于利益平衡的原则进行判定。其考量因素主要基于：第一，问题的性质，即法院是否有能力、有必要对该行为进行审查；第二，对该类行为进行司法审查是否可以起到保障当事人合法权益、维护社会公平正义的作用，保障当事人合法权益有无其他更为适宜的途径；第三，司法审查是否有悖权力分工的原则，该审查是否会对行政机关完成相关行政任务造成影响，以此为基础判断司法机关干预的必要性和程度。有些行为由于其特殊性，当然地排除了司法审查，如外交和国防行为、军队的内部管理、总统任命高级助手和顾问、国家安全行为、行政机关行使追诉职能的行为，但《联邦程序法》第七百零六节规定，对于行政机关明显滥用自由裁量权的行为，法院可以认为不合法并予以撤销。

诚然，对于行政行为排除司法审查虽然保障了行政机关的独立性，但对于行政机关自由裁量的过度放宽也逐渐侵蚀着公民的合法权益，因此，对行政行为进行司法审查，监督行政机关合法合理行政、保障公民合法权益的呼声、需求越来越高。奠定"审查的假定"原则的案件是1902年的

---

① 在该案中，海军部长拒绝满足一个海军军官寡妇领取两份抚恤金的要求，部长认为该寡妇只能领取任何一份抚恤金，不能领取两份（一份是根据海军抚恤金一般的规定，另一份是根据私法的规定）。最高法院肯定了行政机关执行职务的权能，司法机关不得进行干涉。

美国磁疗学校诉麦坎纳尔蒂案①，最高法院在判决中声称：邮政机关作为行政部门之一，其邮政总长在没有法律明确授权的情况下拒绝为相对人提供服务，法院应当对该行为进行审查从而保障受害人寻求救济的权利，否则相对人将可能永远遭受无限制的行政权力的侵害。1936 年，最高法院在一个政府职员要求退休金的案件中则更明确地指出"国会没有命令不能审查"。此后，若法律没有明确禁止法院对此类行政行为进行审查，法院便可秉持"假定审查"的原则对行政行为进行监督审查，从而保障公民合法权益。

从对行政行为不进行司法审查的假定到对行政行为进行司法审查的假定，显示着对行政行为的监督体制的变迁；在此阶段，对公民权利进行司法保障和对行政行为进行合法性和合理性的监督已经成为美国司法审查的重心。

2. 英国：行政行为排除司法审查原则的柔性适用。在英国，不受司法审查的行政行为主要有两种类型：一是英国普通法中的国家行为（如和政策有着紧密关联的外交事务方面的行为，该类行为与国家政治安全、国防安全紧密相关，因此此类行为只能由议会对其加以监督）；二是在立法中明确排除司法审查的其他普通行为，该类行为主要建立于行政行为效力终局的基础之上，对于此类行为，行政机关享有专属的决定权力（如规定部长或行政裁判所的决定和批准是"最后的决定"，行政机关独立行使委任立法权，排除提审令条款等）。

在行政行为排除司法审查盛行一段时间后，忠于传统法治观念的英国认为：对行政行为进行司法审查将有助于防止行政机关越权、专横，亦是保障公民自由和权利的有效手段，若过度地将行政行为排除在司法审查之外，将有碍于法治国家的建立。为了化解建立法治国家与保障行政机关独立行使职权完成行政任务二者之间的矛盾，法院采取的做法是在原则上根据议会主权原则遵循相关条款，但法院可以对以上条款加以自行解释，从而限缩行政行为排除司法审查条款的适用范围，但无论何时，国家行为无论基于何种解释都不得被审查。以上实践表明，在英国，除国家行为不得被司法审查之外，其他明确排除司法审查的法律条款都可能被柔性适用；

---

① 在该案中，邮政总长命令拒绝投寄原告函件，因为原告曾利用邮政进行不诚实的业务。邮政总长的决定没有法律的授权，但是法律也没有规定这类行为可受司法审查。

对行政行为进行柔性司法审查的主要目的在于防止行政机关越权,从而更好地建设法治国家。

3. 德国:将排除司法审查的行政行为范围限缩到最小。德国对行政案件的管辖采用分类管辖模式,例如劳工法院主要负责劳工案件,社会法院主要处理社会纠纷,财政法院主要负责财政案件,而行政法院则负责处理一般行政案件。"依据基本法第 19 条第 4 款,几乎所有公权力机关的高权行为都在行政法院的管辖范围之内,只要它伤害了或者可能伤害到公民的主观权利。"[6] 由此可看出,在德国,行政诉讼中司法审查的范围非常广泛,试图充分保障公民在自由和权利受到损害或威胁时可获得全面、有效的司法救济。

总之,从以上各国对行政行为排除司法审查制度的发展趋势来看,域外各个国家皆在逐渐扩大司法机关对行政机关所为的审查范围,以回应监督公权行为、保障私人合法权益的需求,将对行政行为予以司法审查作为保障公平与正义的最后一道保障。然而,在风险社会的视角下,不断处在应对各类风险之中的行政机关对相关行政行为排除司法审查则有着特殊的现实需求。

三、风险社会建构行政行为排除司法审查制度的必要性

"1986 年,切尔诺贝利核电站第 4 号机组发生泄漏,数千人遭受强核辐射,二十万人被疏散;同年,德国学者乌尔里希·贝克发表《风险社会》,预言风险社会已经来临"[7]。风险社会指充满危险的未来,最大的特性即在于不确定性,人们可以预知到该事物可能存在危险的可能性,但危险是否会真正发生、何时发生、危险程度如何皆为未知数。在风险社会中,我们无法预料可能发生的各种危险以及后果,正如我们无法预料 H1N1 病毒疫情、新冠病毒疫情一样,但风险一旦发生,则将引起不可逆的损害。"这也要求行政组织具备不断学习的可能性,随时补充自身知识信息,以提升风险规制的可靠性。"[8] 在法治与民主的国家,维护人民的自由、安全、财产、精神等方面的自由是国家存在的重要理由,国家有义务、有必要在制度建构、行政管理层面对风险进行回应和规制。对行政行为排除司法审查作为保障行政机关独立性的重要手段,在帮助行政机关便

捷高效地行使职权、有效进行风险规制的过程中扮演着重要角色。

（一）更为滞后的立法要求行政机关更具主动性

从宏观层面而言，面对未知的风险，国家有义务对其进行预测和防范以保障人民的生命安全、财产安全及其他一切合法权益。具体落实于实施层面，国家内部的行政机关则需要依据法律法规开展风险行政，但是在风险行政的过程中，立法的滞后性体现得更加明显，无法与纷繁复杂的行政行为类型相匹配，无法为行政机关有效应对风险提供指引。

其一，法律无法准确判断风险是否存在，无法确定对何种风险进行优先规制。例如，判断核能、转基因、药品等领域是否具备风险、具备何种风险是进行风险规制的前提；然而，立法机关由于在经济成本、人力资源等方面的短缺，往往无法判断各领域的风险程度。即使已判断出各领域的风险，对何种风险进行优先规制也是一大难题。有时，民众所要求规制的风险与科学技术层面所关注的风险会出现不一致的状况，面对民主和科学的冲突，立法机关需进行综合考量，进行利益平衡，利益博弈将导致立法进程缓慢，从而无法及时回应风险时代对法律的全方位需求。

其二，立法无法及时回应技术变化、公众诉求。面对复杂的风险，我国的风险规制体系尚处于不断"试验"的状态之中。当规制风险的技术更新、风险不断扩大导致公众诉求发生变更，秉持稳定属性的法律不能"朝令夕改"，从而造成立法滞后的困境。

当前，即使立法及时因应了时代需求，为保障行政机关更具灵活性地进行行政管理，立法机关会在立法中赋予行政机关一定的自由裁量空间。在依法行政原则的指导下，行政机关需要根据现有立法更具主动性地对风险进行回应与规制。在立法不充分的前提下，行政机关会被允许进行自行裁量。当行政机关将立法的原则、目的与行政任务相结合进行风险规制时，司法机关可能产生与行政机关不同的法律理解和解释，从而对行政机关的合法性、合理性予以否定，阻碍行政机关依法、合理行政。因此，面对更为滞后的立法，对行政机关内部规范性文件及其他具体自由裁量行为等特定的行政行为排除司法审查，可最大限度地保障行政机能的高效运转，也是及时、高效回应风险的重要保障。

（二）行政任务的变迁催生积极行政

风险社会的来临要求行政机关根据专业知识及时、全面、规律、有效地回应。一方面，行政机关需在依法行政的原则之下积极行政，运用经济分析、社会效益分析等多种方法进行判断和裁量，在宏观层面确定所需规制的风险种类与规制程度；另一方面，在微观层面，行政机关需要通过细化立法、规范内部程序行为以明确风险行政的方式、方法。在我国语境下，无论是行政机关的具体行政行为还是抽象行政行为，其目的皆在于实现公共利益，因此对其进行司法审查可能会冲击行政机关的行政效率及成果。

综上所述，立法的滞后、裁量空间的宽泛、行政任务的变迁皆要求行政机关积极行政，但司法的干预既无充足的能力确定风险的规制顺序，也无法精准地判断行政行为在规制风险的过程中所采取措施的合理性，反而对行政机关的独立性造成干扰，从而造成无法精准、及时、高效地规制风险。因此，在风险社会的视角下，排除司法机关对行政行为的审查有着强烈的现实需求。

四、风险社会视角下排除司法审查制度的现实困境与完善

当前，细致观察我国《行政诉讼法》第十三条所阐述的排除司法审查的行政行为的具体情形可以发现，我国仍未在立法中立足于风险社会这一特殊场景对特定的需排除司法审查的行为予以明确的确定。未来，应立足于风险社会视角，进一步厘清司法机关与行政机关之间的关系，细化行政机关内部约束制度，以便更好地构建行政行为排除司法审查制度。

(一) 风险社会视角下行政行为排除司法审查制度的现实困境

根据风险社会的特点进行行政行为排除司法制度的建构将有助于最大限度地规制风险，保障公民利益，实现公民对风险规制的合理期待。然而，现有制度未结合风险特点进行制度建构，忽视了行政机关在风险规制中的重要角色，需进一步注重权力分工，强调司法机关对行政机关的尊重。

1. 缺乏特定化的行政行为排除司法审查制度。如上所述，行政诉讼的目的在于规范行政机关依法合理行政和保障公民合法权益，对行政行为排除司法审查制度，在形式上虽然剥夺了公民寻求司法救济的途径，但在风险社会中，将特定的规制风险的任务交由行政机关履行，可避免司法审查的无序和盲目；但是，我国《行政诉讼法》并未结合风险社会的特点进行

制度建构，未明确行政机关在规制风险的过程中可排除司法审查的具体情形。

2. 司法机关存在过度干预倾向压缩了积极行政空间。如域外其他国家一样，出于维护公民合法权益的目的，我国行政诉讼中排除司法审查的类型在不断限缩。然而，在风险社会的背景下，面对滞后和宽泛的立法，司法机关对行政行为进行合法性判断的标准值得怀疑，即现行立法的滞后性无法保障司法机关对更为适时的行政行为予以判断。再者，我国《行政诉讼法》受案范围的扩大也意味着司法权对行政管理行为的不断干预，压缩了积极行政空间。

具体到在风险社会对风险的规制过程当中，司法机关的过度干预阻碍了行政规制体系的运行。一方面，司法机关的参与干扰了行政机关对规制风险方向的判断，行政机关与司法机关的专业性、关注视角不同，导致二者把控风险的视角、规制风险的专业化程度不同，司法机关的参与会打击行政机关的积极性，减缓、阻碍行政机关的规制进程；另一方面，司法机关会干扰行政机关对风险的规制过程，若行政机关不尊重司法机关则表明违法，然而，若行政机关尊重司法机关的判断，往往会导致规制的方向与公众诉求不符，二者存在较大矛盾。

（二）风险社会视角下行政行为排除司法审查制度完善

无论在何种背景下，保障公共利益、公民合法权益都是建构各项法律制度的核心。传统的对行政行为排除司法审查意在尊重行政行为的公定力，剥夺了公民寻求司法救济的权利；而在风险社会视角下，在立法中将风险行政行为排除司法审查予以制度化，构建属于风险行政的排除司法审查制度，则是保障公众利益的另一种途径。另外，在权力分工的原则之下，细化行政机关的自由裁量幅度将有助于提高行政机关规制风险的积极性，从而更好地规制风险。

1. 以保障公众利益为核心的类型化制度构建。如前所述，普通的对行政行为排除司法审查制度剥夺了公民寻求司法救济的权利，而在风险行政的视角下，对相关行政行为排除司法审查制度并非剥夺公民的救济权，而是由更加专业的行政机关提供救济。风险行政排除司法审查制度虽然排除了司法机关保障最后的公平与公正的可能性，但在风险行政中，行政机关内部解决纠纷的基本原理就是用专业知识、根据风险社会的特点进行利益平衡从而保障公众利益，因此二者并行不悖。因此，在立法中，应当以保障公众利益、尊重公民合法权益、实现各项行政任务为基本原则，将风险行政行为排除司法审查制度类型化，构建属于风险行政体系下的特殊的排除司法审查制度。

2. 厘清司法机关与行政机关的权力分工界限。规制风险所要求的专业的科学知识、过程的公开透明决定了行政机关规制风险的必要性。"当存在大量由法律排除的，不接受、难接受行政司法审查的行政活动，或因遵循司法被动审查原则而处于无力纠正违法行政活动弱势地位时，法院需要拥有一套与行政机关建立替代性对话关联的制度工具。"[9] 在风险社会的视角下，应当厘清行政机关在风险预测、风险评估和规制等环节所扮演的重要角色，明确司法机关对于风险社会中行政行为审查的缺陷，从而明晰司法机关与行政机关的权力分工。在此基础上，法院可通过要求行政机关在做出最终决定前进行告知来实现司法机关对行政机关的审查与监督。

3. 细化行政机关的自由裁量制度。将提供救济的义务交以行政机关履行，不可避免地会出现行政机关过度裁量的情况。为防止行政机关自由裁量过度化，在实践层面，可通过细化行政机关内部的行政行为程序、指南对其行政行为加以约束；对行政行为自由裁量制度的具体化，一方面将保障行政机关在规制风险的过程中有法可依，做到依法行政；另一方面亦有利于有效解决规制风险过程中的各项纠纷，保障行政机关在解决行政纠纷的过程中的公平、公正、合理。

五、结语

国家建构司法机关和行政机关的目的皆为实现特定的国家任务、保障公众利益与公民的合法权益。在风险社会中，对相应行政行为排除司法审查的目的并不在于剥夺公民寻求司法救济权利，而是让对于规制风险了解更为透彻的行政机关更好地规制风险，更加专业充分地为公民提供救济。肯定风险行政排除司法审查制度，将在一定程度上保障行政机关的独立行政空间，提升风险规制的积极性、专业性，加快风险规制的进程。未来，在肯定风险行政行为排除司法审查的基础上，还需进一步细化行政机关在风险预测、风险评估、风险管理、绩效评估等环节的具体规制规则，明确自由裁量幅度，实现高效、有序地规制风险。

参考文献

［1］余德厚，蒋文玉．论行政诉讼司法审查的强度［J］．西南民族大学学报（人文社科版），2020（6）：90.

［2］王贵松．论行政裁量的司法审查强度［J］．法商研究，2012（4）：66.

［3］翁岳生．行政法（上）［M］．中国台北：元照出版有限公司，2006：13.

［4］张坤世．行政诉讼中司法权与行政权之关系重述［J］．广西政法管理干部学院学报，2020（2）：4.

［5］WALKER C J. Constraining bureaucracy beyond judicial review［J］. The journal of american academy of arts & sciences，2021（7）：155-171.

［6］张福广．德国行政判断余地的司法审查［J］．行政法学研究，2017（1）：134.

［7］赵鹏．风险社会的行政法回应：以健康、环境风险规制为中心［M］．北京：中国政法大学出版社，2018：1.

［8］王贵松．风险行政的组织法构造［J］．法商研究，2016（6）：14.

行政允诺相对人信赖利益保护的司法救济

——基于一则行政允诺案件展开

王雅茜

摘　要： 行政允诺作为行政主体基于社会现实与发展而创造性做出的一种柔性管理手段，在社会实践中发挥着重要作用。与此同时，与行政允诺有关的纠纷也大量涌现，反映出行政允诺界定标准不统一、行政允诺相对人司法救济困难等问题。针对上述问题，本文提出建议，从而达成在司法救济中更好地保障行政相对人权利的目的。

关键词： 行政允诺；司法救济；信赖利益保护

一、问题的提出

2016 年 11 月，北京德天御公司向镶黄旗国家税务局咨询新设立子公司企业所得税税率问题，税务机关答复：新设立子公司可以适用西部大开发企业所得税优惠政策的规定，可申请享受 15% 的优惠税率。北京德天御公司于 2016 年 11 月 30 日设立镶黄旗德天御公司，并将涉案股权转让给镶黄旗德天御公司，该公司按照 15% 税率缴纳了企业所得税。2018 年 12 月，税务机关通知镶黄旗德天御公司对涉案股权转让应按照 25% 税率缴纳企业所得税，要求补缴企业所得税。镶黄旗德天御公司、北京德天御公司不服决定，请求判令镶黄旗政府、镶黄旗国家税务局依法履行已作出的行政允诺，准予上诉人镶黄旗德天御公司转让股权按15%优惠税率申报缴纳企业所得税。本案经过一审、二审，判决认为：《镶黄旗国家税务局关于北京德天御公司企业所得税相关问题咨询的答复》仅表述为"同意你单位根据西部大开发企业所得税优惠政策的规定，可申请享受15%的优惠税率"，并未明确承诺15%的西部大开发优惠税率。镶黄旗德天御公司是否能够按照15%优惠税率申报缴纳企业所得税，取决于其是否符合《税收征收管理法》等相关法律法规规定。故本案所指向的行政允诺并非可以允诺的事项，上诉人的诉讼请求缺乏合法性基础，驳回其诉讼请求①。

实践中，地方政府为招商引资而多用财政返还等形式变相减免税，由此引发变相减免税行为的纠纷频发。本案将依法行政、税收法定原则置于信赖利益原则之前，这样判定是否合理、怎样处理依法行政与行政相对人信赖利益保护原则之间关系的困境、行政相对人的损失如何得到救济、如何杜绝地方政府违法允诺等，均成为有待探讨的问题。

二、争议焦点的法理分析

案件的第一个争议焦点是被告镶黄旗政府、镶黄旗国家税务局是否对原告作出了"享受企业所得税优惠税率15%"的行政允诺。原告提交了其向镶黄旗国家税务局发出的《关于在镶黄旗新设企业征收企业所得税的咨询函》（下文简称《咨询函》），与其收到的《镶黄旗国家税务局关于北京德天御公司企业所得税相关问题咨询的答复》（下文简称《答复》），其中的表述为"同意你单位根据西部大开发企业所得税优惠政策的规定，可申请享受15%的优惠税率"。

（一）行政允诺

目前关于行政允诺的概念及认定标准，不仅学术界众说纷纭，实务界在认定行政允诺时亦莫衷一是，导致法院在审理行政允诺案件时遇到了诸多困难。

---

① 镶黄旗德天御公司、北京德天御公司与内蒙古自治区镶黄旗人民政府、国家税务总局镶黄旗税务局行政允诺案，内蒙古自治区高级人民法院（2019）内行终429号二审行政判决书。

一部分学者将行政契约与行政允诺视为同一行政行为。行政允诺从本质上讲，仍然是行政机关和相对人彼此合意的结果，而且在形式上表现为双方签订协议，因而其作为一种行政契约形态也应该是成立的①。也有学者将行政允诺看作行政合同。行政机关自身对特定人或不特定人的执法承诺、对举报人的悬赏和奖励等皆属于行政契约中的承诺合同②。笔者并不认同上述观点。在"黄银友等诉湖北省大冶市政府、大冶市保安镇政府行政允诺案"中，最高法院行政庭在评析此案时提出："首先，行政机关做出允诺，是否符合国家法律，是否具备履行承诺的能力，是一种客观判断，而非双方合意；其次，公民实施了允诺所设定的行为，客观上会存在公民原先并不知晓有行政允诺存在的情形；再者，通常意义上的合同缔结过程存在当事人的履行抗辩权，双方在实际履行前可以互设义务，而行政允诺形成过程中显然不存在；最后，行政允诺的撤销需要行政机关经过严格的程序，这并非是以受诺人的意志为转移的。"③ 通过以上四大理由，最高法院通过强调"单方意思表示行为"，把行政允诺从需要双方达成合意的行政契约、行政合同中分离出来。

另一部分学者将行政允诺看成独立的行政行为。行政承诺就是行政主体为实现一定的行政管理目标，依其行政职权，对特定的事项或者特定的人员做出的答应照办某项事务的行为④。也有学者将行政允诺视为行政机关的单方意思表示行为。"行政允诺是行政机关就特定事项对不特定行政相对人作出的一种单方意思表示，期待行政相对人作出相应行为，并保证给予利益回报。"⑤ 笔者赞同章剑生教授对行政允诺的定义，因其对行政允诺的要素做了较全面的概括。基于以上对行政允诺概念的比较，可以对行政允诺如此描述：行政允诺是指行政机关以实现其行政职能为目的，在法律授权范围内作出的、以行政相对人按行政机关的要求完成特定的行为后

① 参见余凌云：《从行政契约视角对"杨叶模式"的个案研究——治安承诺责任协议》，载《公安大学学报》2000 年第 4 期，第 45 页。

② 参见杨解君：《论契约在行政法中的引入》，载《中国法学》2002 年第 2 期，第 93 页。

③ 最高人民法院行政庭编：《中国行政审判指导案例》（第 1 卷），中国法制出版社 2012 年版，第 22 号案例，第 108 页。

④ 参见王伦，耿志武：《行政承诺及其可诉性》，载《人民司法》2002 年第 8 期，第 5 页。

⑤ 参见章剑生：《行政允诺的认定及其裁判方式——黄银友等诉湖北省大冶市政府、大冶市保安镇政府行政允诺案评析保安镇政府行政允诺案评析》，载《交大法学》2002 年第 2 期，第 169 页。

给予相应利益为内容的单方意思表示。

（二）行政事前答复

行政事前答复是指行政相对人由于在理解法律规范上存有障碍或异议，事先请求行政机关予以解答，行政机关以书面或口头方式加以回应的一种制度①。在部门法尤其是税法和海关法中，行政机关针对行政相对人理解法律规范过程中的困惑或者障碍，以书面或口头的方式作出关于法律真实性的答复，这种行为非常普遍②。由于税法的复杂性以及各地方的税收政策不同，纳税人在理解上必然会产生困惑，有权机关对此法律真实含义的答复就显得尤为重要。

行政允诺与行政事前答复的区别在于：首先，相对人范围不同。行政事前答复是针对特定相对人的预先申请而作出的一对一的答复，而行政允诺的对象为一切成就允诺条件的相对人。行政允诺类似于内容明确的商业广告，当相对人的行为符合行政允诺所设定的要求，即行政主体在受要约人完成要求时，允诺条件成就，行政机关负有相应作为义务，行政相对人获得相应权利。其次，可诉性不同。最高人民法院在其发布的《关于规范行政案件案由的通知》（法发〔2004〕2号）中，将行政允诺作为定型化的行政行为，单列为行政案件案由之一，使其具备了可诉性；而2015年的《税收征收管理法修订草案（征求意见稿）》也提出了税收事先裁定制度，但最终没有通过，行政事前答复行为是否归属于类型化的行政行为，以及是否可以纳入行政诉讼的受案范围，至今尚未明确。

结合本案的案情，将《答复》界定为行政事前答复行为更加妥帖。可是由于行政事前答复行为目前并不具备可诉性，因此后文中仍以行政允诺来进行进一步探讨。在形式要件上，《答复》不是行政规定、行政决定和行政协议，在法律效力上仅是针对《咨询函》中所咨询问题的回复。在意思表示上，原告提交的《答复》仅表述为"同意你单位根据西部大开发企业所得税优惠政策的规定，可申请享受15%的优惠税率"，被告镶黄旗政府、镶黄旗税务局并未明确承诺镶黄旗德天御公司享受按15%的西部大开发优惠税率缴纳企业所得税。内蒙古自治区锡林郭勒盟中级人民法院认为，原告提交的证据不能证明被告镶黄旗政府、镶黄旗税务局对原告作出

---

① 参见熊樟林：《论行政事前答复》，载《法制与社会发展》，2019年第1期，第181页。

② 王照：《行政事前答复行为的可诉性研究》，华东政法大学2020年硕士学位论文。

了行政允诺，故原告的诉讼请求不能成立。

三、行政允诺司法救济的实证分析

由于行政允诺的概念存在争议，在司法审判中需要法官依据个案情况进行判断，因此需要进一步采用实证分析的方法对行政允诺进行分析。数据分析样本来源于小包公法律实证分析平台，所用案例来源于中国裁判文书网公布的裁判文书及其他权威机构的裁判文书。在 111 393 264 个案件中，以"行政允诺"为关键词搜索行政类裁判文书，共筛选案例 1 276 个，其中明确案由为行政允诺的案例数为 337 个。

（一）行政允诺案件数量增加

近几年随着公民法治意识的提升及行政允诺更加广泛的应用，2013 年至 2021 年以行政允诺为案由的诉讼案件不断增多（如图 1 所示）；2021年，由于受新冠疫情影响，加上本文撰写时尚有三个月的裁判文书尚未统计，因此出现了拐点：仅 2021 年 10 个月的案件数已达 118 件，远高于2016 年全年的案件数量。整体来看，行政允诺的案件数量呈明显递增趋势。

在上述 1 276 份判决书中，案由明确为行政允诺的行政案件共有 337件，从管理目的的类型来看，案件中占比较大的是行政允诺案件，其他行政管理目的类型包括土地行政管理、城乡建设行政管理、房屋拆迁等，数量较少（如图 2 所示）。

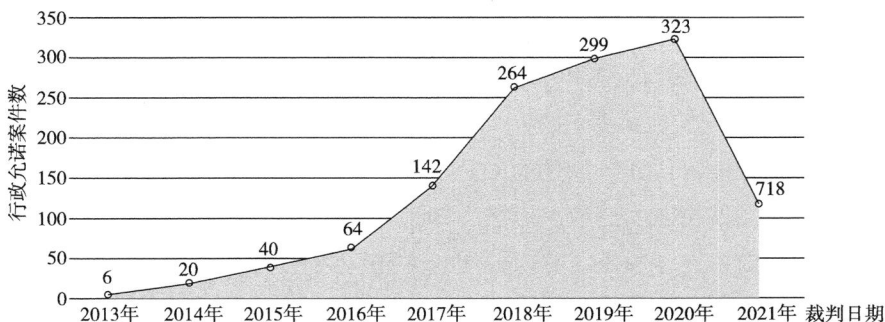

图 1

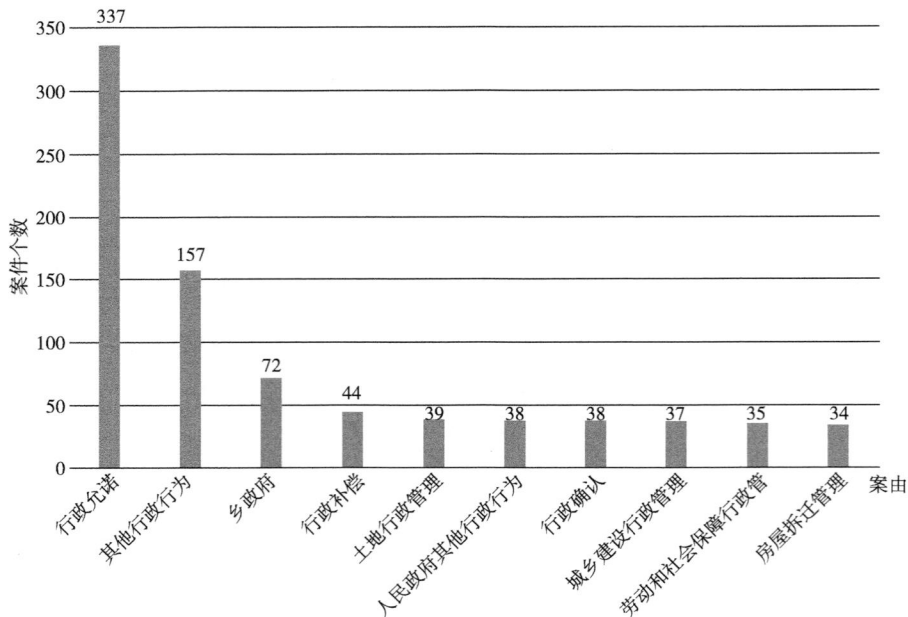

图2

（二）行政允诺案由的同质化

目前大多数行政允诺案件都与政府的招商引资有关。在1 276个研究样本中，涉及奖励的案件数为363个，涉及招商引资的案件数为187个（如图3所示）。案件集中表现为：政府为实现招商引资目的而事先制定"奖励文件"，相对人在实施了文件中相应的招商引资行为后，由于政府拒绝兑现奖励或就奖励的标准而提起诉讼。

"奖励"的方式与奖励文件的形式多样。如宁夏伊硕圆食品有限公司与灵武市人民政府其他行政管理一案中，被告灵武市人民政府为深入实施兴工强市战略，下发《关于印发〈灵武市中小企业孵化基地和全民创业园标准化厂房管理暂行办法〉的通知》，对自建基础设施的企业给予补助费。原告符合该文件规定的情形，但被告却迟迟不按文件规定兑现招商引资入园补助。又如大连寺冈重工有限公司、大连寺冈机械工程有限公司与大连市旅顺口区双岛湾街道办事处行政协议一案中，双方签订的《借还款协议》虽名为借款，但实为原告与被告之间的往来项目款项和奖励款的约定。郑州天源实业投资有限公司与河南郑州出口加工区管理委员会行政协议纠纷一案中，双方通过《合作协议书》约定：富士康项目建成交工 10 年内，项目厂房租金收入产生的营业税及附加、印花税和房产税由被告协调向原告等额奖补，奖励形式为减税、免税。

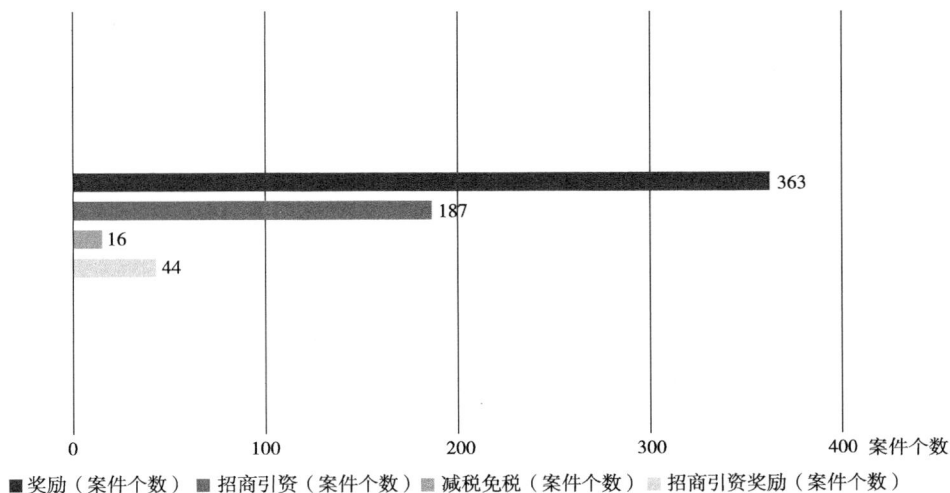

图 3

（三）行政允诺案件区域集中与招商引资的关系

行政允诺多发生在因经济落后而需要招商引资的地区。在涉及招商引资的 187 个案件中，有 34 个发生在宁夏回族自治区（如图 4 所示）。招商引资往往是经济不发达地区承接产业转移而形成的政策，例如宁夏回族自治区政府在《2019 年宁夏回族自治区政府工作报告》中提出计划开展"高质高效招商引资年"活动，办好宁商大会，确保全年招商引资实际到位资金增长 10%以上。

（四）行政允诺司法案件的举证与救济难度

1. 原告多为民营企业，处于弱势地位。通过检索发现，在行政允诺案件中原告为民营企业的数量占到了 28.92%（如图 5 所示），确实存在如北京德天御公司与镶黄旗德天御公司在上诉时指出的：原告作为民营企业对税收政策并不十分了解。

在上文涉税案件中，原告提交了相关证据：在涉案股权转让前，镶黄旗政府曾组织召开协调会，与北京德天御公司就北京德天御公司持有的涉

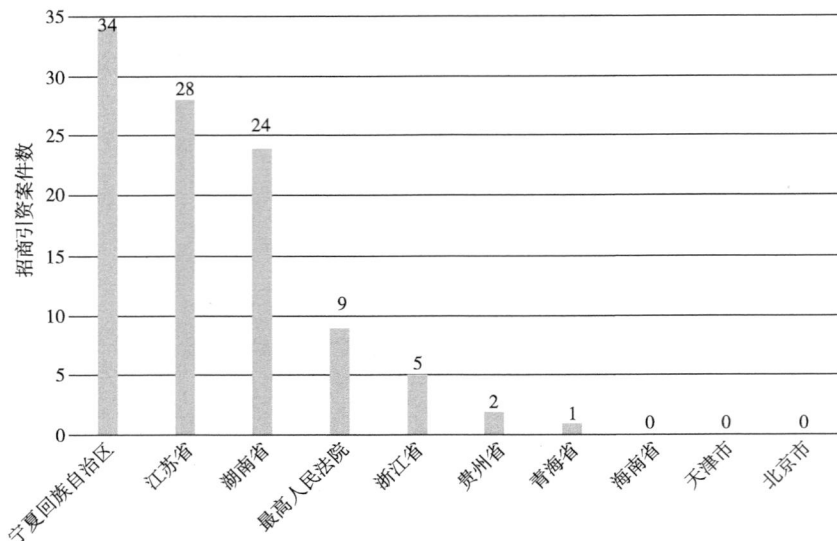

图 4

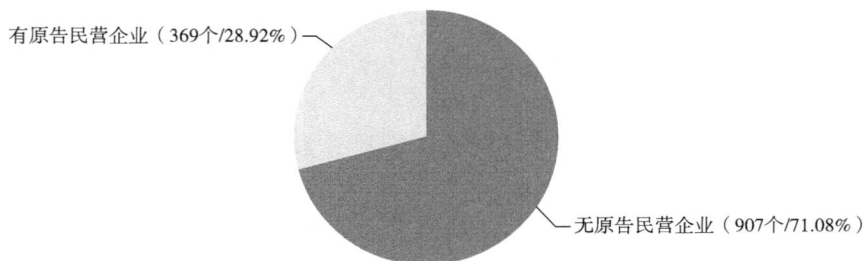

图 5

案股权转让交易所产生税费的"税留当地"事宜进行商谈的两份会议记录。内蒙古自治区锡林郭勒盟中级人民法院认为上述会议记录由原告单方制作，不能作为认定本案事实的证据使用，故原告镶黄旗德天御公司、北京德天御公司提交的证据不能证明被告镶黄旗政府、镶黄旗税务局对二原告作出了上述行政允诺。笔者通过检索发现，1 276 份行政允诺判决书中，在行政允诺案由下，有会议记录作为证据的案件数为 38 件，为同案由中数量最多的（如图 6 所示）。由于在行政允诺法律关系中行政机关通常占据主动，相对人通常仅仅能参与其中①，因此在发生争议进行举证时，原告处于弱势地位；并且，在与行政主体磋商时企业证据意识不强，最终造成了举证困难。

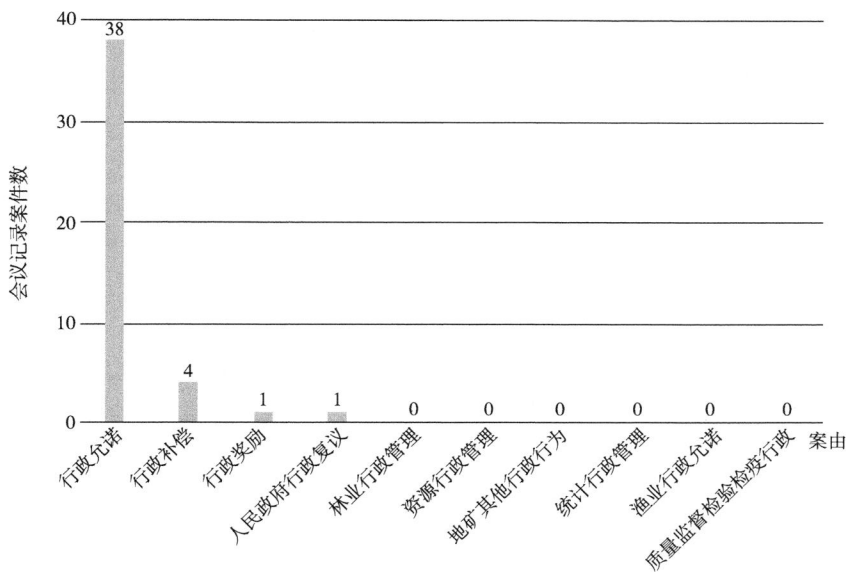

图 6

2. 原告方通过信赖利益保护原则维权困难。行政法中的信赖利益保护原则指的是行政相对人对行政机关作出的生效行政行为产生了合理信赖，相对人由于对行政机关的此种信赖作出了相应的行为，从而获得信赖利益价值，同时这种信赖利益是受到法律保护的一种原则。如果该行政机关基于公共利益的考虑而变更、撤销已经发生法律效力的行政行为，那么就应当给予该行政行为的行政相对人一定的赔偿或者补偿②。通过检索案例发现："信赖利益"被当事人主张的数量为 302 个，占 21.62%（见图 7 所示），可见在行政允诺案件中，信赖利益为多数当事人所主张。

在本文前述案例中，镶黄旗法院认为：行政机关作出的行政允诺、行政

---

① 翁岳生：《行政法》，中国法制出版社 2002 年版，第 650 页。
② 参见王敏东：《论行政法中的信赖利益保护原则》，载《农村经济与科技》，2021 年第 6 期，第 287 页。

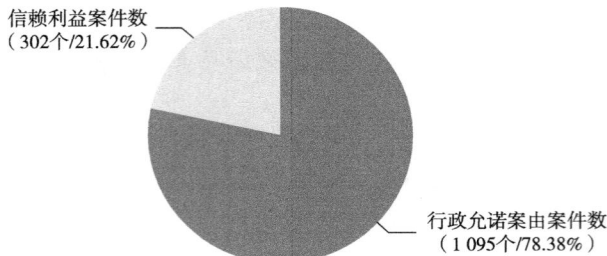

图 7

协议等行为必须建立在依法行政的前提下，即行政机关作出的允诺必须在其具有裁量权的处置范围内，且不违反法律的强制性规定，不会损害国家利益、社会公共利益，不能将信赖利益原则置于依法行政原则之前。依法行政原则是首要原则，信赖利益原则是它的延伸，而信赖利益原则指的是非因法定事由并经法定程序，行政机关不得撤销、变更已经生效的行政决定。

依法行政是信赖利益保护原则的前提与基础。在现实中，常有地方政府为完成政绩，做出超过其行政职权范围内的行政允诺，过度承诺、虚假承诺或者滥用承诺的现象不时出现。但当行政相对人申请司法救济时，违反依法行政原则的行政允诺又会被认定为无效，造成行政相对人维权困难。比如本文案例中，原告北京德天御公司作为银泰公司的实际控股股东，在多年经营中投入了大量资金、技术，如由北京德天御公司直接在北京市完税，可以在税前弥补历年亏损，实际缴纳的所得税不会达到法定的25%，正是因为镶黄旗政府提出"税留当地"要求，并多次召开协调会，北京德天御公司才基于协调会上镶黄旗政府的承诺设立了镶黄旗德天御公司，并进行了股权转让。原告认为镶黄旗政府在此情况下作出的答复和指导实际上误导了纳税人。

越权允诺、虚假许诺、轻诺寡信等问题侵害了行政相对人权益，也冲击着政府公信力。在服务行政、给付行政深入人心的时代，完善行政允诺及其司法审查制度势在必行。国家机关因其权威性与民主性而为民众所信赖，民众因信赖国家机关而遵循其指引，故国家机关应当珍视并保护民众对其的信赖①。前文现实窘境的出现显然与设置信赖利益保护原则的目的

---

① 参见胡若溟：《行政诉讼中"信赖利益保护原则"适用——以最高人民法院公布的典型案件为例的讨论》，载《行政法学研究》，2017 年第 1 期，第 98 页。

与价值发生了冲突。由此可见,行政允诺制度的完善对公民广泛参与法治政府建设具有重要意义,也将积极促进法治国家建设、法治政府建设、法治社会建设。

四、完善行政允诺相对人救济制度的建议

(一) 强化依法行政,提高行政透明性

在我国行政法领域内,规定信赖利益保护原则的法条屈指可数,在行政法领域内,对该原则的规定仅仅体现在《行政许可法》等法律中,这样不利于建设法治政府,也不利于向服务型政府转变,要不能做到公平正义,因此应当通过立法加以完善。

十九届四中全会指出:要坚持权责透明,推动用权公开,完善党务、政务、司法和各领域办事公开制度,建立权力运行可查询、可追溯的反馈机制。行政过程公开透明是防止行政主体恣意滥权、违反职权范围进行行政允诺的有效手段。同时,行政公开有利于行政相对人知情权的实现。只有让行政相对人充分、确实了解政府活动,才能有效促进其对行政的参与,并能在一定程度上方便行政相对人取证,才有助于维护和增强行政相对人对政府的信赖。

(二) 加强诚信政府建设

2016 年国务院发布的《国务院关于加强政务诚信建设的指导意见》(国发〔2016〕76 号)要求:地方人民政府应当认真履行依法作出的政策承诺,因国家利益、公共利益或其他法定事由需要改变承诺的,要严格依照法定权限和程序进行并对相对人依法予以补偿外;应当将政务履约和守诺服务纳入政府绩效评价体系,推动各地区、各部门逐步建立健全政务和行政允诺考核制度。

(三) 健全行政允诺诉讼救济制度

实践中,还应当明确行政允诺案件的概念和受案范围。正如前文所述,尽管最高人民法院已经明确了行政允诺类案件的可诉性,但是对于行政允诺的概念并没有给出具体明确的界定。实践中不断有不同层级的法院对相对人提起的允诺纠纷作出不同的认定。因此,相关法律应当将行政允

诺纠纷中可能出现的情况尽量通过明文规定纳入行政诉讼受案范围，对行政允诺类案件的受案范围作出具体的规定。

另外，还应当合理分配举证责任。行政允诺是由行政主体作出的单方意思表示，而相对人则处于被动地位。因此，为能更好地保障允诺相对人的合法权益，行政主体应对其行为的合法甚至合理性负举证责任，而不能以谁主张谁举证为由加重行政允诺相对人的举证责任。

五、总结

行政允诺纠纷的出现多与地方政府的招商引资政策有关。我国行政允诺制度存在着对行政允诺的概念及认定标准不明确、行政机关违反职权范围进行行政允诺、相对人举证难度大且通过信赖利益保护原则维权困难等问题。为使行政允诺纠纷能得到有效地解决，本文对完善行政允诺相对人救济制度提出了建议，希望以此促进行政允诺行为更充分、稳定地、发挥其积极功能，助力法治政府、诚信政府、服务政府的构建！

合规第三方评估监督机制的模式选择及完善建议

汪天雨

摘　要：合规不起诉制度引入我国刑事诉讼领域，是对企业进行合规建设的激励措施，有助于控制合规风险，从源头进行企业犯罪预防。然而由于司法资源的有限性和合规事务的专业性，采取合规第三方评估监督机制就有了必要性。实践中，合规第三方评估监督机制存在三种模式，各有优劣，本文结合案例指出"金山模式"相比而言更具有理论优势，《关于建立涉案企业合规第三方监督评估机制的指导意见（试行）》同样接受并发展了这一模式。另外，针对现行法律制度和司法实践，本文提出了第三方合规机制的完善建议，以期促进合规不起诉制度的本土化进程。

关键词：涉企犯罪；合规不起诉；第三方合规机制

一、案情简介

2021 年 6 月 3 日，最高人民检察院发布了企业合规改革试点典型案例——上海市 A 公司、B 公司、关某某虚开增值税专用发票案。在此案中，上海 A 医疗科技股份有限公司（以下简称"A 公司"）与上海 B 科技有限公司（以下简称"B 公司"）实际控制人关某某（被告人），在无真实货物交易的情况下，擅自让他人为两家公司虚开增值税专用发票共 219 份，价税合计 2 887 余万元，达到虚开增值税专用发票罪的立案标准。

2020 年 6 月，公安机关以 A 公司、B 公司、关某某涉嫌虚开增值税专用发票罪移送检察机关审查起诉。上海市宝山区检察院受理案件后，结合走访考察情况，对企业采用了合规不起诉制度，督促企业做出并履行合规承诺，开展合规建设。在法院依法判决之后，检察机关联合税务机关（第三方合规主体）进行回访检查，提出进一步完善建议。最终涉案企业建立了有效合规制度，获得良好的经济效益。

本案中，检察院经考察后，对涉案企业采用合规不起诉制度，企业不仅受到了应有的处罚，而且通过建立有效的合规制度对合规风险进行了控制，大幅节约了生产经营成本。另外，在合规考察期间，检察院采取第三方合规机制，联合税务机关对企业合规建设情况进行回访考察，有效防治了合规流于形式的"纸面合规"问题。

二、合规概念的再辨析

（一）企业合规

企业合规，是指企业行为符合法律法规及其内部规章制度和商业道德要求。该制度源于美国，至今已有 60 多年的历史。现阶段企业合规制度在美国已经发展成为普遍应用的公司治理方式，一些国家和国际组织也逐步接受了"通过合规进行公司治理"的理念。在司法实践中，不仅有行政法意义上的合规，还有刑法意义上的合规。在涉企犯罪问题上，企业合规按照在犯罪前还是犯罪后的标准大致可以分为两类：一类是犯罪之前预防式的合规，即主动合规，指企业为了规避合规风险，在未发生犯罪行为时主动建立合规机制，进行犯罪预防或以合规作为抗辩事由进行责任切割；另一类是被动合规，是指在企业发生犯罪后，在检察院经审查提出合规建议或要求时，企业接受并进行合规建设的情形。在本文中我们主要讨论的是被动合规。

（二）合规不起诉制度

合规不起诉制度，是指公诉机关对于涉嫌刑事违法的涉案企业及其雇员，在一定的条件下作出不起诉决定的制度①。合规不起诉制度引入我国

---

① 参见杨宇冠、李涵笑：《企业合规不起诉监管问题比较研究》，载《浙江工商大学学报》，2021年第 4 期，第 46-58 页。

公诉领域是为了与国际接轨，激励中国企业特别是跨国企业或相关第三方企业管控合规风险，是为了扶持我国中小微企业的发展。在合规制度中国化、本土化的过程中，存在两种衔接模式：检察建议模式和附条件不起诉模式①。两者区别在于前者是检察机关对犯罪情节轻微同时认罪认罚的涉案企业决定不起诉之后，向企业提出建立合规制度的检察建议；后者是检察院经考察与企业达成暂缓起诉协议，要求其进行合规建设，并在考察期满后验收合规建设效果，据此作出起诉或者不起诉决定。由于检察建议模式在司法实践中实施效果和激励作用相对不足，所以附条件不起诉模式更具理论优势，未来或将在刑事诉讼法"附条件不起诉"制度下引入合规机制。本文也主要基于后一种模式。

（三）第三方合规机制

第三方合规机制，也称合规第三方监督评估机制，狭义上采取《关于建立涉案企业合规第三方监督评估机制的指导意见（试行）》（以下简称《指导意见》）中的定义：涉案企业合规第三方监督评估机制（以下简称"第三方机制"），是指人民检察院在办理涉企犯罪案件时，对符合企业合规改革试点适用条件的，交由第三方监督评估机制管理委员会（以下简称"第三方机制管委会"）选任组成的第三方监督评估组织（以下简称"第三方组织"），对涉案企业的合规承诺进行调查、评估、监督和考察。考察结果作为人民检察院依法处理案件的重要参考。广义上，第三方合规机制还包括涉企犯罪中人民检察院委托的行政机关、合规监控人等其他第三方主体进行合规监督评估的机制。

三、第三方合规机制的模式分析及选择

（一）第三方合规机制的三种模式

由于司法资源的有限性和合规事项的专业性的限制，检察机关多采用委托第三方机构的方式对企业合规情况进行监督和评估。合规第三方监督评估机制在各地的试点中存在以下三种实践模式。第一，以宁波市人民检察院、辽宁省人民检察院为代表的检察机关联合行政机关监管模式。该模

---

① 参见陈瑞华：《刑事诉讼的合规激励模式》，载《中国法学》，2020 年第 6 期，第 225-244 页。

式下另有两种细分模式：一种是委托式，即人民检察院委托行政机关对涉案企业进行合规监督评估；另一种是会同式，即办案检察院会同相关行政机关共同对涉案企业进行合规管理。第二，以深圳市宝安区人民检察院为代表的独立监控人或合规监督员模式。该模式是指人民检察院针对企业合规监管问题，公开向社会聘任合规师、律师、会计师、税务师等合规监督员，对涉案企业进行合规监督。第三，以上海市金山区人民检察院为代表的"第三人监管+企业合规监督管理委员会"模式，也称"金山模式"。该模式中，第三方监管人与企业合规监管委员会一起作为第三方合规机制监管主体。第三方监管人负责微观层面的监督、评估、建议，监管委员会则负责宏观的监督、指导、纠纷解决，同时对第三方监管人进行监督①。在上海市 A 公司、B 公司、关某某虚开增值税专用发票案中，上海市宝山区人民检察院便采取了第一种模式，联合税务机关对企业合规建设情况进行回访调查并提出完善意见。

（二）三种模式的优劣比较

三种模式各有自己的优点和缺陷。第一种模式弥补了检察机关对犯罪企业缺失"检察罚"的权力而只能向行政机关提出检察建议的缺陷，但缺点在于此种模式使得行政机关既是监督机关又是执法机关，造成工作衔接的混乱，不利于对涉案企业的合法权益的保护。第二种模式采取向社会公开聘任包括律师、会计师、税务师等专业合规员进行监督的方法，更具专业性和灵活性，但由于合规监督员的薪资主要来源于企业，在保障监督员独立性和积极性、防范廉政风险等方面仍有待完善。相比较而言，第三种模式更具专业性、独立性和规范性，但也存在制度成本较高的问题。

本案中，上海市宝山区人民检察院采取的联合行政机关模式，一定程度上弥补了检察机关无法进行"检察罚"的缺陷，及时追缴了税款，提高了司法行政效率。在司法实践中，这一模式更有利于保护因企业犯罪遭受损失或侵害的受害人的权利。但是作为第三方合规主体，应当基于检察机关与涉案企业达成的暂缓起诉协议和检察机关的委托，独立、公正地对企业合规承诺的履行情况进行监督评估。本案中，检察机关与税务机关同属

---

① 参见谈倩，李轲：《我国企业合规第三方监管实证探析——以检察机关企业合规改革试点工作为切入点》，载《中国检察官》2021 年第 11 期，第 18-23 页。

"公权力"一方，三方主体结构存在失衡的问题，如果税务机关派出的合规监督人员存在违纪行为，企业一方在实际情形中是否敢于对此提出异议仍然存疑。所以，第一种模式在保障第三方合规主体的独立性上仍然存在不足。比较而言，笔者认为第三种模式更具有理论优势。

（三）第三方监督评估机制管理委员会与第三方监督评估组织

2021年6月3日，最高人民检察院联合国务院相关部委及其他相关部门发布了《指导意见》，其借鉴"金山模式"设立第三方评估监督机制管理委员会（以下简称"第三方管委会"）。《指导意见》第六条规定："最高人民检察院、国务院国有资产监督管理委员会、财政部、全国工商联会同司法部、生态环境部、国家税务总局、国家市场监督管理总局、中国国际贸易促进委员会等部门组建第三方机制管委会，全国工商联负责承担管委会的日常工作，国务院国有资产监督管理委员会、财政部负责承担管委会中涉及国有企业的日常工作。"

第三方管委会经人民检察院委托，应当根据案情组成第三方监督评估组织（以下简称"第三方组织"），并向社会公示。根据《指导意见》之规定，第三方组织主要职能有以下几点。第一，要求涉案企业提交专项或者多项合规计划，并具有审查、建议、确定合规考察期限等权利。《指导意见》第十条规定："民检察院经审查认为涉企犯罪案件符合第三方机制适用条件的，可以商请本地区第三方机制管委会启动第三方机制。第三方机制管委会应当根据案件具体情况以及涉案企业类型，从专业人员名录库中分类随机抽取人员组成第三方组织，并向社会公示。"《指导意见》第十一条第一款规定："第三方组织应当要求涉案企业提交专项或者多项合规计划，并明确合规计划的承诺完成时限。"《指导意见》第十二条第一款规定："第三方组织应当对涉案企业合规计划的可行性、有效性与全面性进行审查，提出修改完善的意见建议，并根据案件具体情况和涉案企业承诺履行的期限，确定合规考察期限。"这是第三方机制在早期，即检察院决定对企业采取合规不起诉制度之后，参与进行合规监督所要履行的职能。第二，第三方机制出具合规材料，是人民检察院进行相关决定的重要参考。人民检察院可以结合第三方组织合规考察书面报告、涉案企业合规计划、定期书面报告等合规材料，做出是否批捕、起诉等决定，可以据此提出量刑建议、检察建议或检察意见。第三，合规考察期间，有对企业开展必要的检查、评估的权利。《指导意见》第十七条第一款规定："第三方组织及其组成人员在合规考察期内，可以针对涉案企业合规计划、定期书面报告开展必要的检查、评估，涉案企业应当予以配合。"此规定有助于节约司法资源，并对企业履行合规承诺进行督促。第四，合规考察期届满的最终考核，对企业合规计划完成计划进行全面检查、评估和报告，并报送第三方机制管委会和办案检察院。

四、第三方合规机制的问题及完善建议

采用第三方管委会模式，不可避免地须解决以下三个基本问题：第一，如何确保进行对涉案企业监督评估与企业履行合规承诺的实际相符合；第二，如何确保出具的合规材料准确、科学、可靠；第三，如何确保企业合规建设运行的有效性。其中，第三个问题为根本，前两个问题从属于后者。为解决这些问题，就需要在第三方机制相关制度、第三方机构与人民检察院等相关部门的关系、第三方机构内部建设和外部监督等方面进行完善。

在完善相关制度方面，由于现阶段对涉企犯罪未采取严格责任原则，附条件不起诉制度也未采纳合规的情形，合规与刑事制度还存在衔接问题，从而难以在刑事上达到合规对企业的激励作用[1]。由于现阶段对企业犯罪的侦查由公安机关负责，检察机关在介入、商请启动第三方机制及时对企业提出合规监管协议的过程中同样存在衔接问题，如果时间拖延较长，企业将会遭受严重的损失，难以实现合规的目的。

在处理第三方机构与检察院等相关部门的关系上，需要进行明确规定和界清权责。《指导意见》第六条规定了第三方机制管委会的组建机关分别是最高人民检察院、国务院国有资产监督管理委员会、财政部、全国工商联会同司法部、生态环境部、国家税务总局、国家市场监督管理总局、中国国际贸易促进委员会，全国工商联负责承担管委会的日常工作，国务院国有资产监督管理委员会、财政部负责承担管委会中涉及国有企业的日常工作。由此可见，第三方机制涉及主体多，管理复杂，容易造成管理上、运行上的混乱，需要在实践中加以完善。

---

① 陈瑞华：《企业合规基本理论》，法律出版社，2021年版，第96-97页。

在第三方机构的自身建设和外部监督上，不仅要加强机构自身专业性、廉洁性、规范性建设，加强管委会的自身管理，还要完善人民检察院及其他负责部门的外部监督机制，确保第三方机构和合规监督员依法履行职责。第三方机构的生命力在于公正性、专业性，首要工作就是防范组织内部人员廉政腐败风险，防止合规监督人员同企业利益勾连，导致合规评估丧失可参考性。要防止权力的滥用造成对涉案企业的损害。这不仅需要完善合规监督员的选任、考评、监管制度，还要加强人民检察院在合规不起诉机制中的主导地位，对第三方组织、人员进行外部监督。

互联网外卖平台算法法律规制研究

张亦弛

摘　要： 互联网外卖平台利用高级算法彻底革新了外卖行业，但也引发了侵犯消费者隐私权、侵犯骑手劳动权益、危害公共交通安全等担忧，对于这一领域的算法有必要从立法和司法两个角度进行规制。在进行立法规制时，可以通过规制平台从而间接规制算法入手；在进行司法规制时，可以从目前的痛点入手，着力解决人才培养不足和适用法律不够灵活等问题。

关键词： 互联网；算法规制；数据保护；劳动权益

一、引言

　　近年来，随着我国互联网产业的发展，占据市场优势的巨头使用算法来量化外卖过程，提供便捷的外卖服务。但自 2021 年以来，围绕互联网外卖平台，发生了诸如大数据杀熟等侵犯消费者权益，算法利用精准计算压缩递送时间、建立歧视性评价机制等侵犯骑手劳动权益的行为。就这一新兴领域而言，尚缺少有效的法律规制。

　　国外学者对算法研究较早。例如，丹妮尔·西特鲁恩（Danielle Citron）和弗兰克·帕斯奎尔（Frank Pasquale）早在 2014 年就通过对美国征信行业算法黑箱的分析，指出征信行业的算法缺乏透明性。欧盟议会于 2016 年 4 月 14 日通过《通用数据保护条例》（General Data Protect Regulation）是较早的专门针对算法的规制法律。国外学者对该法中"自动化个人决策""要求解释权"等开展了大量研究"①。但是无论从互联网外卖用户总数还是 4G、5G 基站普及程度等方面看，没有一个西方国家能与我国相提并论，尤其在外卖行业。因此有关互联网算法方面的国外研究参考价值较小。仅就骑手与外卖平台的关系而言，2021 年 3 月 11 日，西班牙出台了首部外卖员法案——《骑手法》，明确了骑手与外卖平台存在劳动关系②。这标志着西班牙在外卖行业立法规制方面处于世界前列，对国内相关领域立法起到了极大的借鉴作用。

与国外研究相比，国内学者对算法的关注较晚③。但从 2015 年起，学者们也发表了大量文章，集中于大数据"杀熟"、反垄断与反不正当竞争、个人信息保护、人工智能等方面④。早期研究更关注算法应用人工智能以及算法侵犯个人信息隐私权等问题，通常针对算法应用中暴露出的一系列问题进行针对性研究，鲜有针对某一行业的算法规制进行整体研究的文献。

学者们一致认为，算法侵犯民事权利相关行为在应用算法的各行业中都普遍存在。姜野认为：算法的不透明性、有限自主性、难以问责性使其难以获得有效规制，传统的自我规制、市场规制、伦理规制等手段对算法作用有限。具而言之存在以下热点问题：因为算法的自我规制缺乏内在路径及动力，算法被大型企业看成珍贵资源，因此市场规制无力对抗垄断行为；算法由计算机运行，计算机无法理解人类伦理，因此伦理规制难以有效融入算法。

本文拟通过分析算法在互联网外卖平台中起到的作用，并结合国外案例，讨论规制互联网外卖平台算法带来的法律问题和解决方法。

---

① Danielle Keats Citron, Frank Pasquale: The scored society: due process for automated predictions. Washington Law Review, vol. 89, 2014.

② 参见梁晓轩：《〈骑手法〉：西班牙首部外卖员法案》，载《检察风云》，2021 第 12 期，第 50 页。

③ 在中国知网以"算法法律规制"为关键词进行检索，2017 年以前论文仅几十篇，在 2018 年增长至 224 篇，2019、2020、2021 年分别达到了 660、850、587 篇.

④ 在中国知网以"人工智能伦理""大数据杀熟""互联网反垄断""个人信息保护"为关键词搜索，结果从 2017 年至今均超过 3 000 篇，远高于其他互联网领域。

二、算法在互联网外卖平台中的作用与引发的担忧

（一）互联网对外卖行业的意义

我国互联网外卖行业发展相当迅速，成为中国人就餐的全新选择。在这个发展过程中，平台的算法在其中起到了重要作用。2020 年 9 月 29 日，中国互联网络信息中心（CNNIC）发布的第 46 次《中国互联网络发展状况统计报告》显示，截至 2020 年 6 月，我国网上外卖用户规模达 4.09 亿，较 2020 年 3 月增长 1 124 万，占网民用户数整体的 43.5%；手机网上外卖用户规模达 4.07 亿，较 2020 年 3 月增长 1 067 万，占手机网民用户数的 43.7%。

根据我国工商管理局 2020 年上半年以来的登记数据，外卖相关企业相比 2019 年上半年增长了 7.66 倍，仅在 2020 年 5 月新增企业就达到了 5.4 万家。在疫情期间，外卖几乎成为严格防控期间特殊人群唯一的就餐选择，无法提供堂食服务的餐饮业也因此得以维持运转。

此外，点外卖节省了做饭所需的时间，又可以选择精准送达，使得工作压力越来越大的上班族也可以准点就餐，并且也催生了下午茶这一在之前看来浪费时间又"奢侈"的需求，进一步拉动了消费。

（二）算法所起到的作用

在传统的、通过电话订餐的外卖中，消费者只能通过拨打商家指定的外卖送餐电话订餐，对商家来说，无法直观地向消费者解释餐品的样式；无法推出复杂的促销活动；对专门接线员的需求也增加了商家开设外卖服务的成本。对消费者来说，无法得知具体送达时间，会对用餐时间安排造成影响。由于一个送餐电话只能在一个商家点餐，消费者的选择也变得稀少。

算法参与外卖过程后，在订餐体验方面最明显的改变就在于算法的自动推荐功能，它可以自动记录消费者的喜好，从而自动推送相关商家，商家也可以将自己的餐品通过图片等方式推送给消费者，通过算法的智能计算，复杂的"领券即减""跨店铺满减"等优惠活动成为可能。

在送餐体验方面，以美团为例，美团为商家提供了自动接单并打印的服务，使得商家得以省去雇用接线员的成本。部分送餐骑手隶属于美团，

进一步降低了开设外卖服务的门槛，有的商家甚至可以不提供堂食仅依靠外卖维持运营。算法还能自动规划送餐路线，为骑手推荐最短路径，使得消费者可自主选择精确到分钟的送达时间。

（三）互联网外卖平台中算法引发的担忧

综上所述，外卖行业在算法的帮助下进行了彻底的革新，但也引发了不少问题和担忧，例如：算法根据消费者喜好推送时必然会收集消费者隐私信息；在骑手送餐时，规划路线确实节省了时间，但会给骑手带来更大的工作量；算法无法实时判断道路交通情况，骑手和其他交通参与者的交通安全无法得到保障。算法为鼓励骑手多劳多得，能否公正处理骑手因客观情况造成延误的反馈？算法是否会歧视劳动相对较少的骑手？这些问题有很多都在等待法律的规制。

三、外卖平台算法涉及的法律问题

由于消费者和骑手与算法接触较为密切，因此算法也更可能通过"大数据杀熟"侵害消费者知情权，或通过压榨时间和成本侵害劳动者劳动权益，危害劳动者劳动安全。

（一）大数据杀熟

如前所述，围绕外卖这一过程，算法负责协调用户，商家，与骑手因此算法可能对用户进行"大数据杀熟"①。所谓杀熟，在传统经济中指商家利用熟人信任攫取过多利益的行为，在外卖领域主要表现为：同一商家的同一餐品在新老用户购买时显示价格不同。我国《消费者权益保护法》（以下简称《消保法》）第八条规定：消费者享有知悉其购买、使用的商品或者接受的服务的真实情况的权利。笔者认为，"真实情况"显然包含该商品的真实价格。《消保法》第二十条第三款规定：经营者提供商品或者服务应当明码标价。大数据杀熟的行为本质上是针对不同顾客标价不同，而"明码"的含义就是让所有顾客均能知情的一种标注价格的方式。不过，有些学者认为不同消费者显示价格不同与同一消费者不同次购买价

① 朱昌俊：《"大数据杀熟"无关技术关乎伦理》，载光明网（2018年3月28日）：https://news. gmw. cn/2018-03/28/content_ 28129727. htm.

格不同无关；而且，商家针对新客户特有的优惠活动也无可厚非。也有学者指出：大数据杀熟饱受诟病的本质应当是商家对差异化定价的刻意隐瞒，互联网平台虽然不必告知消费者其销售的商品与服务的成本价格以及与其他消费者达成交易的实际成交价格，但对于不同消费者是否采取不同价格，给予何种优惠，属于上述《消保法》第二十条第三款明码标价的含义，都影响着消费者是否愿意达成交易，因此平台应予以告知①。由互联网外卖平台算法利用信息不对称行为进行大数据杀熟的行为实际上侵犯了消费者的知情权。

（二）侵犯骑手相关劳动权益

有学者认为：算法对骑手权益的消极影响主要表现为三点。第一，提高了骑手的劳动风险。如上文所述，算法被平台设定为通过精确运算节省时间，经常无法考虑实际路况，导致骑手为避免超时处罚会经常性超速行驶，频繁违反交通规则，严重增加了骑手的劳动风险，也危害了公共交通安全。第二，增加了骑手的劳动强度。平台通过算法为骑手设定绩效考核来评定"骑手等级"，只有增加等级，送出每件外卖的额外报酬才会增加；由于绩效每月清零，因此骑手必须每月额外工作才能维持原有等级，因此陷入无限循环的"赶工游戏"圈套中②。第三，限制了骑手选择职业的自由度，由于骑手被算法通过级别评定、补贴、奖励等"拴住"，即使骑手希望转业，也会被之前"流血流汗"换来的评级限制住，除非有好得多的待遇，骑手一般会被"困在"平台中③。

外卖领域中，骑手群体时常反映："送一单挣不了多少钱，但是超时罚款很多，而且申诉'几乎没有用'"。骑手因超时被罚的钱款也并未补偿给消费者，后者只有通过购买一种称为"准时宝"的可选保险服务来获取超时赔偿。根据某外卖平台相关解释，这是商家为用户投保的由保险公司进行理赔的保险，和平台没有关系。在劳动保障方面，外卖平台通常不为骑手购买保险，也不为骑手参保"五险一金"。

---

① 张海玥：《"大数据杀熟"的法律规制研究》，兰州大学，2020 年硕士学位论文。

② 参见陈龙：《游戏、权力分配与技术：平台企业管理策略研究——以某外卖平台的骑手管理为例》，载《中国人力资源开发》，2020 年第 4 期，第 113-125 页

③ 参见：邹开亮、陈梦如：《算法控制下网约工权益保护困境与出路》，载《价格理论与实践》，2016 年第 6 期，第 44-49 页。

　　根据当前法律规定，骑手与外卖平台的劳动关系并不是典型的劳动关系，外卖平台不作为用人单位出现。徐菁认为：传统的劳动关系中，用人单位将劳动者集中在指定地点并提供相关生产资料，劳动者依照用人单位的安排和有关规章制度进行劳动，劳动者人身依附性很强；新型劳动模式中，配送员从外卖平台处获得用工信息，工作接受自主性较强，无固定的工作时间和工作地点，不再有严格意义上的管理与被管理关系，经济从属性也存疑。按照传统的理论，外卖平台仅提供配送信息，配送员为客户提供配送服务，二者不能构成劳动关系，但现实中二者具有较强的经济依赖性，外卖平台享受配送员速度越快、服务越好带来的红利的同时，其不承担用工责任是否与之匹配，仍有待深思①。目前的外卖平台运作模式下，配送员主要分为三大类型：自营骑手、代理商骑手和众包 App 骑手，前两者有较为清晰的人身、组织、经济从属性特征，而众包 App 骑手的规范性较弱，实践中产生的纠纷也最多。在某众包 App 平台上，对注册成为骑手的限制仅有年龄、健康状况等最基本要求，在签署的协议中，也未能找到传统的劳动协议。笔者认为：骑手与外卖平台形成的关系就是劳动关系，因为外卖员为外卖平台提供的是长期、持续、稳定的劳动，并且由于很多外卖员没有底薪、仅靠订单提成，因此与外卖平台具有人身依附性；此外，外卖平台对骑手的各种惩罚措施也是典型劳动关系中劳动者受资方监督和规则约束的表现。

　　我国《劳动法》第三十六条、三十七条规定：国家实行劳动者每日工作时间不超过 8 小时、平均每周工作时间不超过 44 小时的工时制度。对实行计件工作的劳动者，用人单位应当根据本法第三十六条规定的工时制度合理确定其劳动定额和计件报酬标准；第四十八条规定：国家实行最低工资保障制度。显然，外卖平台的算法在对骑手的消极影响上明显违反了以上三条法律，也侵犯了骑手的生命财产安全、公共交通安全秩序等法律权益。

四、外卖平台算法的法律规制

　　如上文所述，外卖平台的算法侵犯了诸多权利和法益，但国内尚无明

---

① 参见徐菁：《配送员与外卖平台的劳动关系研究》，载《中国人力资源社会保障》，2021 年第六期，第 50 页

确法律进行规制。我们对外卖平台算法进行法律规制的目的是保护被算法侵犯的权益，尤其是骑手的权益。

（一）国内立法规制现状

国务院新闻办发布了《八部门关于维护新就业形态劳动者劳动保障权益的指导意见》（以下简称《指导意见》），明确将从三个方面维护权益；其中，有关算法规制的第十条规定：督促企业制定修订平台进入退出、订单分配、计件单价、抽成比例、报酬构成及支付、工作时间、奖惩等直接涉及劳动者权益的制度规则和平台算法，充分听取工会或劳动者代表的意见建议，将结果公示并告知劳动者。工会或劳动者代表提出协商要求的，企业应当积极响应并提供必要的信息和资料。指导企业建立健全劳动者申诉机制，保障劳动者的申诉得到及时回应和客观公正处理①。这一有关算法的行政规章的主要目的在于增加企业的"算法透明度"，防止"算法黑箱"，使算法得到监管；同时，广泛征求骑手的意见，缓解算法不透明导致骑手权益在无形之中受到侵犯的现状。

此外，《指导意见》第一、第二、第三条关注确认骑手与平台间的劳动或劳务派遣关系，防止平台利用法律漏洞，以及在制定算法时只考虑经济效益而不考虑骑手劳动安全和获得基本报酬的权利。

在保护用户知情权、防止大数据杀熟方面，我国目前的立法情况如表1所示。

表1

法规	《消费者权益保障法》	《电子商务法》	《价格法》	《反垄断法》	《反不正当竞争法》
相关条款	第四条，第九条，第二十五条	第十八条，第三十二条	第十四条	第十七条	第十四条

由此可见，虽然我国传统立法中有不少针对类似大数据杀熟现象的法条，但这些条款未能对大数据杀熟做出直接禁止，并且有关法条过于分散。

（二）国外立法规制现状

与我国《指导意见》相近，西班牙公布了《骑手法》以缓解其国内激

---

① 全文见：http://www.gov.cn/zhengce/zhengceku/2021-07-23/content_ 5626761. htm.

烈的骑手运动，内容也包括确认骑手与外卖平台间的劳动关系。意大利则发生了一例历史性的有关反对算法歧视的诉讼；该诉讼由意大利总工会博洛尼亚分会发起，起诉意大利户户送有限责任公司的算法未能考虑骑手因参加罢工、疾病、照顾未成年子女等客观原因造成的违约，影响骑手在系统中的评级，导致骑手无法优先选择工作时间。该案判决，要求该公司修改规则并作出赔偿。这一案例为我国司法部门提供了重要参考。此外，在本案判决中，意大利博洛尼亚法院并未完全采取欧洲专门为算法规制而通过的法案（如《一般数据保护法案》），而是引用了部分传统反歧视法案、劳动关系法案等进行判决①。这启发我们在司法实践中，可以采用对传统法律加以解释并直接应用的方法保护相关从业者，缓解法律滞后性导致的骑手及消费者权益长期受到侵犯的问题。

五、我国外卖平台算法法律规制的完善

（一）立法领域的完善

就保护骑手劳动权益而言，《指导意见》的出台尽管极大缓解了算法对骑手劳动权利的消极影响，但《指导意见》本质上仍然是行政部门对平台提出的指导性规章，其效力和作用都较差，需尽快出台对算法规制的专门法律，以解决"无法可依"或相关法律规则过于分散的现象。本文写作时，《数据安全法（草案）》已在征求意见。在立法时也需要考虑平台的正常商业利益，不能忽视外卖行业的重大作用②。

在消费者信息保护方面，《电子商务法》第十八条规定：电子商务经营者根据消费者的兴趣爱好、消费习惯等特征向其提供商品或者服务的搜索结果的，应当同时向该消费者提供不针对其个人特征的选项，尊重和平等保护消费者合法权益。但这些规定无法避免平台利用更新算法等方式规避法律，因此应该进一步增加消费者保护个人数据的相关法律规定。

---

① 参见罗智敏：《算法歧视的司法审查——意大利户户送有限责任公司算法歧视案评析》，载《交大法学》2021年第2期，第183-195页。

② 2019年在美团平台就业的外卖骑手共有398.7万人，其中25.7万人是建档立卡贫困人口。这些骑手中已有25.3万人实现脱贫，脱贫比例高达98.4%。载于：美团研究院《2019年外卖骑手就业扶贫报告》（2020年3月12日）：https://about.meituan.com/research/reportituan.com.

此外，在破除算法黑箱方面，可建立一定的算法定期披露制度。虽然对于企业而言，公开算法存在侵犯知识产权相关问题，但有学者认为可以考虑算法的部分公开或小范围公开。所谓部分公开，指的是有关主体可以对引起疑虑的算法决策体系进行解释和说明，以消除有关主体的疑虑。在决策机构内部，可以鼓励企业等其他主体设立关于算法的法律与伦理委员会，通过决策主体内部的专业委员会来保证算法的正当性与合理性。在决策者外部，可以通过设置专门机构或同行评议等方法审查与评估算法①。

（二）司法领域的完善

在司法审判领域，主要目标仍然在于保护骑手及消费者权益，对于消费者来说，遭遇大数据杀熟存在举证难、维权难的问题，在现实生活中，消费者如果不经过大量比较，可能根本无法知悉自己已经成为"大数据杀熟"的受害者②。因此要充分遵照《消费者保护法》中的倾斜保护原则，不能再采用"谁主张，谁举证"的一般举证方法，可以让司法机关委托专业人士进行证据采集，必要时可通过查封、冻结等手段防止平台通过修改电子数据等方法销毁证据。对于劳动权利遭到侵害（或歧视）的骑手来说，在骑手劳动权益受到侵害时，司法机关可以通过对《劳动法》《劳动合同法》进行扩张解释来灵活适用其中的法条。

此外，我国目前在涉互联网法律纠纷领域的机构和司法人才不足，导致相关人员在处理部分案件时专业能力不足。因此，有必要加强该领域司法人才的培养。

参考文献

［1］姜野. 算法的法律规制研究［D］. 长春：吉林大学，2020.

［2］丁晓东. 论算法的法律规制［J］. 中国社会科学，2020（12）：138，159，203.

［3］梁晓轩.《骑手法》：西班牙首部外卖员法案［J］. 检察风云，2021（12）：50-51.

［4］张海玥."大数据杀熟"的法律规制研究［D］. 兰州：兰州

---

① 参见丁晓东：《论算法的法律规制》，载《中国社会科学》，2020年第12期，第138-195页，203页。

② 电子证据由于所依赖的存储介质容易受到修改和损坏，通常是非常脆弱的。

大学，2020．

［5］陈龙．游戏、权力分配与技术：平台企业管理策略研究：以某外卖平台的骑手管理为例［J］．中国人力资源开发，2020（4）：113-125．

［6］邹开亮．陈梦如．算法控制下网约工权益保护困境与出路［J］．价格理论与实践，2016（6）．

［7］徐菁．配送员与外卖平台的劳动关系研究［J］．中国人力资源社会保障，2021（6）：50-51．

［8］罗智敏．算法歧视的司法审查：意大利户户送有限责任公司算法歧视案评析［J］．交大法学，2021（2）：183-195．

［9］CITRON K D，PASQUALE F. The scored society：due process for automated predictions［J］．Washington Law Review，2014，89（1）：1．

乡村振兴战略语境下乡镇执法权之保障:《行政处罚法》第二十四条第一款构成要件及法效之分析

黄　毅

摘　要: 党的十九大报告提出了乡村振兴战略。2021 年十三届全国人大常委会第二十八次会议表决通过《乡村振兴促进法》,以法律形式落实乡村振兴战略,其中涉及农产品、生态环境保护等方面的监管。同时,为破除乡镇街道办事处和上级政府"看见的管不了,管得了的看不见"的困境,执法权下沉改革工作迅速开展。《行政处罚法(2021)》第二十四条第一款也作出相应规定。行政处罚权的下沉为乡镇执法提供了法律保障,有利于乡村振兴中对于监管方面要求的实现。而本文就上述条款之构成要件以及法律效果展开分析,阐述如何有效解决上述困境,期望对该条款在未来乡村振兴战略的实践带来些许思考与灵感。

关键词: 乡村振兴战略;执行权下沉;乡镇行政处罚权;间接授权

一、问题之提出

（一）背景引入

2017 年党的十九大报告中提出乡村振兴战略，强调对于农业、农村、农民之"三农"问题的解决。2021 年十三届全国人大常委会第二十八次会议表决通过《乡村振兴促进法》，以法律形式落实乡村振兴战略。该法阐明，乡村振兴对象包括"乡镇与村庄"，且明确要求发挥乡村在农产品供给和粮食安全、保护生态环境领域的特有功能①。

在我国社会管理实践之中，乡镇部门承担了较多服务职能和管理职责，因此较上级政府之相关部门也更为"临近"各类违法事项。而依据曾经的《行政处罚法（2017）》，乡镇却无行政处罚权，形成"看见的管不了，管得了的看不见"的困境。

故此，《行政处罚法（2021）》作出修订，增设乡镇城府行政处罚权。

（二）行政处罚权下沉困境之分析

2016 年中共中央办公厅、国务院办公厅发布《关于深入推进经济发达镇行政管理体制改革的指导意见》，强调整合现有的站、所、分局力量和资源，由经济发达镇统一管理并实行综合行政执法，提出省（自治区、直辖市）政府将基层管理迫切需要且能够有效承接的一些县级管理权限（包括行政处罚等）赋予经济发达镇，明确镇政府为权力实施主体。2018 年《中共中央关于深化党和国家机构改革的决定》继续推动治理重心下移，

---

① 见《乡村振兴促进法》如下条文：

第二条第二款：本法所称乡村，是指城市建成区以外具有自然、社会、经济特征和生产、生活、生态、文化等多重功能的地域综合体，包括乡镇和村庄等。

第三条：充分发挥乡村在保障农产品供给和粮食安全、保护生态环境、传承发展中华民族优秀传统文化等方面的特有功能。

第三十九条第二款：禁止违法将污染环境、破坏生态的产业、企业向农村转移。禁止违法将城镇垃圾、工业固体废物、未经达标处理的城镇污水等向农业农村转移。禁止向农用地排放重金属或者其他有毒有害物质含量超标的污水、污泥，以及可能造成土壤污染的清淤底泥、尾矿、矿渣等；禁止将有毒有害废物用作肥料或者用于造田和土地复垦。

第三十九条第三款：地方各级人民政府及其有关部门应当采取措施，推进废旧农膜和农药等农业投入品包装废弃物回收处理，推进农作物秸秆、畜禽粪污的资源化利用，严格控制河流湖库、近岸海域投饵网箱养殖。

力求将资源、服务、管理放到基层，保障基层执法之质量与力度。

地方政府也有效回应中央之号召，积极下放执法权，其中典型者有二。其一，北京推出"街乡吹哨、部门报到"模式，授予街道、乡镇执法"召集权"。2020 年 4 月北京市政府出台《北京市人民政府关于向街道办事处和乡镇人民政府下放部分行政执法职权并实行综合执法的决定》，通过政府规章正式授予街道、乡镇部分执法权，允其以自身名义开展执法工作。其二，2019 年 1 月 26 日，天津市政府下发《天津市人民政府关于同意滨海新区人民政府泰达街道办事处实行综合执法的批复》，同意在泰达街道办事处实行综合执法，允其集中行使部分区级行政处罚权及与之有关之行政检查权、行政强制措施。

即此，中央与地方皆如火如荼改革放权[①]。

执行权下沉之改革如火如荼，相应合法性困境接踵而来：一为放权不符合《行政处罚法（2017）》之规定，二为行政组织构建不符合组织法之规定[②]。

1. 放权不符合《行政处罚法（2017）》之规定。《行政处罚法（2017）》第二十条规定："行政处罚由违法行为发生地的县级以上地方人民政府具有行政处罚权的行政机关管辖。法律、行政法规另有规定的除外。"而乡镇政府和街道办事处属于乡级行政区，其层级位于县级以下，因此，放权机关仅能通过"法律"予以其行政处罚权。前述国务院办公厅决定、市政府规章皆不属于"法律"，因此，该放权并不符法律规定[③]。

2. 行政组织构建不符合组织法之规定。首先，于乡镇政府而言，依《地方组织法》之规定，其职权一方面来自组织法和单行法律法规之授予，

---

① 参见应松年、张晓莹：《〈行政处罚法〉二十四年：回望与前瞻》，载《国家检察官学院学报》，2020 年第 5 期，第 14 页；参见程琥：《党和国家机构改革与行政诉讼制度创新发展》，载《法律适用》2020 年第 19 期，第 58 页；参见金国坤：《基层行政执法体制改革与〈行政处罚法〉的修改》，载《行政法学研究》2020 年第 2 期，第 63-64 页，第 66 页；参见李洪雷：《论我国行政处罚制度的完善——兼评〈中华人民共和国行政处罚法（修改草案）〉》，载《法商研究》，2020 年第 6 期，第 15 页。

② 参见刘益浒：《经济发达镇扩权的行政法思考》，载《河北法学》2019 年第 12 期，第 159 页。

③ 参见应松年、张晓莹：《〈行政处罚法〉二十四年：回望与前瞻》，载《国家检察官学院学报》，2020 年第 5 期，第 14 页。

另一方面来自区县人民政府的交办①。由"放权不符合《行政处罚法（2017）》之规定"部分可知，即使上级政府交办行政处罚事项，其亦须法律与行政法规作为依据。故此，前述办公厅决定、市政府规章不得作为乡镇政府获得行政处罚权之依据②。

其次，就街道办事处而言，根据《地方组织法》之规定，市辖区、不设区的市人民政府，经上一级人民政府批准，得设立若干街道办事处，作为其派出机关。派出机关不同于政府职能部门，无法定的职权，仅代表区政府行使职权。其所行使者为管理权，而少有涉及行政执法权（如行政处罚权）③。

故此，乡镇政府和街道办事处，在无法律为其赋权的情境下，无法取得行政处罚权。

（三）问题提出

为处理前述两项困境，《行政处罚法（2021）》就《行政处罚法（2017）》的级别管辖部分作出修改，在原有"县级以上地方人民政府"基础上新增"乡镇人民政府、街道办事处"，即在维持了现有以县级以上地方政府执法为主的体制的基础上，为部分符合条件的乡镇、街道执法有所附丽，并置于新法第二十四条④。

该项修改，除处理前述两项困境外，就乡镇而言，亦有两项其他效用。其一，就乡镇政府而言，乡镇政府由乡镇人大选举产生，向乡镇人大负责，其宪法地位高于县政府之职能部门，赋予其充足的行政执法权符合

---

① 参见金国坤：《基层行政执法体制改革与〈行政处罚法〉的修改》，载《行政法学研究》2020年第2期，第69页。

② 参见金国坤：《基层行政执法体制改革与〈行政处罚法〉的修改》，载《行政法学研究》2020年第2期，第67页。

③ 参见金国坤：《基层行政执法体制改革与〈行政处罚法〉的修改》，载《行政法学研究》2020年第2期，第70页。

④ 《行政处罚法（2021）》第二十四条：省、自治区、直辖市根据当地实际情况，可以决定将基层管理迫切需要的县级人民政府部门的行政处罚权交由能够有效承接的乡镇人民政府、街道办事处行使，并定期组织评估。决定应当公布。承接行政处罚权的乡镇人民政府、街道办事处应当加强执法能力建设，按照规定范围、依照法定程序实施行政处罚。有关地方人民政府及其部门应当加强组织协调、业务指导、执法监督，建立健全行政处罚协调配合机制，完善评议、考核制度。

其宪法地位之需求，更显现行政处罚法之宪制精神①。其二，在乡村振兴政策的语境下，乡镇需要承担更多执法职能，如《乡村振兴促进法》第四十八条的要求②，且乡村的食品安全问题、生态环境保护问题，乡镇皆比上级政府更了解接近，赋予乡镇行政处罚权，有助于乡镇高效解决上述问题，保证乡村食品安全，保护乡村生态环境，符合乡村振兴战略之追求。

作为新增法条，相关学术研究较少③；再加之前述"背景引入"中提到的市政府规章在设计上有所不同，无法直接用以解释新增法条，应当如何适用此项即将生效的法条，仍旧存在诸多可资思考之处。同时，《行政处罚法（2021）》第二十四条第一款是为处罚权下沉之"请求权基础"，其中第二款和第三款则为"辅助性规范"，后者对前者起补充说明之作用④。因此，本文试图就第一款进行剖析，分析其中的构成要件与法律效果。

二、构成要件之分析

本部分就《行政处罚法（2021）》第二十四条第一款之构成要件进行分析。首先，需要拆解其中构成要件；其次，对构成要件进行界定以及阐明。本文先进行学理构建，继而回到法条本身及法律体系，进行构成要件阐明。

（一）构成要件之拆解：结合法条

《行政处罚法（2021）》第二十四条第一款规定："省、自治区、直辖市根据当地实际情况，可以决定将基层管理迫切需要的县级人民政府部门的行政处罚权交由能够有效承接的乡镇人民政府、街道办事处行使，并定期组织评估。决定应当公布。"

拆解该款，可知其构成要件可以分为三部分，即行为主体、行为客

---

① 参见何海波：《聚焦行政处罚法修改》，载《中国法律评论》2020 年第 5 期，第 1 页。

② 如《乡村振兴促进法》第四十八条：地方各级人民政府应当加强基层执法队伍建设……

③ 在北大法宝网站上通盘检索，尚无寻得以该法条或以乡镇街道行政处罚权为主要对象、并进行阐述的权威著述。

④ "请求权基础"和"辅助性规范"原为民法学概念，"请求权基础"谓"权利主体得作出请求所依之法条"，"辅助性规范"谓对"请求权基础"中构成要件的解释。于此借用此二项民法学概念比拟行政法学概念，"请求权基础"比拟为"权力主体作出处罚管辖权变更所依据之法条"，"辅助性规范"之意则如前所述。

体，以及行为性质。

行为主体者有二，其一为"省、自治区、直辖市"。"省、自治区、直辖市"仅从字面上看是行政区域①，而非权力主体，无法做出该条款所言之行为。此处"省、自治区、直辖市"的法律含义应当为省级权力主体。而省级权力主体包含省级人大、省级政府以及省级政府部门。该款所称行为主体究竟谓何者，法并无明文阐释。故此，本部分探求该行为主体之"真身"。

对于另一行为主体，法条表述为"能够有效承接的乡镇人民政府、街道办事处"。"乡镇人民政府、街道办事处"为明确的概念，然何谓"有效"，则仍有讨论余地。故此，本部分探求该"有效"之真意。

对于行为客体，法条表述为"基层管理迫切需要的县级人民政府部门的行政处罚权"。就此"行政处罚权"，尚存三方面之疑虑。首先，该行政处罚权的"量度"，即是将行政处罚权全权交由相关乡镇政府、街道办事处，还是仅移交该权力之一部分（如仅移交轻案的行政处罚权）？其次，该行政处罚权的"范围"，即：何种事项之行政处罚权适宜交由乡镇政府、街道办事处，而何种应当排除于"交由"名单之列？再次，该行政处罚权的"持续时间"，即：乡镇政府、街道办事处是持续性地得到此项行政处罚权，还是仅针对某次案件得行使该行政处罚权？

对于行为性质，法条表述为"交由"。我国行政处罚法上行权主体变更的方式有二，其一为授权，其二为委托；二者性质不同，法律效果亦有不同。而"交由"之性质为何者，本部分也力求探寻之。

（二）构成要件之思考：学理建构

对于构成要件的含义，本部分先依据法理进行学理构建。首先，该条款所规定者为"管辖权"，故应先就何谓"行政管辖"作出界定。其次，该条款涉及行使管辖权主体之变动，行权主体之变动方式有授权与委托两种，须就两者作出区分。再次，行政管辖权之变动须满足"职权法定原则"，否则变动无效，故亦须探究"职权法定原则"之内涵，以供下文探讨该职权变动是否有效，或如何才使变动方得有效。本文分述如下。

1. 何谓行政管辖。该条款位于"行政处罚的管辖和适用"一章，且属于"管辖"部分。何谓"管辖"，法律并无明文阐述。

---

① 《中华人民共和国宪法》第三十条第一款：中华人民共和国的行政区域划分如下：（一）全国分为省、自治区、直辖市。

首先，就其定义而言。依据学理，行政管辖者，谓依据法律而将一定之行政事务分配于各行政机关之准据，其一方面划定各个行政机关之任务范围，另一方面则确认各该行政机关处理行政事务之权责领域，亦即行政管辖权。行政机关管辖权所及之事项及权责，称为"职权"①。

其次，就其类型而言。行政处罚之管辖权可分作"事务管辖"、"地域管辖"和"级别管辖"三类。"事务管辖"指以行政事务的种类为标准并以此所划定之职权划分，其法律基础一般是各行政机关之组织法或就该事项所订立之实体法。"地域管辖"指的以地域为标准，划分行政机关管辖之范围。"级别管辖"指同一种类之行政事务，分由不同层级之机关管辖，通常见于行政组织内部之垂直事务分配之情形②。

《行政处罚法（2021）》中，地域管辖由第二十二条体现，而第二十四条第一款则为对级别管辖一般性原则之突破；依据第二十三条，行政处罚权原则上仅由县级以上行政机关享有，二十四条第一款为其例外之情形。同时，该法第二十四条第一款亦涉及事务管辖之思考。对于事务管辖的思考将影响"行为客体"部分中就行政处罚权的"范围"之分析（将在本部分予以展示）。对于级别管辖的思考将影响"法律效果"部分中对于行政复议③的分析将在下一个部分"授权效果"中予以展示。

2. 授权与委托。授权与委托源于德国公法理论。德国公法学理之上，存在 Delegation 与 Mandat 二者。依据德国学界权威之说，Delegation 意指一种法行为（Rechtsakt），经此行为，国家或地方自治团体得将其职权全部或部分移转（übertragen）于另一主体（Subjekt）。Delegation 意味职权之移转（Kompetenzverschiebung），且存在两项过程，一项为职权从特定主体转出（Abschiebung），原权力主体不再享有此权，另一项为职权之移入（Zuschiebung）另一主体。而 Mandat 既不涉及权限之移转，亦不使得既有职权规范遭受变更，其仅意味着特定机关将职权委由另一机关行使，或授

---

① 参见蔡宗珍：《行政管辖之法理基础及其与诉愿管辖之法律关系———兼评行政法院之相关裁判》，《政大法学评论》，2011 年总第 121 期，第 166 页。

② 参见蔡宗珍：《行政管辖之法理基础及其与诉愿管辖之法律关系———兼评行政法院之相关裁判》，《政大法学评论》，2011 年总第 121 期，第 168 页；参见张渝田、熊宇：《论依法行政的逻辑结构》，载《四川师范大学学报（社会科学版）》2015 年第 4 期，第 60 页。

③ 参见蔡宗珍：《行政管辖之法理基础及其与诉愿管辖之法律关系———兼评行政法院之相关裁判》，《政大法学评论》，2011 年总第 121 期，第 169 页。

予另一机关行使该职权之代理权（Vollmacht）。一言概之，得将 Delegation 称为"职权移转"，而将 Mandat 称为"职权代理"，以资区别。且察之二者法律效果，于"职权移转"之情形，职权既已转出，则承权机关即以自身名义行使该职权。反之，于"职权代理"之情形，代理机关（Mandatar）并未取得新的职权，授予其代理权之机关亦未丧失该项职权，代理机关之行为以委托机关之名义作出且恒属他人之名义（alieno nomone）①。而 Delegtaion 与 Mandat 几经转折，先由我国台湾地区"行政程序法"立法所继受②，后又传入祖国大陆，Delegation 演变为祖国大陆法理中的"授权"③，Mandat 即为"委托"④。

而就授权（即 Delegation，下文为求行文方便，统一称之为"授权"），德国公法理论进行进一步之阐述。德国公法理论将授权分为直接授权与间接授权⑤。二者区别如下。

首先，就成立依据而言。直接授权者，其仅需要法律、法规抑或规章之授权便成立，即无须考察行为主体之意志。间接授权者，于法律、法规和规章之外，亦要求行为主体之意志，两方须要达成授权者和承权者之行政协议；即：间接授权之成立要求授权者和承权者之合意，且授权者得依实际需要以决定是否进行授权，承权者亦得依据自身境况决定是否请求授权或授受权力。即此，直接授权亦称为"强制授权"，间接授权亦称为"裁量授权"⑥。

其次，就权力之存续性而言。直接授权者，仅为一次性、持续性授权，即授权依法成就后，非由法律、法规和规章变更或废止，授权者不得收回已授权力，承权者不得自主抛弃该权力。间接授权者，得为持续性授

---

① 参见 Triepel, Delegation und Mandat im offentlichen Recht, 1974, S. 23, 26, 29; 转引自：蔡宗珍：《行政管辖之法理基础及其与诉愿管辖之法律关系———兼评行政法院之相关裁判》，《政大法学评论》，2011 年总第 121 期，第 173-174 页。

② 参见中国台湾地区"行政程序法立法理由书"。

③ 参见刘益浒：《经济发达镇扩权的行政法思考》，载《河北法学》，2019 年第 12 期，第 169 页；该部分提到授权的类型之一："上级行政机关直接将行政权赋予下级行政机关，由下级行政机关自享权力、自担责任的意思"，与 Delegation 的内涵一致。

④ 比如：《行政处罚法（2021）》第二十条第四款规定，受委托组织须"以委托行政机关名义实施行政处罚"，与 Mandat 的要求一致。

⑤ 详细的剖析与解说，请参见文章黄锦堂：《论行政委托与行政委托之要件与松绑———德国法之比较》，载《法令月刊》，2013 年总第 64 期。

⑥ 参见叶必丰：《论行政机关间行政管辖权的委托》，载《中外法学》2019 年第 1 期，第 96、97 页。

权，亦得为阶段性授权，即授权者与承权者得约定仅就某期间内授权有效，且两方亦得约定于承权者违法行使权力或有其他具体不当行使权力之行为时，授权者收回已授权力，重新由自身行使该项权力。

再次，就再次授权之禁止与否而言。直接授权中，承权者依法授受权力后，得再依法将该权授予他者，即直接授权之承权者之再次授权未受禁止。而间接授权则反之，承权者被禁止转授权。

最后，就授权者衍生权力而言。直接授权之中，授权者权力尽数移转且无其他权力之衍生，授权者不得再介入该权力所涉之事项。而间接授权中，虽授权者之权力尽数移转，然其衍生出监督权，监督权是为前述"两方得约定于承权者违法行权之时，授权者收回已授权力"之基础。

将前述授权、委托之分析成果归纳总结，可得表1。

表 1　授权和委托的总结表

委托	定义	特定机关将职权委由另一机关行使，或授予另一机关行使该职权之代理权
	性质	职权代理
	过程	两方达成委托合意
	效果	1. 不涉及权限之移转，亦不使得既有职权规范遭受变更 2. 代理机关之行为以委托机关之名义作出
授权	定义	国家或地方自治团体将其职权全部或部分移转于另一主体
	性质	职权移转
	过程	1. 职权从特定主体转出，原权力主体不再享有此权 2. 职权之移入另一主体
	效果	1. 涉及权限之移转，使得既有职权规范遭受变更 2. 承权机关即以自身名义行使该职权

授权	种类	直接授权	仅需要法律、法规抑或规章为依据
			仅为一次性、持续性授权
			承权者之再次授权未受禁止
			授权者权力尽数移转且无其他权力衍生
		间接授权	于法律、法规和规章之外，亦要求行为主体之合意
			得为持续性授权，亦得为阶段性授权
			承权者被禁止转授权
			虽授权者之权力尽数移转，然其衍生出监督权

3. 职权法定原则。职权法定原则,是对授权和委托之限制,乃《行政处罚法》早已确立①,且领会其立法宗旨和精神实质的基础和出发点之一②。其意为行政机关之职权,悉以法规为依据,不得任意设定或变更③,即职权不得自由处分;不得随意转移;不得随意放弃或抛弃④。

职权法定原则,其旨趣在于立法权对于行政权之制约,其要求行政须有法律之明文依据,方得对人民的自由和权利有所限制⑤,其乃"委托-代理式"原则的延伸和分支,表明行政权源自人民通过法律之授予,且彰显人民意志对职权之分配不得随意变动⑥,否则是对立法权中所蕴含的人民对于行政权之最终决定权的违背⑦。

职权法定原则之内涵,项下有两项意涵,即"权源于法"与"变动法定"。

权源于法又可分为两个意项。其一,职权的含义、类型、适用对象和范围等须通过立法之形式加以界定,即职权的轮廓仅由法律进行勾勒并明定,法律之外所设定之职权皆不成立⑧。其二,某一行政主体得行使哪些特定的职权,即行政机关或行政机构的职权范围由法明确规定⑨。

---

① 参见应松年主编:《行政法与行政诉讼法学》,高等教育出版社,2017年版,第32页。

② 参见应松年、张晓莹:《〈行政处罚法〉二十四年:回望与前瞻》,载《国家检察官学院学报》,2020年第5期,第4页。

③ 参见蔡宗珍:《行政管辖之法理基础及其与诉愿管辖之法律关系———兼评行政法院之相关裁判》,《政大法学评论》,2011年总第121期,第167页。

④ 参见周佑勇:《行政法原论》,中国方正出版社2000年版,第80-81页。

⑤ 在德国法上,就该原则又有"侵害保留说"与"全面保留说"之争。而自20世纪70年代以来德国联邦宪法法院不断适用"重要性理论"来阐释法律保留的范围和密度,"倘若在对基本权的实现越重要的事务领域,就越有必要将主导权交给国会"。参见:黄舒芃:《法律保留原则在德国法秩序下的意涵与特征》,《中原财经法学》,2004年总第13期。

⑥ 参见沈岿:《行政行为实施主体不明情形下的行政诉讼适格被告——评"程宝田诉历城区人民政府行政强制案再审裁定"》,载《交大法学》2019年第3期,第173页。

⑦ 参见应松年、薛刚凌:《行政组织法研究》法律出版社2002年版,第117页。

⑧ 参见杨小君:《契约对行政职权法定原则的影响及其正当规则》,载《中国法学》2007年第5期,第74-84页;参见刘益浠:《经济发达镇扩权的行政法思考》,载《河北法学》2019年第12期,第168页。

⑨ 参见熊樟林:《权力挂起:行政组织法的新变式?》,载《中国法学》2018年第1期,第265-283页;参见刘益浠:《经济发达镇扩权的行政法思考》,载《河北法学》2019年12月,第37卷第12期,第167页;参见沈岿:《行政行为实施主体不明情形下的行政诉讼适格被告——评"程宝田诉历城区人民政府行政强制案再审裁定"》,载《交大法学》2019年第3期,第173页;参见熊樟林:《行政处罚地域管辖权的设定规则——〈行政处罚法(修订草案)〉第21条评介》,载《中国法律评论》2020年第5期,第40、41页;参见周佑勇:《行政法基本原则研究》,武汉大学出版社2005年版,第167页。

变动法定则是对权源于法的意义延伸。对权源于法第一意项进行延伸，将获得变动法定的第一意项：法律所规定之职权，除法律本身设有变动之许可外，承权者不得将其法定职权委由其他机关行使之。亦即：行政管辖权若系源于法律，则仅立法者有权决定其是否变动，依法取得管辖权之行政机关，自行以法律以外之法规，将法律所赋予之职权授权予其他机关（即非法之所许），不啻于承权者僭越立法者之权力。简言之，即授予法定职权之法规与变动法定职权之法规必须属于同一位阶①。

对权源于法第二意项进行延伸，将获得授权法定的第二意项：授权者须以"法规"形式将该权力授予承权者，而不得以其内部规范性文件、内部命令、无书面形式之授权等方式予以授权。即：承权者之承权依据亦须为法律、法规和规章之列②。

将上述两个意涵以及四项意项结合，可得下列三项职权法定原则于我国法之具体要求③：

（1）行政职权之设定和分配以及变动，必须由法律、法规和规章④或者相应制定主体的专门决定（以下统称"法规范"）完成；

（2）各类法规范必须在其职权范围内进行设定和分配以及变动；

（3）法规范规定的行政职权不得再变动，除非法规范制定主体另行许可。

4. 中间成果之分析。本部分先就"行政管辖"之内涵进行界定，再区分行政管辖权主体变动两种方式，即"授权"与"委托"，最后就授权与委托所须遵循之法原则进行阐述，即"职权法定原则"。而本小节将就前述分析所得中间成果与构成要件的联系进行阐述。

"行政管辖"之内涵部分，如前所述，"事务管辖"涉及行为客体之界

---

① 参见蔡宗珍：《行政管辖之法理基础及其与诉愿管辖之法律关系——兼评行政法院之相关裁判》，《政大法学评论》，2011 年总第 121 期，第 186 页，第 215 页和第 190 页；参见沈岿：《行政行为实施主体不明情形下的行政诉讼适格被告——评"程宝田诉历城区人民政府行政强制案再审裁定"》，载《交大法学》2019 年第 3 期，第 173 页。

② 参见孔繁华：《授权抑或委托：行政处罚"委托"条款之重新解读》，载《政治与法律》，2018 年第 4 期，第 68 页；参见刘益浠：《经济发达镇扩权的行政法思考》，载《河北法学》2019 年第 12 期，第 168 页。

③ 参见沈岿：《行政行为实施主体不明情形下的行政诉讼适格被告——评"程宝田诉历城区人民政府行政强制案再审裁定"》，载《交大法学》2019 年第 3 期，第 173 页。

④ 参见刘益浠：《经济发达镇扩权的行政法思考》，载《河北法学》2019 年第 12 期，第 167 页。

定,"级别管辖"则影响法律效果(在下一部分予以阐释)。"授权"与"委托"则事关行为性质,进而影响行为客体之持续性等性质。"职权法定原则"则牵连该条款之有效性、行为主体及其作出变动之方式、行为客体范围。归纳总结之,呈现表2。

表2 中间成果分析表

条款有效性		"职权法定原则"
行为性质		"授权"与"委托"
行为主体	权力"交由"方	"职权法定原则"
	接受"交由"方	无
行为客体	"行政管辖"之"事务管辖"	
	"授权"与"委托"	
	"职权法定原则"	

(三)构成要件之剖析:基于学理建构

前述部分首先对该条款之构成要件进行拆解,并进行了学理逻辑之构建。而本部分将结合条款构成要件、学理要求,以及该法条立法历史及所处法律体系等,就构成要件之内涵作出明晰的界分。

1. 条款之有效性与否。该条款之构成要件之有效,以该条款本身有效为必要条件。该条款所涉为职权之变动,职权之变动以满足"职权法定原则"为充分条件。"职权法定原则"三项具体要求如前所述,依据此三项要求可得分析如下:

首先,行政职权之设定和分配以及变动,必须由法律、法规和规章①或者相应制定主体的专门决定(以下统称"法规范")完成。该条款所涉者为行政处罚权,由《行政处罚法》界定其定义、行使规范和行为主体等事项,即其设定和分配皆由法律定之,故满足该条件。

其次,各类法规范必须在其职权范围内进行设定和分配以及变动。《行政处罚法》仅赋予该条款对行政处罚权变动的可能,而不涉及其他职权,未超出立法意志。因此,符合该项条件。

---

① 参见刘益浒:《经济发达镇扩权的行政法思考》,载《河北法学》,2019年第12期,第167页。

最后，法规范规定的行政职权不得再变动，除非法规范制定主体另行许可。该条款亦位于《行政处罚法》之列，与其他涉及行政处罚管辖条款皆出于《行政处罚法》，即此授予法定职权之法规与变动法定职权之法规属于同一位阶。该要求亦得到满足。

综上，该条款符合"职权法定原则"，本身有效。

2. 行为性质。如前所述，职权之变动或为"授权"，或为"委托"，二者差异甚巨，故亦须就行为性质作出界定。本文认为，该行为之性质当属于"授权"①，所持据理如下所述。

首先，依据立法解释，该立法之目的之一在于执法权下沉以实现"特定乡镇得统一管理并实行综合行政执法"；即行政处罚权之授权仅为该巨大"工程"的一部分，该"工程"中还包括其他须授权的行政权力②。该立法之目的之二在于解离"放权不符合《行政处罚法（2017）》之规定"之困境。既有的实践操作中（如北京市和天津市的实践），皆为呼应前述"工程"。以"授权"行使赋予乡镇政府或街道办事处以行政处罚权，应依据《行政处罚法（2017）》之规定，否则其授权皆无效③。此次修法应当赋予其合法性，促成实践的发展。

其次，依据体系解释。该法条之位置为"第四章：行政处罚的管辖与适用"，而"委托"之规定位于"第三章：行政处罚的实施机关"，即立法者并不认为两项行为皆属于"委托"，二者不属于同一职权变动事由。

再次，仍依据体系解释。依据《行政处罚法（2021）》第二十条之规定④，受委托机关在接受委托前就须具有完备的执法能力，即完备的执法能力是为其得接受委托的前置性条件。而依该法第二十四条第二款规定⑤，

---

① 参见应松年，张晓莹：《〈行政处罚法〉二十四年：回望与前瞻》，载《国家检察官学院学报》，2020 年第 5 期；程琥：《党和国家机构改革与行政诉讼制度创新发展》，载《法律适用》，2020 年第 19 期。

② 请资参照本文"问题之提出"。

③ 请资参照本文"问题之提出"。

④ 《行政处罚法（2021）》第二十一条：受委托组织必须符合以下条件：（一）依法成立并具有管理公共事务职能；（二）有熟悉有关法律、法规、规章和业务并取得行政执法资格的工作人员；（三）需要进行技术检查或者技术鉴定的，应当有条件组织进行相应的技术检查或者技术鉴定。

⑤ 《行政处罚法（2021）》第二十四条第二款：承接行政处罚权的乡镇人民政府、街道办事处应当加强执法能力建设，按照规定范围、依照法定程序实施行政处罚。

法律并不要求乡镇政府和街道办事处事先即具有完备的执法能力，而是要求事后建设完善的执法能力，即该事项并不属于前置性条件，与委托并不一致。

故此，本文认为该行为性质为"授权"。而授权者，又分为"直接授权"与"间接授权"，本文认为其属于"间接授权"。察之直接授权的特点，其一为再次授权，其二为不存在监督权，而该行为中，依据"职权法定原则"，乡镇街道并未被赋予再次授权之能力，即再次授权被禁止；且依据该法第二十四条第三款，原权力机关享有对乡镇街道的监督权①，此亦与直接授权之特点不符。即此，该行为显然非为"直接授权"，因此其仅得为"间接授权"。

综上所述，本文认为该行为性质为"授权"。同时为使行文方便，下文将法条中的行为主体分别称为授权者和承权者。

3. 行为主体。如前所述，该条款之行为主体，其一为授权者（"省、自治区、直辖市"），其二为承权者（"能够有效承接的乡镇人民政府、街道办事处"）。如下进行详述。

（1）授权主体。前述部分分析并提出三种授权者之可能：省级人大、省级政府以及省级政府部门。

由"职权法定原则"第二项要求可知，授权之方式亦须是法律、法规或规章。而省级政府部门无权订立三者中任何一项，故予以排除。而授权者究为仅为省级人大，或仅为省级政府，抑或省级人大和省级政府皆可为之？

若由政府进行授权，则益处有二。其一，政府处理政务，深知各地区实际情况，较之人大更知道各乡镇或街道的需求，更能结合实际情况进行高质量的授权②。其二，规章之设立较之地方法规之设立，程序更为简易，效率更高。

若由人大进行授权③，则益处亦有二。首先，由立法机构进行立法，

---

① 《行政处罚法（2021）》第二十四条第三款：有关地方人民政府及其部门应当加强组织协调、业务指导、执法监督，建立健全行政处罚协调配合机制，完善评议、考核制度。

② 参见李洪雷：《论我国行政处罚制度的完善——兼评〈中华人民共和国行政处罚法（修改草案）〉》，载《法商研究》，2020年第6期，第16页。

③ 参见杨解君：《关于行政处罚主体条件的探讨》，载《河北法学》1996年第1期，本文即认为只有国务院和地方人大得授权之。

更体现民意，符合民主之要求。其次，地方法规之位阶高于政府规章，更体现该授权之法律尊严和法律严肃性。

本文认为，可采"原则上由政府授权，例外情况下由人大授权"之方式。原则上由政府授权，一方面具有前述政府授权之益处，另一方面，该授权是对地方政府级别管辖权之再分配，分配权得由政府体系享有①。而"例外情况"即人大认为应当以立法权实现的授权事项，以及授权攸关公民、法人权利义务之事项，以此保障行政相对人合法之权利，在追求效率的同时未失对公平之追求。

（2）承权主体。对于承权者，该条款之表述为"能够有效承接的乡镇人民政府、街道办事处"，但何为"有效"，法条却未提供任何参考基准。

学说之一认为，该"有效"应意味着某项"原则性""纲要性"之要求，并非定量性之标准，且该"原则性"要求该乡镇或街道应当为经济较为发达、行政区域广阔、人口比较集中、社会治理水平较高的乡镇、街道②。

学说之二则主张制定定量性之要求，在"原则性"要求上进行标准之量化。但是标准究竟应当如何量化，则尚无定论③。察之立法沿革，则有"综合指数在 400 以上"④，"镇区人口 10 万以上"⑤、"建成区常住人口一般在 10 万人左右（中部和东北地区要求 5 万人左右、西部地区要求 3 万人左右），以及常住人口城镇化率、公共财政收入等指标连续 2 年位居本省（自治区、直辖市）所辖乡镇前 10%以内"⑥ 等众说纷纭之量化标准。

而本文认为应当采学说之一，即"原则性要求"说，但本文所认为之"原则性标准"的内容与学说之一略有不同。本文阐述如下。

---

① 参见应松年、张晓莹：《〈行政处罚法〉二十四年：回望与前瞻》，载《国家检察官学院学报》，2020 年第 5 期，第 15 页。

② 参见应松年、张晓莹：《〈行政处罚法〉二十四年：回望与前瞻》，载《国家检察官学院学报》，2020 年第 5 期，第 15 页。

③ 参见刘益沂：《经济发达镇扩权的行政法思考》，载《河北法学》2019 年第 12 期，第 164 页。

④ 参见 2006 年 8 月 16 日广东省机构编制委员会发布的《关于印发广东省乡镇机构改革试点实施意见的通知》和 2010 年 6 月 17 日中共广东省委办公厅、广东省人民政府办公厅发布的《关于简政强政事权改革的指导意见》。

⑤ 参见 2016 年 2 月 2 日国务院发布的《关于深入推进新型城镇化建设的若干意见》。

⑥ 参见 2016 年 12 月 19 日中共中央办公厅、国务院办公厅印发的《关于深入推进经济发达镇行政管理体制改革的指导意见》。

"有效"是一项尚未确定之法律概念。而针对行政法上的不确定法律概念问题,察之法理学大家凯尔森、科赫、阿列克西之理论,择要而言,有如下诸点。

首先,立法者使用不确定法律概念的真意可能是确保法律概念对事实的涵括力、法律对生活的调整力,亦可能是为行政或司法预留政策空间。因此,察之当代立法组织之多元性与立法程序之严格性,应当推定不确定法律概念之设定是立法者的有意之举,而非立法漏洞。

其次,不确定法律概念之解释适用首先应当从语义解释着手,且应以社会通用之语言规则来确定其语义。在具体化不确定法律概念内涵的进程中,在遵守语义解释的前提下补充判断基准是其题中应有之义。具体而言:第一,探求其中立法意义,从而获取其初步的适用基准;第二,在语义空间内,通过析出价值冲突、确认价值位序并依据规范的价值判断作出概念的终局性具体化①。

依据该分析路径,首先应当认定"有效"是立法者有意之举,而非立法漏洞,因此不存在合法性之瑕疵。其次,"有效"之语义范围较为广泛,通义为"能实现预期之目的",此即语义解释之成果。进而要补充其判断基准。第一,其立法意义在于破除"看得见管不着,管得着看不见"之困境,并解决既有实践无法律依据之困境②,故其适用基准应当为"为看得见并且须要进行管理"的主体赋权,即承权者有此项权力需求。第二,析出相应的价值冲突。《行政处罚法(2017)》之所以仅赋权于县级以上行政机关,是因为县级以上政府主管部门的工作人员对其主管事项具有专门知识、专门经验及专门技能,其执法具致臻设备与技术条件,而乡镇人民政府和街道办事处的设备与技术条件不及县级以上行政机关,无法保障行权质量③。即此可见,该条款存在两项价值冲突,即执行权下放的迫切需求和对乡镇街道行权质量的疑虑。就当前社会实情以及立法者修法所体现之意志,应当认为前者的价值秩序先于后者。诚然,为保障后者价值秩序不致丧失,亦应当要求承权者具备社会治理水平,如此为第二十四条第二

---

① 参见王天华:《行政法上的不确定法律概念》,载《中国法学》2016年第3期,第85-86页。
② 请资参照本文第一部分"问题之提出"。
③ 参见姜明安:《精雕细刻,打造良法——修改〈行政处罚法〉的十条建议》,载《中国法律评论》,2020年第5期,第5页。

款所言的加强执法能力留下可行空间。同时，由于各地实情不同，且世事纷繁、瞬息万变，应当仅作出原则性规定（而非量化性规定），以防有些确有需要的乡镇街道因为刻板的标准而无法承权，人民利益无法得到保护。而对于原则性规定亦应当细致且形成概念闭合，以防上级机关推诿于下级机关①。

综上所述，本文认为"有效"是一项闭合的"原则性"标准，即：首先，承权主体存在对于行政处罚权之需求，比如辖区内多有违法食品生产之行为；其次，承权者本身具有良好的社会治理能力，而何谓"良好"，需要与其他相同情况下的行政机关进行对比。此二项要求为闭合性要求，不得作出扩张性解释。

4. 授权客体。由前述可知，对于授权客体之界定，存在"量度"、"范围"与"持续时间"三方面思考。

其一，"量度"者与"范围"者，其实质皆为对"行政管辖"中"事务管辖"之界定。"量度"从纵向层面界定"事务管辖"的内容，界定其内容的严重性；"范围"则从横向层面界定"事务管辖"的内容，界定其宽泛性。

就"量度"而言，既有实践和权威学说著述皆认为，该授权仅是权力的一部分，即重案的行政处罚权并不授权，而轻案则授权②。本文认为该观点可资采取。因为，如前部分对于"有效"之阐述，"有效"含有两项冲突之价值秩序，其一是执法权下沉的迫切现实需求，其二则是对于乡镇街道办事处执法能力之疑虑，且前者的价值次序位于后者之前，但仍需保证后者的实现以保障人民利益。而对于后者实现的要求，辐射至"授权客体"，即意味着授权客体应当在乡镇街道办事处的执法能力范围之内。若将对于重大案件的行政处罚权一并授予承权者，则可能超出其执法能力范围，有悖于第二项价值秩序的要求。

而如何界定"重案"与"轻案"之分，本文认为得有两方面考量。首

---

① 参见金国坤：《基层行政执法体制改革与〈行政处罚法〉的修改》，载《行政法学研究》2020年第2期，第64页。

② 既有实践如北京、天津、广东等地，皆是"部分授权"。详细请资参照前文"问题之提出"。参见应松年、张晓莹：《〈行政处罚法〉二十四年：回望与前瞻》，载《国家检察官学院学报》，2020年第5期，第15页；参见金国坤：《基层行政执法体制改革与〈行政处罚法〉的修改》，载《行政法学研究》2020年第2期，第68页。

先，依据涉案标的金额进行界定，各地省级政府依据本地经济实况、涉案标的金额划分案件轻重。其次，依据程序简易程度进行界定，应当依据"简易程序"的，省级政府得尽量下放，而应当依据"一般程序"的，省级政府应当依据本地基层社会治理水平实况予以定夺。

就"范围"而言，则存在三种观点。

观点之一认为，应当以部门为划分，将相应部门之权力逐一下放。此观点源于既有实践北京市"1+5+N"模式，即在街道乡镇建立实体化综合执法中心，以 1 个城管执法队为主体，公安、消防、交通、工商、食药等 5 个部门常驻 1~2 人，房管、规划国土、园林、文化等部门明确专人随叫随到①。

观点之二认为，应当以事务类型为划分，将涉及该项事务的行政处罚权一同下放，且授权事项一般集中在市容环境、市场监管、社会治安、民生事业等领域②。

观点之三认为，不应当区分，而是将行政处罚权集中一并下放。在此下放中存在两个过程。首先是行政处罚权在城市管理行政执法机关层面进行集中统一；其次是将城市管理行政执法机关统一行使的职能在各层级之间进行二次分权，明确哪些得由乡镇街道办行使，即仅将"量度"作为是否分权的判断标准③。

本文认为，观点之一和观点之二可资采纳，授权时可以任采其一。因为，根据《地方组织法》第六十一条之规定，乡镇政府的职权范围为本行政区域内的经济、教育、科学、文化、卫生、体育事业和财政、民政、公安、司法行政、计划生育等行政工作④，即法律对其职权范围之划分是依照事务类型和部门类型进行的双重界定。而依据前述"职权法定原则"之要求，乡镇政府的职权仅限于此。因此，在授予其行政处罚权时，行政处

---

① 参见金国坤：《基层行政执法体制改革与〈行政处罚法〉的修改》，载《行政法学研究》2020 年第 2 期，第 65 页。

② 参见应松年、张晓莹：《〈行政处罚法〉二十四年：回望与前瞻》，载《国家检察官学院学报》，2020 年第 5 期，第 15 页。

③ 参见金国坤：《基层行政执法体制改革与〈行政处罚法〉的修改》，载《行政法学研究》2020 年第 2 期，第 68 页，第 69 页和第 70 页。

④ 参见金国坤：《基层行政执法体制改革与〈行政处罚法〉的修改》，载《行政法学研究》2020 年第 2 期，第 69 页。

罚权之范围亦应当仅限于上述事项，即或属于经济、教育、科学、文化、卫生、体育事业，或属于财政、民政、公安、司法行政、计划生育等行政工作。观点一与观点二符合"职权法定原则"之要求。

其二，"持续时间"者，即乡镇政府、街道办事处持续性地得到此项行政处罚权，或仅针对某次案件得行使该行政处罚权。本文认为，该项授权应当属于抽象性行为，即承权者持续性地得到此项行政处罚权，因为该行为属于间接授权，且间接授权者得为持续性授权，亦得为阶段性授权。但不论是持续性授权或是阶段性授权，其所持续时间都是"某一期限内"，区别在于前者的"期限"与进行授权的法律规范的有效期限相同，而后者的"期限"不同于法律规范之有效期限，即"持续时间"的基准是"某一期限"而非"某一案件"。故此，应当认为承权者在某一期限内持续性地得到此项行政处罚权。

5. 总结。将上述分析成果总结，可得表3。

表3 构成要件分析总结

总结表		
行为性质	间接授权	
行为主体	授权者	原则上由政府授权，例外情况下由人大授权
	承权者	存在对于行政处罚权之需求，且本身具有良好的社会治理能力的乡镇和街道办事处
行为客体	量度	1. 重案的行政处罚权并不授权，而轻案则授权 2. 依据案涉标的金额和程序简易程度区分案件的轻重
	范围	以部门为划分，或者以事务类型为划分
	持续时间	承权者于某一期限内持续性地获得此项权力

三、授权效果

本部分就第二十四条第一款之法律效果进行分析。本文将法律效果分为两个部分予以分析。其一，权力本身之效果，即该授权之权力自身的辐射效力，研究的问题包括：授权者是否保留该权力，承权者是否取得基准裁量制定权，以及授权者得否收回权力。其二，权利救济之效果，即授权后、行政相对人的权利如何得到保障的思考，研究的问题包括：行政复议提起对象和行政诉讼的适格被告。分述如下。

（一）权力本身之效果

1. 授权主体之权力保留与否。依据前述学理之构建，该行为性质为"间接授权"，而间接授权特征之一即为"授权者之权力尽数移转，然其衍生出监督权"，故此，授权者不再保留此项权力而是享有监督权①。且如此可避免同一事务的多重管理或分级负责，确保行政处罚管辖权的终局性②。故此，本文认为授权者不再保留已授之权力。

2. 承权主体之基准裁量制定权取得与否。本文认为，承权者应然地取得基准裁量制定权，除非授权者在授权时明示相反之意思表示。因为，基准裁量制定权在本质上为行政执法权，而非行政立法权③。裁量基准的自治属性决定其仅为行政裁量权之规则化形态④，其依附行政处罚权而生且如影随形。

因此，设定基准并不是立法活动，而更多是对行政执法的规则化⑤，承权者获得基准裁量制定权基于其获得行政处罚权，基准裁量制定权是行政处罚权之"副产品"，而非一次新的授权。承权者应然获得此权，并不违背"职权法定原则"。而授权者得顾虑承权者的执法水平、制定规定之能力，并以明示之方式以决定是否保留此项权力。

3. 授权主体之得否收权与否。依据前述学理之构建，该行为性质为"间接授权"，而间接授权中授权者与承权者得约定仅就某期间内授权有效；亦得约定于承权者违法行使权力或有其他具体不当行使权力之行为时，授权者收回已授权力，重新由自身行使该项权力，并且此项收权以监督权为保障⑥。即此而言，存在两种收权情况，其一为约定期间届至，其二为约定的收权事由。

---

① 监督权由《行政处罚法（2021）》第二十四条第三款彰显。

② 参见叶必丰:《执法权下沉到底的法律回应》，载《法学评论》，2021 年第 3 期，第 47 页。

③ 参见周佑勇、熊樟林:《裁量基准制定权限的划分》，载《法学杂志》2012 年第 11 期，第 20 页。

④ 参见周佑勇、熊樟林:《裁量基准制定权限的划分》，载《法学杂志》2012 年第 11 期，第 19 页。

⑤ 参见周佑勇、熊樟林:《裁量基准制定权限的划分》，载《法学杂志》2012 年第 11 期，第 19 页。

⑥ 请资参照前文"构成要件之思考:学理构建"部分。

此外，依据立法者之意旨，《全国人民代表大会常务委员会法制工作委员会上级人大或政府是否有权将下级行政机关的职权上收的答复》中指明，在中央已决定就有关领域的行政管理体制进行改革之情况下，授权者亦可以收权①。

故此，本文认为授权者在三种条件下得收权：其一为约定期间届至，其二为约定的收权事由，其三为中央已决定就有关领域的行政管理体制进行改革。

（二）权利救济之效果

1. 行政复议之提起对象。首先，依据《行政复议法》第六条第一款之规定，行政处罚之行政相对人得提起行政复议。而对于乡镇、街道办事处的行政处罚行为，行政相对人应向何者提出行政复议？

若察之"间接授权"行为之性质，承权者既已得到该权并以自身名义行使职权，而授权者对该权力仅剩监督权，依据"权责一致"原则，行政相对人应以承权者之行为作为被提起对象并向承权者上级行政机关提起行政复议。

而察之具体的法律规范，就乡镇政府之行政处罚而言，依据《行政复议法》第十三条第一款之规定，行政相对人应向其上级政府申请行政复议。而就街道办事处之行政处罚而言，依据该法第十五条第一款第一项之规定，应当向对应的市级人民政府提起行政复议，或依据第二款规定，向具体行政行为发生地的县级地方人民政府提出行政复议申请。

而《行政复议法》亦处于修法过程之中，后续立法对于提起机关之设置将何去何从，仍值得期待。

---

① 该答复内容为：《中华人民共和国宪法》第一百零七条第一款规定："县级以上地方各级人民政府依照法律规定的权限，管理本行政区域内的经济、教育、科学、文化、卫生、体育事业、城乡建设事业和财政、民政、公安、民族事务、司法行政、监察、计划生育等行政工作。"《中华人民共和国地方各级人民代表大会和地方各级人民政府组织法》第五十五条第三款规定："地方各级人民政府必须依法行使行政职权。"根据上述规定，法律、行政法规明确赋予地方人民政府的职权，县级以上地方各级人大及其常委会、县级以上地方各级人民政府不得擅自改变。法律、行政法规笼统规定由地方各级人民政府或者县级以上地方各级人民政府行使的职权，中央已决定就有关领域的行政管理体制进行改革的，设区的市政府可以据此对市辖区政府的职权进行调整或者上收。虽然该答复中所涉权力主体为县级以上地方各级人民政府，但依据其背后法理和立法意志，应当认为得类推适用于本文所讨论的条款中。

2. 行政诉讼之适格被告。依据《行政诉讼法》第二十六条第一款之规定:"公民、法人或者其他组织直接向人民法院提起诉讼的,做出行政行为的行政机关是被告。"且该法第二条规定:"公民、法人或者其他组织认为行政机关和行政机关工作人员的行政行为侵犯其合法权益,有权依照本法向人民法院提起诉讼。前款所称行政行为,包括法律、法规、规章授权的组织做出的行政行为。"

即此,一般情形下,行政诉讼的适格被告即是作出被诉行政行为的行政机关和法律、法规、规章授权的组织。在其他涉及由上级行政机关批准的情形、经过行政复议的情形、行政机关进行委托的情形、行政机关被撤销或者职权发生变更的情形中,行政诉讼适格被告的确定,亦离不开对行政行为系由谁做出这一基本事实的判断①。

而由前述可知,乡镇街道办事处接受授权后,以自身名义作出行政处罚,即是行政行为的"做出者",因此,依照《行政诉讼法》之规定,得成为适格之被告,行政相对人得以其作为被告提起行政诉讼②。

四、组织法定原则之思考

经由前述分析,《行政处罚法(2021)》第二十四条第一款之构成要件与法律效果已臻完善,执法权下沉改革之法律基础已至明了,"放权不符合《行政处罚法(2017)》之规定"困境得到破除。当然,"行政组织构建不符合组织法之规定"困境仍待解决。

该困境其实与本文所需探讨者并无关联,但为求分析之完善,本文亦予以陈述。该困境在于,街道不同于乡镇,乡镇得行使独立的行政权,而街道无法如此行权。街道非为区人民政府之下级机关,对其进行授权时,首先需从《地方组织法》层面上拟定街道办事处的行政执法主体资格,进

---

① 参见沈岿:《行政行为实施主体不明情形下的行政诉讼适格被告——评"程宝田诉历城区人民政府行政强制案再审裁定"》,载《交大法学》2019年第3期,第162页。

② 参见沈岿:《行政行为实施主体不明情形下的行政诉讼适格被告——评"程宝田诉历城区人民政府行政强制案再审裁定"》,载《交大法学》2019年第3期,第166页;参见程琥:《党和国家机构改革与行政诉讼制度创新发展》,载《法律适用》2020年第19期,第58-59页。

而进行授权。而《地方组织法》对于街道办事处的行政执法主体资格尚未定论①，因此该法亦应当作出相应的跟进。

五、总结

乡村振兴战略强调乡镇、村庄在粮食安全、保护生态环境领域的特有功能，而由于乡镇较上级政府更了解且接近此类问题，因此由乡镇行使行政处罚权更有利于上述功能之实现。《行政处罚法（2021）》第二十四条下沉行政处罚权，为乡镇行使行政处罚创造了可能性。本文就该法第二十四条第一款之构成要件和法律效果进行分析。首先进行构成要件的拆解，再而进行学理之建构，认定该条款所涉行为为"间接授权"，且授权者为省级政府或省级人大，承权者为确有需要且社会治理水平良好的乡镇和街道办事处，其授权客体是部分授权、依据事务或部门授权，以及持续性授权。其次进行法律效果的分析，就权力本身效果而言，授权者不再保留权力但是取得监督权，承权者应然取得相应基准裁量制定权，以及在三种特定条件下授权者得收回其已授之权力。就权利救济效果而言，行政相对人得对乡镇上级政府、街道办事处所属市区政府，以及由街道办事处管辖之具体行政行为发生地的县级地方人民政府提起复议申请。最后，希望通过对于乡镇行政处罚权的研究与完善，促进乡镇处罚权之执行，为乡村振兴战略提供法治保障。

参考文献

［1］杨解君．关于行政处罚主体条件的探讨［J］．河北法学，1996（1）：16.

［2］黄舒芃．法律保留原则在德国法秩序下的意涵与特征［J］．中原财经法学，2004（13）：1.

［3］杨小君．契约对行政职权法定原则的影响及其正当规则［J］．中国法学，2007（5）：74.

［4］蔡宗珍．行政管辖之法理基础及其与诉愿管辖之法律关系：

---

① 参见金国坤：《基层行政执法体制改革与〈行政处罚法〉的修改》，载《行政法学研究》2020年第2期，第70页。

兼评行政法院之相关裁判 [J]. 政大法学评论,2011 (121):161.

[5] 周佑勇,熊樟林. 裁量基准制定权限的划分 [J]. 法学杂志,2012 (11):15.

[6] 黄锦堂. 论行政委托与行政委托之要件与松绑:德国法之比较 [J]. 法令月刊,2013 (64):67.

[7] 王敬波. 相对集中行政处罚权改革研究 [J]. 中国法学,2015 (4):142.

[8] 张渝田,熊宇. 论依法行政的逻辑结构 [J]. 四川师范大学学报(社会科学版),2015 (4):59.

[9] 王天华. 行政法上的不确定法律概念 [J]. 中国法学,2016 (3):67.

[10] 熊樟林. 权力挂起:行政组织法的新变式? [J]. 中国法学,2018 (1):265.

[11] 孔繁华. 授权抑或委托:行政处罚"委托"条款之重新解读 [J]. 政治与法律,2018 (4):67.

[12] 叶必丰. 论行政机关间行政管辖权的委托 [J]. 中外法学,2019 (1):94.

[13] 刘益浠. 经济发达镇扩权的行政法思考 [J]. 河北法学,2019 (12):159.

[14] 沈岿. 行政行为实施主体不明情形下的行政诉讼适格被告:评"程宝田诉历城区人民政府行政强制案再审裁定" [J]. 交大法学,2019 (3):162.

[15] 应松年,张晓莹.《行政处罚法》二十四年:回望与前瞻 [J]. 国家检察官学院学报,2020 (5):3.

[16] 程琥. 党和国家机构改革与行政诉讼制度创新发展 [J]. 法律适用,2020 (19):53.

[17] 金国坤. 基层行政执法体制改革与《行政处罚法》的修改 [J]. 行政法学研究,2020 (2):63.

[18] 姜明安. 精雕细刻,打造良法:修改《行政处罚法》的十条建议 [J]. 中国法律评论,2020 (5):1.

［19］何海波．聚焦行政处罚法修改［J］．中国法律评论，2020（5）：1.

［20］李洪雷．论我国行政处罚制度的完善：兼评《中华人民共和国行政处罚法（修改草案）》［J］．法商研究，2020（6）：3.

［21］王敬波．面向整体政府的改革与行政主体理论的重塑［J］．中国社会科学，2020（7）：103，206.

［22］陈科霖，张演锋．政社关系的理顺与法治化塑造：社会组织参与社区治理的空间与进路［J］．北京行政学院学报，2020（1）：26.

［23］黄先雄，张少波．"想象竞合"情形下一事不再罚原则的适用机制［J］．中南大学学报（社会科学版），2020（2）：69.

［24］熊樟林．行政处罚地域管辖权的设定规则：《行政处罚法（修订草案）》第21条评介［J］．中国法律评论，2020（5）：34.

［25］杨彬权．乡镇政府治理的法律困境及突破路径［J］．政府与法治，2020（1）：26.

［26］叶必丰．执法权下沉到底的法律回应［J］．法学评论（双月刊），2021（3）：47.

［27］吕普生，张梦慧．执法召集制："吹哨报到"机制如何使综合执法运转起来［J］．河南社会科学，2021（2）：94.

［28］李小萍．街道办事处实施行政处罚的司法审查：逻辑与路径［J］．江西社会科学，2021（12）：94.

［29］杨丹．赋予乡镇政府行政处罚权的价值分析与法治路径，四川师范大学学报（社会科学版）［J］．2021（6）：82.

［30］卢护锋．行政执法权全面下移的组织法回应［J］．政治与法律，2022（1）：124.

［31］周佑勇．行政法原论［M］．北京：中国方正出版社，2000.

［32］应松年，薛刚凌．行政组织法研究［M］．北京：法律出版社，2002.

［33］周佑勇．行政法基本原则研究 ［M］．武汉：武汉大学出版社，2005.

［34］李建良．行政法基本十讲 ［M］．中国台北：元照出版公司，2013.

［35］应松年．行政法与行政诉讼法学 ［M］．北京：高等教育出版社，2017.

数据产权立法论证及规则探究

李利燕

摘　要：数据已然成为经济活动中不可或缺的生产资料，然而现有理论中对赋予数据产权存在争议，学者对应该建立的数据权利类型持不同观点，数据权利体系难以精准构造。以上问题需要严格的立法论证：首先，应当通过"立法必要性检验"，比较数据规制现状与拟议数据产权制度，确定赋予数据产权的可行性；其次，通过"立法评价方法"，分析数据社会行为事实对相关主体共同需求的满足关系，进行法律价值判断，分类构建数据产权规则，确定个人信息人格"权利束"、个人信息产权以及数据企业的数据所有权与匿名数据集产权等；最后进行"立法调整"，探讨法律法规、市场、社群规范以及代码对数据产权的互动规制，以促进数据的安全有效开发与创新共享。

关键词：立法论证；法律价值判断；数据产权；个人信息保护；数据创新共享

一、问题的提出

数据时代正改变我们的生活。新经济形态下，数据的安全有效开发与创新共享是提升中国数据经济竞争力的重中之重。有学者在对国家数据经济竞争力的评价系统中指出，中国在数据流量、在线活动复杂量及互联网使用量位居全国第三，但数据接入程度位于 30 个样本国家中最后一名①，中国数据共享机制尚未全力激发；同时，《国家数字竞争力指数研究报告（2019）》指出，从中美两国对比来看，中国在数字市场环境要素及数字安全保障上处于劣势，中国尚未形成安全有效的市场交易制度②。所有权界定是现代社会市场运行的基础，但是目前与大数据交易相关的法律文件，包括最近的《个人信息保护法》以及《数据安全法》，均回避数据权属问题，相关国家政策、地方性法规、行业规范数据文件也多是指导性内容，数据产权相关法律法规缺失，数据交易实践中出现大量的交易不透明、定价困难、数据垄断、数据交易不公平等问题。党中央于 2020 年 4 月份将数据要素与土地、资本、劳动力、技术放在一起，形成要素市场③，然而数据要素并未进入《民法典》的产权理论视野。《民法典》注重对个人信息的人格权及隐私领域保护，但忽视了数据要素的财产属性，不得不说，数据法律属性界定是各国的理论难题。

因此，目前亟须解决的问题是：其一，数据产权确定是否具有可行性？是否需要留待检验和调整？其二，数据产权属于何种权利类型？其三，如何构建数据权利体系？这些问题需要坚实的论证基础，需要通过严格的立法论证步骤探索出路，从而使法律在数据方面起到应有的规制作用。

二、数据产权立法论证思路框架

（一）立法评价方法之基础性

立法就是"法律价值判断"④ 以可传递的形式表现出来，而法律规范所蕴含的价值就是法律规范规制的社会行为事实（用 T 表示）对社会主体

---

① Bhaskar Chakravorti, Ajay Bhalla Ravi S. Chaturvedi：Which countries are leading the data economy？Harvard Business Review，2019（1）：24.

② 腾讯研究院、中国人民大学统计学院国家数字竞争力指数研究课题团队：《腾讯研究院 国家数字竞争力指数研究报告》，载中国互联网数据资讯网（2019 年 5 月 13 日）：http：//www.199it.com/.

③ 安蓓：《构建更加完善的要素市场化配置体制机制——专访国家发展改革委有关负责人》，载新华网（2020 年 4 月 9 日）：http：//m.xinhuanet.com/2020-04/09/c_1125835180.htm.

④ 川岛武宜：《现代化与法》，王志安等译，中国政法大学出版社 2004 年版，第 258 页。

共同需求（用 N 表示）的满足①。即在立法过程中，在确定行为事实的范围后，应考察法律规范分别满足该行为背后哪些主体怎样的需求，又存在哪些价值②，该价值又是否符合法律规范的总体规范目的③。比如，若数据产权放在《民法典》中，《民法典》的总体立法目的与数据产权的具体规范目的应该是抽象与具体的关系，这也就要求数据确权价值判断符合《民法典》基本理念的同时具备数据制度的特色（暂且称这一步骤为"立法评价方法"）。比如，立法过程中，立法者认识到"社会主体将自己的姓名、名称等许可他人使用"这一行为事实 T 与"民事主体希望通过许可人格标识的使用赚取商业利益"这一社会需求 N 之间的满足关系，从而得出"民事主体对自己的人格标识包括姓名、名称、肖像等不仅具有精神利益，而且具有财产利益，但精神利益的享有应优先于财产利益"这一价值判断；由此，以上的 T 与 N 便构成了《民法典》第九百九十三条内容"民事主体可以将自己的姓名、名称、肖像等许可他人使用，但是依照法律规定或者根据其性质不得许可的除外"的基础，该价值判断则是法律条文背后的规范目的之基础。

（二）立法必要性检验之前提性

在立法过程中，需要注意社会需求 N 与行为事实 T 之间的落差，也就是：按照不赋予数据产权的目前状况，有关数据民事活动仍较为理想地进行，或者通过其他规制方式更能简单或有力地解决问题；如果社会主体的需求基本得到认可，产权规制便没有必要，强行产权立法有可能会导致重复立法或者直接损害立法价值。但若目前产权状态与拟议财产制度产生落差，并且弥补落差后的拟议财产制度符合总的法律价值体系，法律就应该进行规制。目前将这一步骤称为"立法必要性检验"。

该落差的产生结合"德姆塞茨公式"更能探究问题的本质。新制度经济学代表人物哈罗德·德姆塞茨（Harold Demsetz）认为，"当内部化的收

---

① 在社会关系中，当不同的"行为事实"与不同的"社会需求"因存在满足关系而被组合在一起时，就构成 V（价值判断）$= \langle T, N \rangle$。参见：刘睿，张继成：《立法评价方法初探——立法过程中价值评价的理性分析》，载《法制与社会发展》，2018 年 6 期。

② 葛洪义：《法律方法与法律思维（第 4 辑）》，法律出版社 2007 年，第 334 页。

③ 一般来说，立法评价的结论是法律规范内容的前提与基础，这种基础性地位体现为价值关系内容为法律规范条文内容的基础，对价值关系的价值判断为法律条文规范目的的基础。

益大于内部化的成本时，产权发展成为外部性的内部化"①。该结论是通过研究狩猎土地资源的社会变迁论证而来的。私有制收益与成本相对集中，私有制主体能轻易行使排除权并激励其进行最优的全面计算，而共有制含有达成最优协议的谈判成本以及排除共有者部分权利的排他成本等（就比如让一栋楼的居民去诉讼排污工厂，不如一别墅个人对排污工厂进行诉讼来得容易些，哪怕这些成本均分到个人身上比别墅个人低，因而产权使外部性内在化时便是一种经济的选择）。德姆塞茨认为，理解"内部化的收益"需要对拟议的财产制度和现状进行比较②。从另一角度说，这就要求在是否赋予数据产权时考虑目前数据的规制现状，然后结合赋予产权进行比较分析③。这里，立法必要性检验是大前提，应当先根据哈罗德·德姆塞茨的教导进行拟议财产制度比较，进行法经济学方面的考究，以确定社会需求 N 与行为事实 T 之间具有的落差，从而进行下一立法步骤。

（三）立法调整之后盾性

在注重落差的同时，应调节好立法限度，将法律对该制度的规制与其他因素对该制度的规制综合协调以达到最佳合作值（暂且将这一过程称为"立法调整"）。哈佛大学法学院教授劳伦斯·莱斯格（Lawrence Lessig）指出：法律行为基本具有一个被规制的"圆点"，该"圆点"由法律法规、市场、社群规范以及架构全部或者几部分组成④。这四种约束的种类以及"规制周长"因法律行为的不同而有所变化，同时四者规制因素相互配合、相互影响以达到最合适的"圆的面积"。在"圆的面积"内，该法律行为是基本自由无所约束的。比如，企业收集及分析用户信息所产生的规制"圆点"，法律法规对双方权利义务进行规制——信息收集需要得到用户的

---

① 罗纳德·科斯：《财产权利与制度变迁——产权学派与新制度学派译文集》，刘守英译，格致出版社，2014 年版，第 96 页。

② Hazel. Steven H, Personal Data as Property. Syracuse Law Review, Vol. 70, 1055-1114 (2020).

③ 事实上，哈罗德·德姆塞茨将产权定义为允许市场交换的法律。在实践中，最终将基于合同的现状与假设的财产制度进行比较并证实财产化的收益可能是巨大的，而且这最终落到法经济学角度的收益方面。在数据产权方面，不仅要进行经济方面的考量，还要多角度分类型化对社会行为事实（用 T 表示）、社会主体共同需求（用 N 表示）、法律价值判断进行分析对比。

④ 劳伦斯·莱斯格：《代码 2.0：网络空间中的法律》，李旭，沈伟伟，译，清华大学出版社，2009 年版，第 94 页。

同意，后续信息加工分析过程不得侵犯他人隐私；市场（即数据价值）会影响企业对用户信息的收集能力，数据质量也会受到影响：市场定价若过高，会加剧数据垄断以及黑色产业的产生；市场定价过低，数据隐私以及数据安全问题容易出现，这便是市场经济本身的作用。社群规范方面，如果商场持有并分析你过往的购物档案，甄别你的消费能力，从而进行态度以及服务方面的区分，社群会因为商场违背社群规范而产生对该商场的抵制。对数据本身架构规制，亦即代码对网络空间的规制。代码对网络空间规制可参考建筑房屋的过程，房子本身的架构决定着它的用途及功能，这种意义上，代码可以规制数据于互联网中的展现形式及传输渠道。因四种规制因素相互影响，于"立法调整"上，应尽量将该法律与市场、社群规范以及架构对该行为的规制形成良好的互动运行机制，这是最后一个步骤，有利于对立法进一步查漏补缺和完善。

总结来说，立法过程中的逻辑思路应该分为三大阶段（如图1所示）。

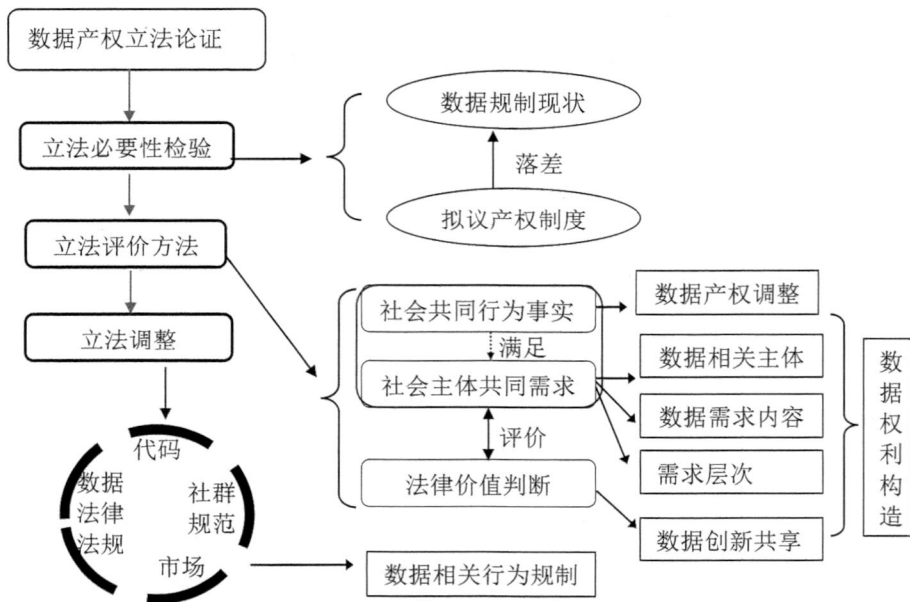

图1　数据价值链中不同类型数据及其利益主体

第一大阶段为"立法必要性检验"。先根据哈罗德·德姆塞茨的产权理论对目前状态与拟议财产制度比较。确定社会需求 N 与行为事实 T 之间是否具有落差，确定该落差的解决方法（即数据产权的可行与否），从而使社会主体行为事实（用 T 表示）满足社会主体的共同需求（用 N 表示）。

第二大阶段为"立法评价方法"。该阶段又分为三个步骤：第一步，依据社会主体行为事实特征，确定法律调整范围。鉴于《民法典》中民法总则部分宣示了数据权益的存在，因此将数据权益认定为民事权益①（但因立法条件未成熟，规定并不具体）。第二步，确定社会需求内容（包括数据产权立法涉及数据相关主体有哪些；需要满足怎样的需求；怎样合理划分需求层次以及寻找需求主体之间的一种平衡）。第三步，结合行为事实与社会需求，确定法律判断价值，并在行为事实 T、社会需求 N、价值判断之间循环往复，考察数据产权立法的科学性。

第三大阶段为"立法调整"。在经过以上立法步骤后，考虑一个"圆点"的规制，使法律与市场、社群规范以及数据架构对数据产权的规制之间形成一个良好的互动运行机制。鉴于对某一制度进行考虑时应当将其基本理论问题理清，所以本文先进行法律基本理论梳理以确定法律调整范围。

三、民法基本理论对数据产权的启示——间接确定法律调整范围

数据产权属于一种新型财产权，在谈论数据确权时，不妨将数据产权分为"数据""财产""权利"几个关键词，并对关键词相关概念及性质进行理解与分析，进而深层次理解数据产权的法律属性。

（一）数据概念分析

"数据"方面：数据并非一个确切的概念。学者郑成思认为，数据是依特定指令而自动形成的信息记载形式②。在《数据安全法》中，数据指任何以电子或者非电子形式对信息的记录③。麦肯锡作为研究大数据的先驱，定义大数据为：以超出常规的数据库工具获取、管理、存储和分析能力的数据集。另有学者强调大数据不特定主体的群体性，将其定义为为特

---

① 参见赵加兵：《论作为数据权益客体的数据集合》，载《河北法学》2021 年 7 期，第 116 页。
② 参见郑成思：《信用制度与个人信息保护立法》，载《人民司法》2002 年 3 期，第 68 页。
③ 《中华人民共和国数据安全法》第 3 条第 1 项。

定目的收集处理的不特定数字信息。数据是人类进行社会交往、从事市场经济活动的附属产品，附属产品经过特定聚合产生经济效益。数据的特点是：具有易复制性且不减损价值；非排他性且具极低边际成本；聚合性且报酬递增。①

（二）财产理论对数据产权的启示

"财产"方面：法律概念上有三种含义：一是物即财产，此时将财产等同于物权法中的物②。此时，数据属于无形物。二是财产为财产权的代名词，财产权是一组所有者自由行使所有物并不受他人干涉的"权利束"。"权利束"即一束捆绑的权利，可有效扩充财产权概念。德国学者冯·图尔指出"任何财产的直接的组成部分都不属于财产的权利的客体；财产是指权利人对他所有物的所有，财产并不是物本身"③。由此，物权、知识产权、债权等也属于权利意义上的财产权。目前，《民法典》与《个人信息法保护法》均绕过直接确权而从权利方面对数据进行规定，也从侧面说明数据产权存在的合理性。三是财产与带来的经济后果存在法律关系，或者财产与经济利益相关。该概念界定较为宽泛抽象，但肯定了数据与经济利益之间存在关联。

在相关产权理论中，洛克的财产权理论认为，财产权与人身权一样，均属于基本权利④。洛克提出：财产权首先基于个人生存而存在。人通过其自身及个人所有的劳动使东西脱离自然的或所处的状态，从而确立对劳动对象的所有权，排除他人的共同权利。马克思产权理论的一个贡献是将生产资料从一般的产品或资源中分离出来，强调产权以生产而非交易为基础；同时确定，社会制度及社会经济关系的决定性因素是生产资料的所有制⑤。因为数据涉及主体较为复杂，以上理论有助于厘清数据产权归属，同时，在厘清过程中，应当注意：对于有形财产，法律需要对私有产权予以保护排除他人侵占；而对于数据，因其易复制性（且不减损价值），法

---

① 参见李刚、张钦坤、朱开鑫：《数据要素确权交易的现代产权理论思路》，载《山东大学学报》（哲学社会科学版）2021年1期，第87页。
② 参见梅夏英：《数据的法律属性及其民法定位》，载《中国社会科学》2016年9期，第164－183页。
③ 卡尔·拉伦茨：《德国民法通论》（上、下），法律出版社2003年版，第410页。
④ 同上注，第460页以下。
⑤ 参见吴易风：《产权理论：马克思和科斯的比较》，载《中国社会科学》2007年2期。

律需要尊重个人隐私人格的同时激励数据开发及共享。

（三）权利理论对数据产权的启示

对于权利的概念，萨维尼与温德夏特提出意思力说，即权利是个人意思支配的范围；鲁道夫·冯·耶林（19世纪德国法学家）提出利益说，即权利是法律保护的特定利益①。目前通说为上述两者的结合：权利是法律为满足人的利益而赋予他的一种"意思的力"或"法律的力"。"法律的力"可以解释为法律授权的"法律上的可能"或"可以作为"。在支配权项下，法律授权所有权人对所有物行使的排他权利；形成权项下按他的意思单方面形成私法关系的力；债权项下则是一种要求债务人为一定给付的"法律的力"；人格权项下为保护个人的尊严，未规定人本来就没有的权利，从而保护人所应有的权利。可见，"法律的力"根据所涉及的权利属性不同具有不同含义。在此基础上，在相关数据权利的设定方面，可从社会主体需求出发探究该概念应有的含义（比如在社会需求与价值判断探索中，论证是否需要给予该概念排他性权利抑或对他人形成要求的权利，从而规定权利属性）。

于性质上，根据耶林的观点，权利是为了保护权利人某种利益的一种法律的形式②。也有学者认为权利是一种设定行为规范的权能。总结可知，数据权利需归属于某主体，需存在于具有客观意义的法律中③，需是满足人的一种意思力，即数据制度中满足社会需求的一种意思力。

于权利客体上，黑格尔认为人是实践和活动的主体，被人认识及被改造的具体的对象存在是客体。有学者因数据的流通复制性以及工具性，强调其不具有民法客体物中的确定性及独立性④；但是，客体物的确定性或独立性强调的是能够实际控制以及划分利益，数据作为新型财产出现，区块链技术足以满足实际控制并进行利益划分。同时，因数据的出现而规定的数据携带权、更正权等，足以证明数据创造出新型的民事权利关系。况且，从法律规范方面分析，工具价值的物承载着相关人身利益及财产利益，所以法律上更关注的是"利益"而非具体存在的对象，民法学上是指

---

① 朱庆育：《民法总论》，北京大学出版社2013年版，第126页。

② 参见鲁道夫·冯·耶林著：《权利斗争论》，潘汉典译，商务印书馆2019年版，第150页。

③ 参见迪特尔·梅迪库斯：《德国民法总论》，法律出版社2002年版，第369页。

④ 参见程啸：《论大数据时代的个人数据权利》，载《中国社会科学》2018年3期，第102页。

民事利益，包括人格利益和财产利益，权利对象则是具体范畴的物、数据信息等，为权利客体的载体①。可见法律真正关心的是权利对象承载的某种利益，即在数据相关权利中，应分析与数据相关主体的不同利益，从而在利益平衡中探究需求，这也是价值判断的一种体现。

四、立法必要性检验——数据规制现状与拟议产权制度的比较分析

（一）数据制度规制现状及缺憾

1. 知识产权规制路径及独创性。在文艺复兴时期，莎士比亚就已经谨慎地保护着自己的剧本：仅有自己的公司可表演自己的戏剧，创新者基本会将创新视为一个秘密，以此来尊重自己的创作劳动从而获得利益②。这样既激励了创新又增加了传播量，同时对创作者的产权范围及期限进行适度规定，从而创新激励与创新成果的社会性普遍使用之间达成一种平衡。知识产权制度设计的初衷是尊重权利人的智力劳动成果并激励社会创新，使智力成果得以被社会充分使用。

对于数据而言，其本身流通很难被识别来源，数据的价值不在于成果的创造性与新颖性，在于一定数量基础上对数据的收集、挖掘或分析从而发现商业价值，因此数据的价值在于在保护数据主体权利的同时，尊重数据进一步形成的开发成果、促进数据共享，从而形成良好的数据经济市场。在这环节中，应当杜绝企业之间产生数据鸿沟，打击企业垄断以及数据黑色产业交易等现象。由此可见知识产权与数据所保护的价值有所不同。

知识产权对数据的保护主要体现在"汇编作品"上，但要求数据作为汇编作品，需要有《著作权法》规定的"独创性"要求③，该要求在大多数数据编排中很难体现出来。在戴维斯《数据库的法律保护》一书中，戴

---

① 参见刘德良：《民法学上权利客体与权利对象的区分及其意义》，载《暨南学报》（哲学社会科学版）2014 年 9 期。

② 参见罗伯特·考特、托马斯·尤伦：《法和经济学》，上海：上海三联书店、上海人民出版社1994 年版，第 136 页。

③ 《中华人民共和国著作权法》第 15 条，2020 年 11 月 11 日修改通过。

维斯提出用"额头汗水"①的方法理解独创性，即作者只需证明在创作过程中付出了足够的有意义的努力（表达公式为：创作者有足够的技巧、判断以及劳动投入成果中，此时劳动的作用、技巧和判断检验标准相连接）。目前，"额头汗水"的判断标准并没有被我国采纳，无法以汇编作品作为保护数据的主要方式。另一方面，《德国著作权法》规定了用邻接权来弥补汇编权的不足之处，强调对大型数据库的实质性投资②。《俄罗斯民法典》对数据库的邻接权着重于对数据库的专有权③。不得不说，以上种种都是各国对数据保护做的一个过渡性方法。历史上，录音带和录像带的发明促使著作权制度作出调整，使矛盾达到暂时平衡，而互联网时代的数据立法也应随时代的进步进行调整适用。不正当竞争相对于知识产权，正如知识产权相对于数据保护，不正当竞争法无法代替知识产权，但对知识产权保护有交叉弥补作用；同样地，知识产权代替不了数据立法，数据应体现特有的量身定做的产权制度特征。

2. 反不正当竞争法规制路径及保密性。反不正当竞争法禁止了企业以损害公平竞争等非法手段阻止或妨碍其他企业的竞争渠道，从而形成良好循环的市场竞争机制。反不正当竞争法对数据的保护主要体现在两处：

一是《反不正当竞争法》第二条的概括规定，即对一切以不正当行为侵害经营者对数据的合法权益、造成经营者实质损害、扰乱社会经济秩序行为的禁止④。同时要求经营者对数据要具有合法权益⑤，包括数据处理者、数据经营者、数据使用人等，并且要求为之付出了实质性投资。

二是《反不正当竞争法》第十条规定的商业秘密保护制度⑥。专利与商业秘密的结合是企业孕育数据垄断的温床，商业秘密对于数据的保护偏向数据专有策略，再加上企业习惯将数据背后的代码及技术申请为专利，

---

① 参见戴维斯：《数据库的法律保护》，朱理译，北京大学出版社 2007 年版，第 51 页。

② 参见 M. 雷炳德：《著作权法》，张恩民译，法律出版社 2005 年版，第 741 页。

③ 参见《俄罗斯联邦民法典（全译本）》，黄道秀译，北京大学出版社 2007 年版，第 473 页。《俄罗斯联邦民法典》包含四部分，第四部分由 2006 年 12 月 18 日第 230-FZ 号联邦法通过。将知识产权法的基本原则和规则入典，并首次规定通过版权对数据库进行保护。

④ 《中华人民共和国反不正当竞争法》第二条第二项，2021 年修订。

⑤ 参见徐实：《企业数据保护的知识产权路径及其突破》，载《东方法学》2018 年 5 期。

⑥ 《中华人民共和国反不正当竞争法》第十条。

进而达到对数据的双重保护机制①。但需要注意，一般情况下，数据与商业秘密具有一定区别，数据集控制者的数据一经共享便不会产生不可挽回的损失，而商业秘密一经公开产生损失巨大，且严重影响公平公正原则；商业秘密对数据集控制者的保护一般是指特定的处理技术，因为数据在他人信息基础上产生，并且他人完全可以通过其他方式取得数据集成果。只能说，对于数据信息是否属于商业秘密，在于是否符合法律规定的有价值性、新颖性和保密性。只能说，商业秘密对数据也属于一种附加保护。

3. 合同路径及不平等性。合同路径对大数据的保护主要体现在通过双方合法的意思自治对数据交易进行契约约束。实践中该路径多存在于数据交易中心所内，合同路径与产权路径最主要的区别是合同作为一种债权路径不具有排他性，这就意味着难以对抗第三方②。从法律经济学上来说，合同路径对数据的保护会促使交易成本的提高，生产者与消费者均无法实现经济利益最大化，不利于数据共享的社会福利的实现。

一方面，因数据的易复制性以及易传播性，数据服务提供者会加大对数据控制技术的投资，进而提升数据交易价格，同时严格控制交易量以及交易质量，以防出现隐私泄露问题导致违约成本增加。目前实践中，大数据交易中心中（比如中关村与贵阳数据交易中心内）有不少非公开数据交易③，而数据交易提供方因占有的绝对优势以及对各种成本的预期，在选择许可交易的同时设置各种条条框框，包括进行技术保留措施或者进行期限及范围限制；这极易导致数据交易的不公平，使互联网小企业进入数据门槛提高，而互联网巨头早已选择股份交叉持有的方式来建构不同领域的数据共享，以实现单方对某一领域的支配，导致对数据交易市场秩序的破坏。

另一方面，以结果为导向，因合同是双方意思自治契约行为，事后举证难度高、诉讼成本高、谈判不平等性等问题容易出现。基于公共利益以及社会福利，需要法定权利调节这种不平等的存在。

---

① Brenda M. Simons & Tedsicheiman：Data-Generating Patents，111 NW. U. L. Rev. 377 （2016 - 2017）.

② 参见龙卫球：《再论企业数据保护的财产权化路径》，载《东方法学》2018年3期。

③ 罗曼，田牧：《理想很丰满现实很骨感 贵阳大数据交易所这六年》，载证券时报网2021年07月12日：https://stock.stcn.com/djjd/202107/t20210712_3426536.html.

4. 侵权法规制现状及消极性。侵权保护是一种区别于财产规则的责任保护规则，财产规则与责任规则的主要区别于"卡-梅框架"[卡拉布雷西（Guido Calabresi）和梅拉米德（Douglas Melamed）]①；财产规则侧重于产权持有者的物权权利，包括占有、转让、使用及收益。而责任规则偏向于事后规制，保护方法过于消极，其保护在于事后的补偿。若仅有财产规则保护，当发生侵权时，权利人不能阻止他人使用并收益，也不能要求立即停止侵权，只能束手等待赔偿。

从法经济学角度来讲，产权赋予与否应取决于交易成本与交易效益。如果在新领域内基本交易成本较高，交易效益又较低，碍于多数人不会选择自由交易，法律一般适合赋予责任规则保护②。但若交易效益明显高于交易成本，那么进行财产规则保护会有利于进一步增加交易效益，促进市场经济活动的进行。反观大数据领域，数据交易因涉及主体不同，交易过程比较复杂，但无论是原始数据交易还是匿名化数据的交易，实践中数据交易的大量存在已经证明数据的交易效益远高于交易成本。同时，以结果为导向，数据交易共享明显有利于遏制互联网巨头垄断、数据黑色产业、数据鸿沟等现象的出现，从而实现社会财富最大化。可见，赋予数据产权是手段，实现数据的有序交易共享是目标。

总之，责任保护是对于个案的消极事后规制，其证据以及诉讼成本也比较高，判定赔偿不确定性较高，导致侵权人明知侵权但因侵权成本低于收益效益而选择继续侵权，这不利于运用法律引领人们的行为。

5. 消费者权益保护法规制路径及特定性。对于数据交易主体是否适用于消费者权益保护法，争论表现为数据交易是否适用于消费者为生活而购买数据产品③。虽然存在出于个人研究需要购买数据，并且遭受欺诈可以要求惩罚性赔偿，但若以"为生活需要购买"为标准，实践中存在的大多商业数据交易不能适用。即使没有此标准，消费者权益保护法下的被保护方一般并非是用户，而是消费者，这就难以发挥消费者权益保护法对数据交易中的弱者保护功能，更别提惩罚性赔偿了。

---

① 参见唐纳德·A. 威特曼编：《法律经济学文献精选》，法律出版社 2006 年版，第 14 页。
② 参见威廉·M. 兰德斯，理查德·A. 波斯纳著：《侵权法的经济结构》，北京大学出版社 2005 年版，第 246 页。
③ 《中华人民共和国消费者权益保护法》第二条第一项。

正因为消费者权益保护法对数据交易保护的局限性，于 2021 年 3 月，美国弗吉尼亚州议会通过了《消费者数据保护法》（CDPA）[1]，该借鉴了欧盟《一般数据保护条例》以及《加州消费者隐私法》（CCPA），主要针对对象是用户消费者，除了赋予消费者访问、删除、更正等基本权利之外，还给予消费者极大的权利，包括自由选择个人数据能否出售以及是否允许对个人数据进行分析或进行定向广告的权利。

（二）拟议数据产权的权利类型

目前对于数据应建立的权利类型主要有以下学说：

1. 隐私权保护说。对于个人数据，应倾向于隐私保护例如目前《民法典》就将其相关规制主要放入人格权项[2]。该学说借鉴了美国对数据的隐私法保护。在美国，隐私相当于人格；而在大陆法系，隐私仅是具体人格利益，因隐私权概念外延不同，不应该盲目进行借鉴。

2. 借鉴知识产权保护制度说。个人数据兼有人格利益与商业利益，知识产权在这方面类似，认定数据库属于数据汇编的版权客体（不具独创性的数据库则为邻接权客体）[3]。但是数据的价值并不表现于数据的排列上，而是数据本身，这与知识产权的注重信息排列或组合的独创性不同。再者，知识产权中邻接权一般不关注信息，而是关注作品传播中产生的创造性劳动（一方面数据一旦传播极易失去经济价值，另一方面邻接权保护客体扩展容易促进数据垄断，难以实现数据共享的目标）。

3. 所有权保护说。该说认为数据是一种资产，应当明确何种数据归谁所有，除了基于法律与公共利益的限制，应当赋予所有权人与物权无差别的占有、使用、收益、处分的权利，相关主体应该是数据资料生成者个人，具体表现为同意权、删除权等（对于经过匿名化的聚合性数据，企业享有限制性所有权）[4]。然而，数据与有体物不同，不能完全照搬物权权利；同时，企业享有的限制性所有权是以"限制性权利"为结果出发的，

---

[1] 《消费者数据保护法》（Consumer Data Protection Act），美国弗吉尼亚州州长于 2021 年 3 月 2 日签署。

[2] 《中华人民共和国民法典》第一千零三十三条到第一千零三十九条。

[3] 参见阮正贤：《大数据财产权的法律属性及法律保护》，载《北京邮电大学学报》（社会科学版）2021 年 3 期，第 10-19 页。

[4] 齐爱民著：《大数据时代个人信息保护法国际比较研究》，法律出版社 2015 年版，第 134 页。

而不是通过有逻辑论证得出的。

4. 数据财产权说。该理论认为，应当赋予权利人数据财产权，该权利是有排除他人干涉的一种新型财产权利[①]；该数据财产权具有请求权效力、排他效力、追及效力及优先效力，自然也具有与物权等同的占有、使用、收益、处分的权利（当然，因客体性质不同，亦不能完全照搬物权权利）。

5. 权利集合说。如上文提到的，财产权是捆绑的"权利束"[②]，该学说认为数据财产权利为权利集合体（此时只着眼于权利的流转属性而非权利的归属）。其实，在对数据权利完善的同时，其产权虽未表明但已逐渐明确。没有产权的支持，易导致交易上的不确定性，产权就如海洋下的岛基，平时只见岛面未见岛基，海风吹来，潮涨潮落，偶尔会露出海洋下的岛基，岛屿终需岛基的支持。

（三）数据规制现状与拟议产权制度的比较分析

1. 反向比较辨析。学界对数据产权提出反对意见主要是因为：

（1）以人格权理论为基础反对个人信息产权，认为人格权客体只能内在于主体，个人的信息为财产权客体会导致主体客体化，不仅有损人格尊严，也会广泛发生侵犯隐私的现象。

（2）数据从生成到收集到使用经历不同主体，数据所有权的子权利因主体关系及数据的特性难以展开；当出现同一数据被多个主体共享时，权利体系难以精准规定，这会是对数据产权界定的一大挑战[③]。

（3）若赋予数据绝对权，按照所有权制度，其物权制度如占有、登记及物权公示制度很难适用[④]。

（4）若赋予个人数据所有权，企业谈判成本将会增高，并且定价困

---

① 参见齐爱民，盘佳：《数据权、数据主权的确立与大数据保护的基本原则》，载《苏州大学学报》（哲学社会科学版）2015 年 1 期，第 66 页。

② 参见罗伯特·考特，托马斯·尤伦：《法和经济学》，张军等译，武汉大学出版社 1997 年版，第 125 页。

③ 参见梅夏英：《在分享和控制之间数据保护的私法局限和公共秩序构建》，载《中外法学》2019 年 4 期，第 850 页。

④ 参见梅夏英：《在分享和控制之间数据保护的私法局限和公共秩序构建》，载《中外法学》2019 年 4 期，第 863 页。

难，即企业在收集、处理数据过程中需要与每个用户进行谈判①，而根据用户的隐私偏好值及信息知晓程度的不同容易产生定价不同的问题，况且赋予个人信息产权容易使企业的数据集产权碎片化，会阻碍数据创新与共享。

（5）美欧均回避有关数据产权的界定，我国无论是《民法典》还是《个人信息法保护法》亦均回避数据确权——既然是理论难题，不妨"让子弹飞一会儿"。

这里需要将以下情况的逻辑进行厘清：

（1）以人格权为基础反对数据产权。该逻辑梳理为：对于人格权客体只能内在于主体的说法，学者刘德良提出将人格权客体划分为精神型人格权客体与物质型人格权客体②，精神型人格权客体（包括姓名、肖像、信息等）非与主体不可分离，该客体在社会中出现了大量的自愿交易，同时因其外在性，对人格尊严不必然侵犯。真正内在于主体并且与主体不可分离的是身体、健康、生命等物质型人格权客体。《民法典》第九百九十三条"公开权"的规定授予了民事主体将自己的姓名、肖像等许可他人使用的权利，这是《民法典》在人格财产利益方面跨出的重大一步，首肯了民事主体对精神型人格权享有的支配性权利③。而个人信息产权会导致广泛隐私权的结论更有其逻辑漏洞，法律不能脱离社会现实。信息的财产属性在数据时代愈发显现，法律应发挥引领作用，允许使用不等同于滥用，更不等同于无限制，就如凡是权利必有限制一样，信息产权必然有一个"圆点"的规制，如果个人对自己信息不能享受其财产价值，这也是对其自决权的一种不尊重。

（2）数据涉及主体众多导致难以规定。这是一种新型权利出现时理应面对的问题。当社会从纸质时代到互联网时代，知识产权也会面临众多复杂问题，但法律不能落后于时代脚步，需要紧跟立法思路，研究社会主体共同需求，使拟议制度完美弥补行为事实 T 与社会需求 N 之间的落差，并

---

① Woodcock, Ramsii A. Big Data, Price Discrimination, and Antitrust, Hastings Law Journal, Vol. 68, 1371-1420 (2016-2017).

② 参见刘德良：《个人信息的财产权保护》，载《法学研究》2007 年 3 期，第 80-91 页。

③ 温世扬：《中国民法上的"公开权"——〈民法典〉人格标识许可使用规定之解析》，载《当代法学》2021 年 2 期。

层层分析数据组成"圆点"的元素规制问题，使法律与其他规制元素共同作用并解决难题。

（3）对于适用物权相关制度产生的相关问题，当新的法律事实出现时，首先应该在以往的法律规范土壤中找出应对之策，不可盲目立法，但也要力戒僵硬套入传统理论框架，而应灵活调整，发挥传统制度应有的作用。

（4）数字产权会导致企业谈判成本增高。目前，《个人信息法保护法》规定企业需与个人进行"谈判"①。对数据进行确权的目的是促进共享与创新，在法律规则明确下，企业可以通过数据交易获得收益；同时，其产权碎片化忽略了数据权利体系的具体配制，而数据聚合性是数据本身属性，不能说赋予个人数据绝对权会导致产权碎片化。对于个人数据来说，其完整的数据权表现于对其信息自决权的尊重。对于商业数据来说，其数据权应倾向于数据集的财产利益的保护，所以各方主体拥有的数据权利并非完全一致，便不能说这是产权的集合或产权的碎片化。

（5）国外法回避数据确权。良好的法律制度要在不断的探究摸索中形成，需要在探究本土行为事实 T 的基础上，寻找最普遍满足社会共同需求 N 的价值体系，从而给予符合法律规范目的（法律价值判断）的法律制度安排。在"让子弹飞一会儿"的过程中，应该不断明确"子弹"的最终去向与落脚点。

2. 正向比较明晰。美国法学家伦斯·莱斯格（Lawrence Lessig）首次系统提出了数据财产化立法思路，认为数据本身的财产属性可以打破人格隐私保护的传统模式，促进数据保护及数据产业发展②。美国政府积极引导企业实施数据共享计划，通过制定相关策略使用户对数据由控制转变为分享③；企业一方面获得分享的利益，一方面则可以实现精准市场营销，这是一种双向利益机制。总的来说，这种拟议数据确权安排具有以下优点：

其一，数据财产确权能降低信息成本。美国学者亨利·汉斯曼

---

① 《中华人民共和国个人信息保护法》第 13 条到第 17 条。

② Paul M. Schwartz. Beyond Lessing's Code for Internet Privacy: Cyberspace Filter, Privacy - Control, and Fair Information Practices. Wisconsin Law Review, 746 (2000).

③ 参见龙卫球：《数据新型财产权构建及其体系研究》，载《政法论坛》2017 年 3 期，第 63-77 页。

（Henry Hansmann）相关，财产法"定义了一套公认的财产权形式，产权越标准化，评估提议的交换所需的信息成本就越低"[①]。虽然《个人信息保护法》对个人信息的收集及处理规定了知情同意权[②]，以尊重信息主体的意思自治，但目前信息主体仍面临着限制性选择（要么每年花大量时间阅读每一份隐私政策，要么忽略这些政策，导致对每次交易的细节一无所知）。这会导致法律规定脱离社会实践，使得知情同意权没有良好的配套机制帮助实施。如果对数据进行确权并给予一系列相关权利，因法律的明确性，只要数据主体知悉自己的权利，数据收集者明确自己的违法成本，法律便实现了应有的调节作用。此外，财产化确权通过明确各方权利义务可以降低第三方数据购买者的信息成本。诺贝尔经济学奖得主阿尔文·罗斯（Alvin Roth）指出，标准化使市场设计师能够将"一个市场转变成一个商品市场，使它变得非常厚实"[③]。数据购买者越容易知道他们在购买数据时获得了什么样的权利，市场就"越厚实"。

其二，数据财产确权加大了对个人数据安全方面保护力度，不同主体对数据保护的需求不同（正如演艺人员更偏向于打造人设，从而公开某些方面的数据，而其他人则各有各的隐私偏好设置），赋予数据产权具有保护不同人隐私偏好设置的机制，避免了对数据保护一刀切的现象。

其三，创造产权促使数据利益相关者承担起不提供误导性或虚假数据的责任，数据所有者会扩大权利的保护面，数据利益相关者则偏向安全保存数据，这明显容易促使特定利益相关者重视数据质量，数据质量的提升会促进数据市场交易，市场诚信机制也更加容易形成。

五、立法评价方法与立法调整——数据产权规则探索

上文已经对行为事实特征及范围予以确定，并阐述了数据产权立法的必要性，因此这部分着重讨论社会主体共同需求 N。共同需求需要在探究确定主体类型、需求内容以及需求层次的基础上，与价值判断、社会事实

[①] 亨利·汉斯曼：《企业所有权论》，于静译，中国政法大学出版社 2001 年版，第 145 页。

[②] 《中华人民共和国个人信息保护法》第十三条到第十四条。

[③] 参见约翰·冯·诺伊曼，奥斯卡·摩根斯坦：《博弈论与经济行为》，建华等译，北京大学出版社 2018 年版，第 134 页。

T结合，不断来回穿梭分析研究，从而最终确定相关法律规范。因数据涉及相关主体较多，而数据新型财产权各方均享有特定权益，所以需要从权益角度进行分类规定。目前，一般将数据相关权益分为三种权益类型，即分别从个人权益角度、商业利益角度以及国家安全与公共利益的角度进行法律制度安排。

（一）个人权益角度的信息产权构建

1. 社会主体共同需求——个人信息"权利束"的展开。从个人权益的角度看，电子商务环境下，网络经营者对个人用户数据信息进行收集、分析或者二次加工之后再利用数据进行交易的过程中，在具体操作上极易侵害个人信息安全；因此，用户普遍需求内容为希望拥有个人信息自决的权利。

其一，于人格隐私方面，要求信息收集经过个人明确知情同意，分析及二次加工利用过程中要确保信息安全以防出现信息不当泄露以及未经同意进行原数据打包兜售等违法行为；在权利方面表现为知情权、同意权及撤回同意权。同时，个人希望有权向个人信息处理者查阅、复制其个人信息，权利方面表现为查阅权与复制权。用户后续希望可获得及时更正自己错误信息或者删除自己信息的权利（权利方面表现为更正权及删除权）。个人也希望可以将个人信息转移至其指定的个人信息处理者，而且具有转移的途径（权利方面表现为个人信息可携带权）。当然也有个人提出更严格的需求，例如希望平台浏览娱乐不被算法所滥用（如微博、抖音平台基于用户搜索内容、停留时间、关注以及点赞来对用户进行偏好画像，进行类似内容推荐）。并且这样极易形成思想茧房，造成网民思想与言论的偏激，权利上表现为自决权。

其二，于财产利益方面，因个人信息的特殊性，不是所有个人信息都可以进行商业交易，在不违背法律基本理论以及社会伦理道德情况下，只有具有商业价值的个人信息才可具有财产利益。有学者根据信息对个人关联性的强弱或者伴生性的强弱来进行区分[①]；但即使关联性和伴生性极强的信息（如肖像）现实中，多存在交易，因此应该从反映人格本质与反映人格标识的角度进行区分（就如同生命、身体与名称、肖像的区分）。一

---

① 参见李齐，郭成玉：《数据资源确权的理论基础与实践应用框架》，载《中国人口·资源与环境》2020年11期。

类个人信息是于目前市场经济、社会伦理道德现状而言一旦与另一个陌生人分享极易发生经济上或者精神上的侵害的信息多属于敏感信息（比如金融账户、医疗健康信息等），《中华人民共和国个人信息法》规定了个人敏感信息①。另一类是于目前市场经济、社会伦理道德现状而言一旦与另一个陌生人分享会发生无可预见性的侵害后果（如浏览记录数据、电话号码等，且在权利上可以表现为收益权）。另外需注意，在需求层次上，个人信息的人格隐私的保护应该大于财产利益的保护，这就要求在规制某项权利时注意例外规定的考虑。

对于以上从需求角度分析的权利，目前在个人信息权利规定上，《民法典》规定了自然人的知情同意权、拒绝权、更正权以及查阅权。《中华人民共和国个人信息法》第十四条到十八条规定了个人信息的同意权、撤回同意权以及相关知情权，第四十五条到四十七条依次规定了查阅权、复制权、个人信息可携带权、更正权以及删除权；而有关收益方面，《民法典》第九百九十三条规定的"公开权"则是一大突破，首次肯定了姓名、名称、肖像的许可使用。

2. 法律价值判断与立法调整——个人信息产权界定。从法律角度研究，财产是一组权利，每一个权利均有"圆点"边界，于圆点之中可能行使占有、使用、收益以及排他行为，于圆点之外便是对权利的禁止行使内容。从洛克劳动理论来说，人通过其自身所有的劳动使东西脱离自然的或所处的状态，从而确立了个人对劳动对象的所有权②；马克思也认为，劳动是创造一切价值的源泉。信息来源于个人，个人使它脱离自然状态，从而论证出个人对信息的独特产权。但以上的论证结果需结合社会需求 N 与价值判断进行综合考虑，即"权利束需求满足+人格隐私的保护应该大于财产利益的保护"。因此对于个人信息的需求层次不同，其最终论证结果不同。

其一，对于不可交易的数据信息，即上文提到的于目前市场经济、社会伦理道德现状而言，一旦与另一个陌生人分享极易发生经济上或者精神上的个人信息侵害，应该对其强调不可交易性，最好不赋予产权。

① 《中华人民共和国个人信息法》第二十八条第一项。
② 参见［英］洛克：《政府论》（下），叶启芳、瞿菊农译，商务印书馆1996年版，第78页以下。

其二，对于可交易的财产利益信息，前面部分已分别分析过侵权法或隐私项下对数据信息保护的缺陷，因此应该赋予此类信息产权，以得到全面的事前保护与事后侵权赔偿。这就要求法律对这类信息的权利进行扩充，为此类信息的支配性及排他性作补充性支撑。《中华人民共和国个人信息法》第十四条的规定就是一大亮点，它赋予了个人信息可携带权，即当满足一定条件时，数据主体有权将某些数据从一个控制者传输给另一个控制者，这极大加强了个人对信息的控制程度。若进一步加大个人对信息的支配性，消费者则希望能够获得数据处理背后的推理知识①，或者利用相关资源找到更好的交易对象②。

(二) 商业利益维度的数据产权构建

1. 立法评价方法——数据所有权与匿名数据集产权界定。于商业利益维度上，相关主体包括主要以营利为目的从事商业行为的法人、非法人组织等。相关数据分为两类：第一类是对于组织体内部产生的数据（包括企业的商业秘密数据、涉及知识产权的数据），应归组织体所有，在不妨碍公共利益且符合公平公正情况下，企业有权按自己意愿进行处理；第二类是第一类以外的数据（主要是对用户收集、分析的数据等），因涉及用户数据自决权，容易存在争议，所以此段主要讨论这一类数据。商业主体在征得用户同意签订第一份合同时，需要具有移动应用平台、云计算后台、用户维护运营等一系列投入③，此时，企业希望收集、分析、保留用户数据的能力不被限制；后续进程中，企业对数据进行一系列加工处理，一般希望可用于定向广告或者增加用户良好体验感。同时，企业希望能够充分利用聚合用户数据（特指已进行技术处理的数据集，比如对数据进行假名

---

① 《关于个人数据自动化处理的个人保护公约》（Convention for theProtection of Individuals with regard to Automatic Processing of Personal Data,），欧洲理事会1981年发布；其中第九条第三款扩大了数据主体行使访问权时数据控制者需传送的信息目录。此外，当数据处理的结果作用于数据主体本人时，数据主体有权获得数据处理背后的推理知识。这种新权利在个人数据画像方面尤为重要。

② 欧盟《一般数据保护法案》[General Data Protection Regulation（GDPR）]，欧洲议会投票通过，2018年5月25日生效。英国信息专员办公室（ICO）承认，GDPR第二十条规定的数据可移植性权利旨在实现转移。事实上，ICO希望第二十条将"使（消费者）能够利用应用程序和服务，利用这些数据为他们找到更好的交易或帮助他们了解他们的消费习惯"。

③ 参见李刚、张钦坤、朱开鑫：《数据要素确权交易的现代产权理论思路》，载《山东大学学报》（哲学社会科学版）2021年1期，第88页。

化、匿名化、泛化或抑制和随机化，即匿名)①，从而可在合法预期范围内进行数据交易，扩大收益范围。不得不说这些技术是数据企业的保护壳，经过特殊技术处理，数据脱离数据主体，数据企业将不同的单个数据进行分析聚合形成新形态财产，发挥数据的应有价值，这样无论劳动理论、民法添附理论还是合理激励理论、公平公正原则，均应支持企业获得此类数据的所有权，包括相应的占有、使用、交易的权利。此外，其他无数据收集、处理能力的企业希望能够得到数据共享，以确保能够在数据时代立脚。目前，我国数据诞生品创新性不足，同时，数据企业对数据集的秘密保留极易产生数据垄断，这就要求法律在保护数据安全创新的同时应倾向激励数据共享。

一方面，对于通过"非对价支付"方式获得的用户数据，比如用户自愿给予的非必要信息或者用户明确自愿加入该信息匿名化后的公有产权，应探究此类匿名数据的公有产权。另一方面，对于其他对价方式，如平台提供免费信息查找、视频娱乐服务等，用户为享受服务而给予了信息，企业享有数据产权，基于鼓励数据共享、刺激数据产业的发展目标，应该采取措施激励企业交易，

2. 立法调整——数据处理者义务规制。在立法评价方法中，于需求层次上，企业所需求的并不是个人信息，而是经过技术处理过的大数据所带来的财产利益；于价值判断上，考虑到个人相对于数据属于弱者，也极可能成为最终风险承担者，因此在对企业赋予特定条件下的所有权时，应对企业施加必要的义务。《中华人民共和国个人信息法》在第四章规定了个人在个人信息处理活动中的权利后，紧接着于第五章规定了个人信息处理者的安全措施义务、指定代表义务、对处理活动进行合法性审计义务、特定情况下的风险评估义务以及个人信息泄漏的补救措施等；虽然如此，《中华人民共和国个人信息法》对于责任承担却缺乏规定细则。英国规定了数据保护影响评估（DPIA）在责任认定方面的作用，如果企业、组织未开展 DPIA，未能通过协议等方式约束数据共享方的责任导致数据主体权利受损，则可能面临 2 000 万欧元或全球营业额 4%的罚款。反之，如果在数据共享前认真进行了 DPIA，通过合同、协议等形式严格约束并认真落

---

① 参见国家标准《信息安全技术—个人信息去标识化指南》（GB/T 37964—2019），中华人民共和国国家市场监督管理总局、中华人民共和国国家标准化管理委员会发布。

实，在安全事件、违约情形或第三方因素导致的数据主体权益受损的情况下，则会根据比例原则合理界定其应当承担的责任边界与程度①。

目前，有必要通过完善法律细则，发挥法律的直接规制与间接规制作用。市场规制方面，法律应该规制市场秩序，促进良好的市场循环；社群规范方面，相关企业对共享市场的数据产业发展认识不足，局限于建构自身垄断利益，因此需要进行宣示性规定；代码方面，有待加大对代码的技术开发运用②，寻找、更便利、更最安全的技术运用与数据共享方式，最终使数据交易各方权利义务得以公平确定。

(三) 公共利益与国家安全维度的数据公共产权探索

1. 国家数据安全法律规制建议。从国家需求角度出发，要确保国家数据主权不受干涉，禁止他国的数据霸权入侵以及对国内个人的信息进行监控。对此，《中华人民共和国网络安全法》作出了重要行业分类以及概括兜底的规定③。而《中华人民共和国数据安全法》也规定 "关系国家安全、国民经济命脉、重要民生、重大公共利益等数据属于国家核心数据，实行更加严格的管理制度"④。建议在对国家特别数据进行概括规定的同时，提供行业分类下更加详细的列举指导，对于国家数据安全，应从互联网技术 (独立的国家互联网安全系统)、行为惯例 (政府部门及企业的行为认知)、市场监管制度 (对涉及国家安全、重大公共利益等国家核心数据的重点管理) 以及法律法规等方面共同进行最合适的规制。

2. 政府公共数据共享准则。政府掌握着大部分公共数据以履行公共职能，政府一方面保证政府内部敏感数据的保密与安全，保证国家核心及保密数据不被侵犯；另一方面政府需要促进数据产业发展，形成良好的市场环境。这就要求政府内部对政府信息进行分级分类管理。

第一大类信息涉及国家、政府机密、商业秘密、个人隐私以及法律规定不得共享的数据，应进行级别分化。这类数据可因主体不同分为三到四个级别，并制订相关安全计划，定期对相关措施和安全计划的有效性进行

---

① 英国《数据共享行为守则》(征求意见稿)，2019 年 7 月 16 日公开向社会征求意见。
② Schwartz, Paulm, Property, Privacy, and Personal Data, Harvard Law Review, Vol. 117, 2056-2128 (2004).
③ 《中华人民共和国网络安全法》第三十一条第一项。
④ 《中华人民共和国数据安全法》第二十一条第二项。

测试评估，保证安全性及质量。

第二大类信息便是第一类以外的可进行交易共享的数据。对此类数据应该根据来源不同进行分级保持。之所以根据来源进行分级，是因为一定程度上"主体"来源不同代表着利益的不同需求。在分级时，应该考虑到每级别数据所含有的数据权益，数据的披露不得对抗公共利益，根据情况分为有时间效应的共享、有条件的共享以及无条件的及时共享，在对每级数据进行共享决定时，应遵循质量与安全原则，保证数据保持完整、准确和及时更新，并采取适当措施防止数据被非法修改、泄露、利用或灭失。另外，对数据的处理以及公开过程均应该有记录系统予以佐证。政府在数据时代同时肩负着监管与促进数据产业发展的职能，这就要求其承担更大的责任，履行更多的义务。在立法调整方面，要注意考虑以下三个因素。市场方面，政府财政问题可通过税收安排调节数据收益；社群规范方面，应加大政府工作人员对数据安全的思想认知教育宣传；架构方面，要注意政府内部的区块链技术引进，在保护政府核心数据的同时加快数据共享。

3. 社会组织数据共享激励措施。社会组织是一个比较开放的系统，由于非营利及公益性，它可以比较容易地获得一些数据信息。社会组织也具有法人性，其在运行过程中有自身运营秘密数据出现，对于此类数据具有保密的合理性。但对于可共享的数据，社会组织首要关注的是数据信息安全，确保相关信息不被非法修改、泄露、利用或灭失。鉴于社会组织一般不会通过数据进行营利，而数据区块链技术可以快速、廉价地缓解社会组织惧怕的数据安全问题，因此可以通过区块链技术提升数据分析效率，同时采用一次性密码防止再次交易，以及设计各种区块链通道简化共享程序来激励相关机构的数据共享安排[①]。便可激励物联网数据共享，"大数据"是一项技术，在全新规范制度未形成之前，需要相关联架构的技术进行及时管制。

六、结语

"个人信息"不包括经特殊技术处理的匿名化消费者信息或综合消费

---

① 参见蔡婷，林晖，陈武辉，郑子彬，余阳：《区块链赋能的高效物联网数据激励共享方案》，载《软件学报》2021 年 4 期，第 960 页。

者信息，也不包括从国家、政府记录中公开可得的信息。对于不违背法律基本理论以及社会伦理道德，并且具有商业价值的个人信息，才可承认其财产利益，赋予信息产权。于数据企业而言，组织体内部运行产生的数据，包括企业的商业秘密数据、涉及知识产权的数据等，应归组织体所有；非经过去标识化技术处理的"个人信息"集合，不能肯定企业的相应所有权；已经过去标识化技术处理的数据集，企业具有匿名数据集产权，但用户明确自愿加入该信息匿名化体系后的公有产权除外。于国家，应该着重关注国家主权；于政府，对于涉及国家、政府机密、商业秘密、个人隐私以及法律规定的其他不得共享的数据，要履行安全保护职能，而对于可进行共享的数据，要确定数据公共产权；于社会组织，应当肯定数据组织对自身运营产生的数据具有产权，同时探究可共享数据的公共产权并予以适当激励措施。最后，回到第一部分问题上，数据产权应该属于一种新型财产权，应根据各主体需求、追求的数据创新与共享的目标，确定各相关主体相应的"占有、使用、收益、处分"权利，根据需求层次及相应的价值判断确定数据相关者的权利，使各相关主体的利益达到平衡，并最终促进循环良好的数据共享市场。

参考文献

［1］ B. CHAKRAVORTI, A. B. R. CHATURVEDI. Which countries are leading the data economy? ［J］. Harvard business review, 2019 (1): 24.

［2］ 刘睿，张继成. 立法评价方法初探：立法过程中价值评价的理性分析 ［J］. 法制与社会发展，2018 (6).

［3］ 赵加兵. 论作为数据权益客体的数据集合 ［J］. 河北法学，2021 (7): 116.

［4］ 郑成思. 信用制度与个人信息保护立法 ［J］. 人民司法，2002 (3): 68.

［5］ 李刚，张钦坤，朱开鑫. 数据要素确权交易的现代产权理论思路 ［J］. 山东大学学报（哲学社会科学版），2021 (1): 87.

［6］ 梅夏英. 数据的法律属性及其民法定位 ［J］. 中国社会科学，

2016（9）：164-183.

[7] 吴易风．产权理论：马克思和科斯的比较［J］．中国社会科学，2007（2）．

[8] 程啸．论大数据时代的个人数据权利［J］．中国社会科学，2018（3）：102.

[9] 刘德良．民法学上权利客体与权利对象的区分及其意义［J］暨南学报（哲学社会科学版），2014（9）．

[10] 徐实．企业数据保护的知识产权路径及其突破［J］．东方法学，2018（5）．

[11] 龙卫球．再论企业数据保护的财产权化路径［J］．东方法学，2018（3）．

[12] 阮正贤．大数据财产权的法律属性及法律保护［J］．北京邮电大学学报（社会科学版），2021（3）：10-19.

[13] 齐爱民，盘佳．数据权、数据主权的确立与大数据保护的基本原则［J］．苏州大学学报（哲学社会科学版），2015（1）：66.

[14] 梅夏英．在分享和控制之间数据保护的私法局限和公共秩序构建［J］．中外法学，2019（4）：850.

[15] WOODCOCK R A. Big data, price discrimination, and antitrust. Hastings Law Journal, 2016（68）：1371-1420.

[16] 刘德良．个人信息的财产权保护［J］．法学研究，2007（3）：80-91.

[17] 温世扬．中国民法上的"公开权"：《民法典》人格标识许可使用规定之解析［J］．当代法学，2021（2）．

[18] 龙卫球．数据新型财产权构建及其体系研究［J］．政法论坛，2017（3）：63-77

[19] 李齐，郭成玉．数据资源确权的理论基础与实践应用框架［J］．中国人口·资源与环境，2020（11）．

[20] 李刚，张钦坤，朱开鑫．数据要素确权交易的现代产权理论思路［J］．山东大学学报（哲学社会科学版），2021（1）：88.

［21］ SCHWARTZ P. Property, privacy, and personal data ［J］. Harvard Law Review, 2004 (117)：2056-2128.

［22］ 蔡婷, 林晖, 陈武辉, 等. 区块链赋能的高效物联网数据激励共享方案 ［J］. 软件学报, 2021 (4)：960.

［23］ 川岛武宜. 现代化与法 ［M］. 王志安, 译. 北京：中国政法大学出版社, 2004：258.

［24］ 葛洪义. 法律方法与法律思维：第 4 辑 ［M］. 北京：法律出版社, 2007：334.

［25］ 科斯. 财产权利与制度变迁：产权学派与新制度学派译文集 ［M］. 刘守英, 译. 上海：格致出版社, 2014：96.

［26］ 莱斯格. 代码2.0：网络空间中的法律 ［M］. 李旭, 沈伟伟, 译. 北京：清华大学出版社, 2009：94.

［27］ 卡尔·拉伦茨：德国民法通论 (上、下) ［M］. 北京：法律出版社, 2003：410.

［28］ 朱庆育. 民法总论 ［M］. 北京：北京大学出版社, 2013：126.

［29］ 耶林. 权利斗争论 ［M］. 潘汉典, 译. 北京：商务印书馆, 2019：150.

［30］ 梅迪库斯. 德国民法总论 ［M］. 北京：法律出版社, 2002：369.

［31］ 考特, 尤伦. 法和经济学 ［M］. 上海：上海三联书店, 上海人民出版社, 1994：136.

［32］ 戴维斯. 数据库的法律保护 ［M］. 朱理, 译. 北京大学出版社, 2007：51.

［33］ 雷炳德. 著作权法 ［M］. 张恩民, 译. 法律出版社, 2005：741.

［34］ 俄罗斯联邦民法典 (全译本) ［M］. 黄道秀, 译. 北京大学出版社, 2007：473.

［35］ 威特曼. 北京：法律经济学文献精选 ［M］. 法律出版社, 2006：14.

［36］ 兰德斯, 波斯纳. 侵权法的经济结构 ［M］. 北京：北京大

学出版社，2005：246.

[37] 齐爱民．大数据时代个人信息保护法国际比较研究［M］．北京：法律出版社，2015：134.

[38] 考特，尤伦．法和经济学［M］．张军，译．武汉：武汉大学出版社，1997：125.

[39] 汉斯曼．企业所有权论［M］．于静，译．北京：中国政法大学出版社，2001：145.

[40] 诺伊曼，摩根斯坦．博弈论与经济行为［M］．建华，译．北京大学出版社，2018：134.

[41] 洛克．政府论（下）［M］．叶启芳，瞿菊农，译．北京：北京商务印书馆，1996：78.

人脸识别及多元规制

——以"刷脸入校"为例

李瑷希

摘　要：人脸识别是解决现代社会身份认证问题的一项新技术，被广泛应用于疫情防控等领域。人脸等个人信息不仅关系到个人对隐私权和人格利益的掌控，同时也承载着公共利益和社会福利。本文首先简要介绍了人脸识别问题当前的一般争议，并参照"场景一致性"理论（contextual integrity），选取人脸识别系统在高校的管理性应用，提炼这一技术涉及的各种价值考量，最后结合多元规制模型分析这些价值考量可以借助哪些机制调整，探讨校园管理中规范人脸识别应用的可能方案。

关键词：人脸识别；个人信息；场景一致性；校园管理；多元规制

一、引论：新技术与老问题

"人脸"具有超越自然生物器官的属性：它是一种身份标识，与社会成员在社群中的地位、人气、声誉等信息存在特定关联。在人脸识别产品兴起之前，人脸的身份识别功能一直被人们以一种无意识的状态利用。这也揭示了这项技术的认知学基础：识别人脸是人类社会中最为平常和普通的任务，如人之间的辨识、演员的分辨①。在看到人脸的时刻，人们会调取记忆中与对方有关的信息，从而做出对方或社会所期待的回应。

---

① 邱建华等：《生物特征识别：身份认证的革命》，清华大学出版社 2016 年版，第 22 页。

与此相似，目前通用的人脸识别系统具体包括以下流程和步骤：通过视频采集设备进行数字化的图像获取、人脸图像预处理（从获得的人脸图像中检测出人脸并进行特征提取）、狭义的人脸识别（现场采集用户的人脸图像与数据库中图像的相似性进行计算和对比）①，最后输出结果，根据预设的算法做出反应。在某种意义上，人脸识别只是将识别主体从人替换为智能设备，而仅就信息存储工具而言，人脑的记忆有限，数据库却可以在广度和深度上储存更多信息；不仅涵盖更多主体，对同一主体而言，通过一张脸也可以与个人在社交网络中的所有档案关联，从而提高识别的效率和准确度。

身份与认证是同一块硬币的一体两面。"身份"本身没有意义，它因人的社会性，因需要被识别、被区分而有意义。在小规模熟人社会，看脸认人即可以完成彼此间的"身份认证"，不需要各种充满科技感的认证系统，人脸识别技术随着现代社会的高度流动化、陌生化应运而生。在这一变迁下，加强对个人行为的管控、确保社会安全与秩序、实现有效治理成为必要（尤其是在疫情防控等应对突发事件的场合）。国家治理现代化的基础是社会事实的清晰化，即掌握充分、精确和可靠的社会信息②。不只是国家，在不同层级的社会群体中，权力主体都会通过各种方式对成员进行身份认证，以实现对成员的控制与管理，确保具有特定权限的人享受专属的权利。

在人脸识别兴起之前，各种证件在认证制度中居于主体地位，或独立（刷卡）或与人脸结合（目测相貌对比）作为身份认证的手段，由此也出现了国家的居民身份证、企业员工的工作证、银行客户的 VIP 会员卡和学生的校园卡。为应对 2020 年新冠疫情，在校园管理场合，北京大学将人脸识别与入校权限结合并作为进入校园的唯一方式，不具备入校资格的学生（通常是由于违反学校防疫政策）和校外人员将无法进入校园③。在这个意义上，人脸识别只是解决身份认证这一老问题的新技术。技术本身没有对

① 张重生：《人工智能：人脸识别与搜索》，电子工业出版社 2020 年版，第 3 页。

② 韩志明：《模糊的社会——国家治理的信息基础》，载《学海》2016 年第 4 期，第 21–27 页。

③ 2019 年 9 月，教育部科技司曾表示校园应谨慎推广人脸识别技术，但受 2020 年疫情影响，不少高校加快了部署人脸识别的步伐，例如，北京大学发布的《面部信息采集操作流程》指出："为进一步做好疫情防控常态化背景下校园管控，现请同学们配合进行面部信息采集，用于需要身份识别的应用场景……"

错，对于人脸信息滥用风险的争议与担忧，则应当由技术自身的完善进步和对技术使用的规范来共同予以回应。

二、当前人脸识别应用的一般争议

和证件相比，人脸识别至少具有以下优势。首先，证件可以转借或伪造，人可以通过化妆"改头换面"，因此无论目测相貌对比还是刷卡都容易误判。人脸信息却与众不同，具有唯一性且在大多数情况下不易改变，从而使识别更加精准。其次，人脸识别既免除了由人进行对比检查的环节，也使认证对象摆脱了丢失证件的麻烦，在节约成本的同时提高了效率。最后，人脸识别压缩甚至取消了认证主体与认证对象的直接接触，因而减少了权钱交易的机会和人情因素的影响，更有公正性。

基于上述种种优势，人脸识别被广泛应用到不同场合的身份认证和行为识别：在公共管理方面，例如防疫流调、校园门禁、小区安保、刑事侦查、线上诉讼[①]等领域；在商业服务方面，各种支付平台（如支付宝）在设置密码的同时配备刷脸应用，为用户提供了极大便利。随着人脸识别向社会的纵深处渗透，民众对"刷脸"的态度也从热衷、赞扬转向对隐私和个人信息泄露的疑虑、担忧。对这种忧虑的回应，我国通过了《个人信息保护法（草案）》（以下简称《草案》）[②] 以及《最高人民法院关于审理使用人脸识别技术处理个人信息相关民事案件适用法律若干问题的规定》（以下简称《规定》）[③]。实务上，浙江"人脸识别第一案"备受关注，虽

① 例如北京互联网法院电子诉讼平台提供全程网络化服务，平台对接公安部身份系统，在当事人注册登录网上诉讼平台和进入法院时，需通过人脸识别进行实名认证，以确保诉讼参与人的人员身份真实（央广网：http://news.cnr.cn/dj/20190302/t20190302_524527700.shtml.）。

② 《草案》规定："第一，制定个人信息保护法是进一步加强个人信息保护法制保障的客观要求……在现实生活中，一些企业、机构甚至个人，从商业利益等出发，随意收集、违法获取、过度使用、非法买卖个人信息，利用个人信息侵扰人民群众生活安宁、危害人民群众生命健康和财产安全等问题仍十分突出。在信息化时代，个人信息保护已成为广大人民群众最关心最直接最现实的利益问题之一。"

③ 《规定》的新闻发布会上，最高人民法院副院长杨万明介绍了《规定》的制定背景："一些经营者滥用人脸识别技术侵害自然人合法权益的事件频发，引发社会公众的普遍关注和担忧……上述行为严重损害自然人的人格权益，侵害其人身、财产等合法权益，破坏社会秩序，亟待进行规制。"（引自《最高法发布审理使用人脸识别技术处理个人信息相关民事案件的司法解释（附答记者问）》https://mp.weixin.qq.com/s/25DDqtZhg4btY6uiuAm3eg.）

然本案的主要争议点并非人脸识别技术本身①。同理，前述《规定》第十二条属于说明性法条（或注意规定），对人脸识别技术的规制而言，其必要性程度并非很高②。

美国旧金山市于 2019 年 5 月出台了《停止秘密监控法令》，禁止将人脸识别技术用于公共部门，成为美国第一个禁止使用人脸识别技术的城市；此后，奥克兰、萨默维尔、麦迪逊等市都对人脸识别技术出台了禁令③。在校园管理场合，我国也存在取消人脸识别门禁的建议④。究其本质，围绕人脸识别展开的辩论并非针对人脸识别技术本身，而是背后两种法律价值的激烈冲突：一方依据隐私权文化来反对人脸识别，另一方则追求效率与安全，认为人脸识别事关公共利益，不能因保护个人隐私而牺牲社会福利。两种实质价值之间的冲突构成了人脸识别规制的根本困境，也是实定法背后的权衡。"价值位阶"的解决方式或许能赢得一些群体的拥护，却难以取得多元社会的共识。

三、校园人脸识别：一个场景化应用案例

人脸识别涉及的多元争议表明，利益衡量必须也只能在个案中进行，

---

① 见郭兵诉杭州野生动物世界有限公司服务合同纠纷案（〔2019〕浙 0111 民初 6971 号）。本文认为，法院在得出被告违约的结论之时已经完成了要求被告承担赔偿责任的说理任务，而无须论证"被告收集原告的人脸识别信息，超出了必要原则的要求，不具有正当性"。因为对于"必要性"的审查，法院未必比动物园掌握更多信息并得出更"正确"的结论。被告辩称其收集原告的人脸信息是为了后续采用人脸识别方式入园做准备，尤其考虑到当时动物园预期疫情将至、加强人流管理的需要，很难说这一行为是毫无必要性可言。

② 《规定》第十二条："信息处理者违反约定处理自然人的人脸信息，该自然人请求其承担违约责任的，人民法院依法予以支持。"法学方法论上在对法条性质进行区分时，认为法律条文中有一种分类被称为"说明性法条"，该类法条或者详细界定说明在其他法条中被使用，或考虑到案件形态的差异，将普遍性的术语特殊化，或者更进一步充实其内容（填补性法条）。前者大多涉及构成要件要素，后者大多用于对法律后果做进一步的说明。据此，该条仅是对《民法典》第一百八十六条（违约责任）的一个说明性法条，意义在于对于该条的一个具体类型进行详细描述。而请求权基础仍在第一百八十六条，而非本条（说明性法条是不完全法条）。

③ 邢会强：《人脸识别的法律规制》，载《比较法研究》2020 年第 5 期，第 51—63 页。

④ 例如华中师范大学法律服务中心曾制作《关于我校学生社区门禁应用人脸识别技术的法律分析报告》，提出尽快取消人脸识别门禁、进行信息公示、确保数据信息存储安全等建议；但该建议并未被学校采纳（华中师范大学工会委员会：http://gh.ccnu.edu.cn/info/1041/3871.htm.）。

因为各种权利、各种原则之间的界限不能被一劳永逸地确定，它们之间的关系反而在一定程度上是"开放的""动态的"。它们之所以容易发生冲突，就是由于不存在一个固定的位阶秩序将其效力范围自始确定下来①。我国目前尚无对人脸识别信息的专门立法，而是通过对生物识别信息的一般性立法概括规制人脸识别。这决定了此类规制多为原则性规定，没有场景化、差异化的具体操作规范，因而无法很好地适应不同场景、不同类型个人信息的规制需求②。风险和利益会因场景和行业的改变而改变，数据处理的具体规则也随之不同，对这些因素应当给予综合考量，针对生物识别信息的不同场景建立一个合适的规制框架，以使个人生物识别信息保护和利用之间达到平衡。

教育部数据表明，2020 年我国高等教育在校生总规模为 4 183 万人，专任教师共有 183.30 万人③。高校如何运用人脸识别技术，将影响到规模庞大的信息主体，其示范效应也可能进一步影响到中小学，这也是本文选取这一场景作为研究对象的原因之一。疫情期间学校出于防疫管理的目的在校门口设置刷脸门禁，往往忽视了合法性的论证；同时，我国目前对于人脸识别技术的法律规制过于宽松，学理上也存在争议。

根据场景一致性理论（contextual integrity）④，隐私权既不是保密的权利，也不是控制的权利，而是适当流动个人信息的权利。因为如果认为隐私权是一种控制权，那么它必须为了公共利益而被调节、被权衡、被妥协；该论点反对对隐私权的一维的私人/公共区分，主张一种细致的"重新情景化"模式，在这种模式下，信息应该根据管理不同社会背景的规范来分类和保护，强调特定场景下的一致性及不同场景的区别性。

本文以场景一致性理论为指导，以北京大学为例，选取"刷脸入校"这一对于人脸识别信息的管理性使用场景，力图超越教义学的形式讨论，对我国逐渐大量应用人脸识别系统的学校、社团等场景予以研究，揭示高校人脸识别存在的问题，构建这一技术在校园场景的合理应用及其多元规制。

---

① 【德】卡尔·拉伦茨：《法学方法论》，黄家镇译，商务印书馆 2020 年版，第 508 页。
② 最新《规定》或许意识到了这一点，第 10 条特别规定了物业服务场景人脸识别的应用。
③ 资料来源：http://www.moe.gov.cn/jyb_xwfb/gzdt_gzdt/s5987/202103/t20210301_516062.html.
④ Nissenbaum, Helen F. Privacy in context: technology, policy, and the integrity of social life. Stanford Law Books, Stanford, Calif, 2010: 129.

四、"人脸"作为隐私——校园场景中的价值考量

我国法律并未对"人脸"做出定义，《规定》第一条将人脸信息纳入《民法典》第一千零三十四条"生物识别信息"的范畴。个人生物识别信息是一类新型个人信息，《草案》将其规定为"敏感个人信息"①，但我国法律并未明确其具体内涵。欧盟《通用数据保护条例》（GDPR）规定，个人生物识别信息是通过特定的技术识别而获得的个人信息，具体包括面容、指纹、虹膜、静脉、声纹等生物信息以及相关行为特征。人脸识别相对其他生物信息具有独到的优势，不需要接触待识别对象即可进行取样、识别，且成本低廉，导致人脸识别适用范围巨大；但人脸受角度、表情、光照等外界因素的影响较大，是该方法的技术困难所在②。

作为一种特殊的个人信息，我国《民法典》第一千零三十四条规定人脸识别适用隐私权或个人信息的有关规定；司法实践中也存在通过隐私权来保障个人信息③。但隐私权的保护模式在理论与实践上存在不足。首先，人脸是否属于法律规定的可适用隐私权的"私密信息"范畴有待讨论。人脸区别于身体其他部位的特质便在于它具有重要的身份和角色象征，因此更多地具有公开而非私密的性质。生活在社会关系网络中的人出于交往的便利和自身发展的必要，也很难完全拒绝来自他人的、每时每刻的"人脸识别"；即使疫情期间人们形成了戴口罩的习惯与社会规范，也是为了防范感染的风险而非认为自己的脸是需要掩盖的"隐私"。正如美国一家法院在合众国诉迪奥尼西奥一案的判决书所言："任何人都不能合理地期望别人不会知道他的声音，正如他不能合理地期望他的脸对世界来说是一个谜一样。"④

---

① 《草案》第二十九条："敏感个人信息是一旦泄露或者非法使用，可能导致个人受到歧视或者人身、财产安全受到严重危害的个人信息，包括种族、民族、宗教信仰、个人生物特征、医疗健康、金融账户、个人行踪等信息。"

② 沈理、刘翼光，熊志勇：《人脸识别原理及算法：动态人脸识别系统研究》，人民邮电出版社2014年版，第3页。

③ 谢远扬：《信息论视角下个人信息的价值——兼对隐私权保护模式的检讨》，载《清华法学》2015年第3期，第94-110页。

④ Douglas A. Fretty：Face-recognition surveillance：a moment of truth for fourth amendment rights in public places. Virginia Journal of Law & Technology 16, no. 3（Fall 2011）：430-463.

在立法层面上，《民法典》第一千零三十二条规定自然人享有隐私权，即"自然人的私人生活安宁和不愿为他人知晓的私密空间、私密活动、私密信息。"《民法典》第一千零三十三条规定，除法律另有规定或者权利人明确同意外，不得实施包括"拍摄、窥视他人身体的私密部位"和"处理他人的私密信息"等行为。据此，人脸不满足我国法律对隐私的定义，因为它既不属于生活安宁的范畴，也不是私密空间、私密活动、私密部位、私密信息，反而是公开的，在一定范围内为社会特定人或者不特定人所周知。但以上种种也不是绝对令人满意的解释，不然我们无法理解"男子戴头盔看房""社交媒体上人们遮挡面部发布照片"等现象。凡此种种，都表示人脸至少在某些情况下是人们出于各种考量而不愿为他人知晓的信息。

生物意义上的人脸就其特质而言确实有公开大于私密的属性，但人脸被转化并存储为信息之后有所不同。就后者而言，"人脸"确实有隐私的含义。刘晗指出，在信息网络时代，人类生活留下的数字化信息大幅度增长，并被长时间地（甚至是永久性地）保存下来，且可供日后任何不特定的人检索。人脸识别运作的关键就是将人脸从视觉影像保存为长久储存在数据库的信息，"（信息）可能会被别人所用，无论是用于赚钱还是用于整人"[1]，并成为人们对人脸识别产生不安全感和失控感的根源，即使这些技术造成了何种客观损害尚不明确[2]。

人脸之所以应被视为一种信息隐私，更根本地在于它包含隐私制度对应的各类社会价值，包括保密（secrecy）、独处（solitude）、尊严（dignity）、掌控（control）、亲密关系（intimacy），以及体面（decency）[3]等，在"刷脸"普及的时代都面临着被侵犯的风险[4]。这一点在"刷脸入校"等校园管理的场合体现得更明显。

---

① 刘晗：《隐私权、言论自由与中国网民文化：人肉搜索的规制困境》，载中外法学 2011 年第 4 期，第 870-879 页。

② 胡凌：《刷脸：身份制度、个人信息与法律规制》，载《法学家》2021 年第 2 期，第 41-55 页。

③ 戴昕：《"看破不说破"：一种基础隐私规范》，载《学术月刊》2021 年第 4 期，第 104-117 页。

④ 在讨论这一问题时，应注意不能将其简化为个人价值与主观感受，虽然每个人对隐私赋予的权重确实是不同的。个体确实存在过于"敏感""矫情"的可能，但令人感到不快、抗拒的人脸识别对大多数不得不"刷脸"的人而言都不陌生，事实上已成为一种普遍存在的客观现象。

（一）独处和尊严

"独处"是传统隐私权的核心义涵，意味着"不受打扰"的权利（right to be let alone）①，也是《民法典》包括中的"生活安宁"权利。这不仅要求空间上的隔离，更强调精神层面不受监视的安宁。独处的重要价值在于让人从"前台"退到"后台"，在一定的自主空间内逃避无处不在的监控及其背后渗透到每个社会角落的权力，从而彻底放松、休息，以补偿在"前台"区域的紧张。校园门口的刷脸摄像头代表了"权力的眼睛"，可能会给学生带来一种"不自在"的压迫感。学校作为公共机关（法律法规授权组织），其人脸识别行为进一步延伸了彻底边沁、福柯以来的"全景敞视监狱"逻辑，"在它的重压下，每个人最终都将使之彻底内在化到自己的心中，以至于自己成了自己的监视者，每个人于是就这样越过自己并针对自己形成这种监视。"②

独处理论认为，隐私权之所以值得保护，是因为它体现了个人自决、自我控制、尊重个性和人格发展的价值，而这些最终源于对作为独立主体的人的尊重③。而校门口的刷脸门禁使学生的出入校行踪被记录并可能随时被调取，使学生在出入校园的那一刻，在心理上感觉自己已经从校园的主人、权利的主体变成了学校所监视的客体、对象，学校成了"不自由""没隐私"的场域，造成了对尊严价值的损害。而对于那些原本就假定自身应处于学校监控之下的学生来说，刷脸摄镜头的布置清晰显见，更强化了其类似囚徒的感觉，进而对学校的防疫措施产生不满、反感，甚至去抗议或规避相关监控措施，造成本不必要的秩序扰乱。

（二）控制

信息隐私同时保障个人对信息的控制，即他人不得在本人不知情或不同意的情况下收集、利用个人信息。在对个人信息进行管理性使用中，使用者通常具有利用者和管理者的双重身份。在个人信息被收集并保存后，

① Warren, Samuel D, Louis D. Brandeis：The right to privacy. Harvard Law Review 4, no. 5（1890）：193–220.

② 【法】米歇尔·福柯：《权力的眼睛：福柯访谈录》，严锋译，上海人民出版社 1997 年版，第158 页。

③ 同前页脚注④。

出于对信息持有者的不信任，信息主体往往会担心信息遭到泄露或滥用①。在这种情形下，不需要实际损害的发生，信息主体也会对不可预测的风险感到惶惶不安。当代人对人脸识别等数据技术应用的强烈反感和抵触，就来自这些技术会导致人们的掌控感和安全感的丧失，即使这些技术造成了何种客观损害目前尚不明确②。

"同意"是行使控制权的一种形式，体现了信息主体对自身信息的自由处分与自我决定，因此才能够阻却他人处理③个人信息的违法性。无保留的同意应当建立在知情的前提和基础上，即对个人信息收集者的收集行为、收集目的、后续利用、安保措施以及可能存在的风险与影响有全面真实的认知。高校人脸识别大多未做到这一点，很可能违反了个人信息保护的"知情—同意"原则，进而使信息主体陷入"失控"的紧张与恐慌④。正如一些学者（Naker & Greenbaum）所言，"也许最令人不安的是，我们经常不知道政府或私人何时使用人脸识别技术。此外，我们不知道，也可能永远不知道数据是如何处理、关联和用来识别关于我们的新的和潜在有害的信息。生活在这些未知且不可控的环境中，会给人们造成实质性和普遍的伤害，包括有意或无意的检查，控制或限制个人行为，以及持续监控的情感伤害"⑤。

---

① 这种担忧并非杞人忧天、毫无根据。高校所选择的人脸识别产品或服务提供商范围很广，但并未在采集和处理人脸信息时对供应商的情况进行公示，供应商一旦遭遇破产或信用危机，就难以顾及人脸信息的安全问题造成信息泄露。以北京大学为例，保卫部最早选择汉柏科技公司作为校门人脸识别系统的供应商，后替换为海康威视公司。汉柏公司自 2018 年起至今已存在 17 条失信被执行人记录，又于 2019 年 12 月 23 日被司法拍卖，而多数学生对此不知情。

② 胡凌：《刷脸：身份制度、个人信息与法律规制》，载《法学家》2021 年第 2 期，第 41-55 页。

③ 本文所称"处理"，指的是《民法典》第一千零三十五条第二款所称"个人信息的处理"，包括"个人信息的收集、存储、使用、加工、传输、提供、公开"等。

④ 例如北京大学表示，"为了减少对广大师生的干扰，目前'刷脸入校'系统使用的初始照片是师生员工的校园卡照片"，以"减少干扰"为名绕开了信息主体的同意，直接从其他照片库导入人脸信息，径行用于人脸识别。如果初始照片与本人有出入导致不能顺利通过识别，学生可以在北京大学"人脸采集"小程序上更新照片，但在扫描二维码进入小程序之后，首先弹出了身份认证的页面。认证身份后，仅有采集照片、查看照片两个选项，并未尽到告知义务，未公开相关的个人信息处理规则。

⑤ Sharon Naker, Dov Greenbaum. Now you see me, now you still do: facial recognition technology and the growing lack of privacy. Boston University Journal of Science and Technology Law 23, no. 1 (2017): 88-122.

事实上，"刷脸入校"作为校方推出的强制性政策并未经过民主程序，也未征得师生的事后同意，即使存在同意也往往沦为形式。信息提供者在不了解实情的状态下做出的模糊同意并非本意，有时甚至是被迫的，无法体现同意的意思自由。因为校园等机关在双方谈判中处于垄断地位，信息主体居于弱势且没有选择的空间，若拒绝提供自己的人脸信息就意味着被拒绝于校门之外。疫情防控的需要或许因满足"为应对突发公共卫生事件，或者紧急情况下为保护自然人的生命健康和财产安全所必需"而具有暂时的正当性，但疫情结束后在缺乏同意的情况下是否可以继续使用这一技术仍然存疑。

（三）体面

人脸相对于指纹等其他隐私（如婚姻状况）的特点在于其更具有身份识别性——它是信息主体社会地位、声誉等信息的重要标识。此外，人们往往不愿将摄像头捕捉到的、自己无意中呈现的"不佳形象"展示给公众以维护"面子"。这都体现了人脸信息作为隐私的另一价值——"体面"。

与积极的同意相对，"控制"的另一面是消极的不同意与要求撤销已提供的信息。欧盟法院通过判决（Google Spain *v.* Gonzalez）正式确立了被遗忘权的概念，即信息主体对已经发布的，有关自身的不恰当、过时、继续保留会导致其社会评价降低的信息，请求信息控制者予以删除的权利[1]。由于只有处于社会关系网络中的人才有保持体面的需要，因此要求"被遗忘"的信息不仅有害特定个人的体面，也会影响整个社会的体面、风气、秩序与福利。"每一种不体面的闲言碎语如此收获之后，都会成为更多闲言碎语的种子，并与其传播成正比，导致社会标准和道德水平的降低"[2]。人脸识别技术的衍生品"深度伪造"（deep fake）技术的使用也加剧了侵犯公民个人权利、破坏社会稳定与国家安全，甚至增加了消解社会共同信任的风险[3]。

不可否认的是人们普遍存在一种维护体面的心理，更愿意向外界呈现

---

[1] 杨立新、韩煦：《被遗忘权的中国本土化及法律适用》，载《法律适用》2015年第2期，第24-34页。

[2] 同238页注④。

[3] 王禄生：《论"深度伪造"智能技术的一体化规制——从"杨幂换脸视频"谈起》，载《东方法学》2019年第6期，第58-68页。

一张精修的照片而非"未经雕琢"的证件照以展示更好的自我形象。对于大多数已经毕业的学生而言，他们当然不希望自己多年前在学校刷脸机留下的、不修边幅的图像被别有心机的人"挖"出来。对于已经整容的人，曾经的肖像更是不想泄露。人脸识别追求真实，而真实未必是信息主体希望向外界呈现的内容，尤其在"真实"因过时而不再"真实"的情况下。

从学校人脸信息使用的角度看，学生的个人信息是未进入公共领域的信息，因此被遗忘权可以获得更加积极的行使而不会违背其他社会成员的合理预期。在同学因毕业或其他原因离开校园后，据公寓中心老师回复，北京大学会对相关的个人信息进行删除，以更新系统中的学生信息。而由于学生大多数缺少对删除权行使的意识，虽然学校对于信息的删除行为是合理的，但缺少用户的监督和对学生个人的信息处理反馈。

综上，"人脸"作为个人信息与隐私确有交叠的内涵，但隐私权与个人信息的保护在逻辑上有所不同。在我国，自然人就其个人信息所享有的民事权益是一项新型人格权益，其与隐私权在权利性质、许可使用、侵害行为以及处理规则等方面存在差异①。传统隐私权特别注重"隐"，是一种消极的、防御性的权利，其含义包括两方面的内容：一是独处的生活状态或私人事务；二是指私生活秘密不受他人的非法披露②。而个人信息作为一种权利，包括知情权、选择权、纠正权、删除权、被遗忘权和携带权等新型权利，超出了隐私权的范畴，社会需要从隐私权保护过渡到个人信息保护③。

事实上，个人信息无论在内容上是否涉及隐私，无论是否具有经济价值，都与人格尊严和人格自由存在密切联系，都具有保护的必要性。马尔曼为此提出了"信息自决"的概念：个人信息对于人格构建和发展具有决定性的意义；人格建构依托于个人和外界交流中的"自我表现"，其实质

---

① 程啸：《论我国民法典中个人信息权益的性质》，载《政治与法律》2020 年第 8 期，第 2–14 页。

② 王利明：《论个人信息权的法律保护——以个人信息权与隐私权的界分为中心》，载《现代法学》2013 年第 4 期，第 62–72 页。

③ 丁晓东：《个人信息权利的反思与重塑——论个人信息保护的适用前提与法益基础》，载《中外法学》2020 年第 2 期，第 339–356 页。

就是对个人信息的自由使用①。个人对其信息的权利和所有权具有一定的相似性，但又不是一项全面的、绝对的支配权，因为个人信息具有公共性和社会性，不仅关涉个人利益，而且关涉他人和整个社会利益。

五、高校人脸信息保护：法律与多元规制

如果人脸识别确实会带来侵犯个人隐私的风险，那么应对其有所限制；如果承认人脸识别对于社会治理的积极作用不可忽视，那么同样不应得到全面禁止的评价，否则会过度抑制创新，扼杀这一有用技术的发展②；如果认为公共利益与个人隐私是具有同等权重的两种价值，那么一刀切的"全有全无"便不是处理这类问题的理想模式。结合校园管理的特殊场景，莱西格提出的"法律、架构、市场和社会规范"③的组合，为规范业已普及的"刷脸入校"提供了广阔的视角。

（一）法律

就美国立法现状而言，美国联邦、各州先后制定了保护个人生物信息的立法。美国目前在联邦层面尚无关于数据隐私保护的统一法律规范，但是已经有很多相关法案的草案被提交到国会，如《2021 年信息隐私和数据透明法案》（Information Privacy and Data Transparency Act of 2021），《2020 年消费者数据隐私安全法案》（Consumer Data Privacy and Security Act of 2020），《2020 年数据保护法案》（Data Protection Act of 2020），《2019 年线上隐私法案》（Online Privacy Act of 2019），《2019 年商用人脸识别隐私法草案》（Commercial Facial Recognition Privacy Act of 2019）以及《数据隐私法案》（the DATA Privacy Act），《隐私权利法案》（Privacy Bill of Rights Act）等法律文件。各州立法中较有代表性的如利诺伊州于 2008 年颁布的《生物信息隐私法案》（Biometric Information Privacy Act，BIPA），主要针

---

① 张新宝：《我国个人信息保护法立法主要矛盾研讨》，载《吉林大学社会科学学报》2018 年第 5 期，第 45-56、204-205 页。

② Yana Welinder：A face tells more than a thousand posts：developing face recognition privacy in social networks. Harvard Journal of Law & Technology 26，no. 1（Fall 2012）：165-240.

③ Lawrence Lessig：The new chicago school. Journal of Legal Studies 27，no. 2-Part 2（June 1998）：661-692.

对信息收集和使用的私人主体，要求生物隐私信息的收集必须提供事先通知并征得个人的书面同意。又如加利福尼亚州 2018 年颁布的《加州消费者隐私法案》（California Consumer Privacy Act，CCPA），赋予消费者和信息主体诉权和一定的知情访问权，在信息使用者违反相关规定时可以申请违约金赔偿的合法权利。

欧洲各国也通过国内法（如 1973 年的《瑞典数据法》、1977 年德国《联邦数据法》、1978 年法国《信息、档案与自由法》、1984 年英国《英国数据保护法》）[1] 和国际公约对数据处理进行规制。1981 年欧洲理事会发布了《关于个人数据自动化处理的个人保护公约》（Convention for the Protection of Individuals with Regard to Automatic Processing of Personal Data）；而欧盟 2018 年起实施的《通用数据保护条例》（General Data Protection Regulation，GDRP）是欧盟关于个人隐私数据保护的核心法规，较为完整地规定了处理个人数据的原则、数据主体的权利、控制者和处理者的责任、个人数据传输等内容。

以《中华人民共和国宪法》第三十八条人格尊严条款内蕴的个人信息受保护权为基础[2]，我国则逐步出台了法律[3]、地方性法规[4]、规范性文件[5]、司法解释[6]，以填补个人信息保护领域的空白。综合来看，以中美欧为例，各地数据立法的价值各异，对个人数据的保护路径亦有不同，但都遵循了对个人生物识别信息特殊保护的法律原则，并体现在以下几方面：一是禁止原则，即除非法律允许，原则上禁止"仅以识别自然人为目的"的收集、储存、传输、处理、使用或披露个人生物识别信息；二是知情同意原则，即信息主体的明示同意往往作为信息收集使用的法律基础；三是

---

① 张新宝：《从隐私到个人信息：利益再衡量的理论与制度安排》，载《中国法学》2015 年第 3 期，第 38-59 页。

② 王锡锌、彭錞：《个人信息保护法律体系的宪法基础》，载《清华法学》2021 年第 3 期，第 6-24 页。

③ 如《网络安全法》《民法典》，尚未生效的《个人信息保护法（草案）》《数据安全法（草案）》《网络安全等级保护条例（征求意见稿）》《数据安全管理办法（征求意见稿）》等。

④ 如《天津市社会信用条例》《深圳经济特区数据条例》。

⑤ 如《电信和互联网用户个人信息保护规定》《信息安全技术个人信息安全规范》《信息安全技术公用及商用服务信息系统个人信息保护指南》。

⑥ 如《关于审理利用信息网络侵害人身权益民事纠纷案件适用法律若干问题的规定》《关于审理使用人脸识别技术处理个人信息相关民事案件适用法律若干问题的规定》。

必要性原则，即收集个人信息应当限于对实现目的所必须，并应当采取对个人权益影响最小的方式。

然而，在我国实践中，由于相关法律尚未出台，"禁止原则"并无太大意义；"必须"的含义随场景不同有所不同，难以一概而论。"告知—同意"有较大的可操作性，已经成为一种理论上的通说和实践中的通行做法，被认为是个人信息处理的正当性基础。同意以意思自由和充分告知为前提，确保本人完整了解处理个人信息的目的、用途、风险等内容，且个人有权撤回同意，以保证信息主体的自决权（在我国主要体现在《个人信息安全规范》第四、第五条和《个人信息保护法（草案）》第十四条）。

但在实践中，知情同意原则并未被贯彻落实，同意的有效性值得怀疑。瑞典数据保护机构曾于2019年8月因瑞典某中学在学校教室里面安装人脸识别设备进行学生考勤，而判处该中学2万欧元的罚款，原因是学校与学生及其监护人处于明显不平等的地位，因而其收集、处理学生面部特征信息违背了GDPR第七条"同意须自由作出（freely given）"，且不符合该法第五条第一款"适当、相关和必要"，因为学校本可以采取其他更为保护学生个人信息的方式以实现考勤这一目的[1]。对于后者，疫情期间"刷脸入校"显然有所不同。无论校方还是同学，在人脸识别对疫情防控的必要性上都不持异议。这使得我们反思：当特定场景中存在出于公共利益的认证需求时，明确的告知—同意是否总是必要的、可能的？

根据我国的《规定》第二条，基于个人同意处理人脸信息的，必须征得自然人或其监护人的单独同意。由于同学们对数据安全和防疫目标等价值的利益存在相当大的多元及个体差异，全体同学对于人脸识别应用的共同意志比较模糊且难以实现的，因此无法达成绝对同意，严格适用同意原则成本过高。有学者指出，我国立法规定的同意原则属于强控制模式，导致信息流通效率降低与数据利用价值减损，应建立"情境合理＋拟制同意＝合法处理"的弱同意结构[2]。

个人信息关系到多种利益，信息主体的人格利益只是其中一种。《个

---

① 潘林青：《面部特征信息法律保护的技术诱因、理论基础及其规范构造》，载《西北民族大学学报（哲学社会科学版）》2020年第6期，第75-85页。

② 蔡星月：《数据主体的"弱同意"及其规范结构》，载《比较法研究》2019年第4期，第71-86页。

人信息保护法（草案）》第十三条规定了授权同意的例外，即"与公共安全、公共卫生、重大公共利益直接相关的情形"。这表明，我国个人信息保护的相关立法中已经引入合法利益豁免机制：如果数据控制者的合法利益高于数据主体的个人利益，即可适用合法利益豁免①。在公共利益之外，如果同一信息主体的其他利益优于信息主体的人格尊严和自由利益，或者信息使用者的利益具有合法性、现时性和特定性，且优先于信息主体的利益，信息使用者可以直接处理个人信息而无须得到同意②。

据此，高校"刷脸入校"是否具有知情同意规则适用的空间，仍需根据具体场景中的利益平衡和风险评估采取差异化评价。疫情期间，人脸识别作为门禁可以为防疫和维护校园安全提供支持，因其涉及公共卫生的相关利益，符合《草案》的例外情形。但数据表明，众多高校（111 所）早在 2020 年疫情发生之前就已经部署了人脸识别，仅有 24 所高校在 2020 年之后才开始引入人脸识别③。北京大学在使用人脸识别技术之前，学校主要通过保安检查校园卡的方式审查入校人员，以期将非本校人员排除在外，保障校内秩序与安全。这种方式难免存在疏漏，并且校园卡出借、冒用等现象十分普遍（但并未发生严重后果，因为不该入校的校外人员在进行威胁校园安全的行为时，往往被保卫部通过校园内的监控设施或目击者举报发现）。可见相同情况下，无须通过收集学生的生物识别信息来保证校园安全，人脸识别技术的知情同意例外适用空间不足。

《规定》第十条对此也有所涉及④。现代社区的物业服务企业兼具管理和服务属性，或可为校园人脸识别门禁的使用提供借鉴。疫情前人脸识别作为一种身份认证手段并不具有很大的必要性，只能被认为是一种方便同学的服务方式，对此同学应有权拒绝提供人脸数据，学校应充分尊重学生意见，并在此基础上提供替代选择和分化服务，不得以不同意为由拒绝学

---

① 谢琳：《大数据时代个人信息使用的合法利益豁免》，载《政法论坛》2019 年第 1 期，第 74-84 页。

② 高富平：《个人信息使用的合法性基础——数据上利益分析视角》，载《比较法研究》2019 年第 2 期，第 72-85 页。

③ 王旭：《高校"刷脸"的隐私困境：130 多家双一流、4000 多万张脸亟须保护》，北大法律信息网：http://mp.weixin.qq.com/s/mqekcgiBYCGU5s2jLqQg.

④ 物业服务企业或者其他建筑物管理人以人脸识别作为业主或者物业使用人出入物业服务区域的唯一验证方式，不同意的业主或者物业使用人请求其提供其他合理验证方式的，人民法院依法予以支持。

生入校。这样虽然增加了成本，但保证了同学们选择认证方式的自由，也为收集人脸信息提供了合法性基础，并满足了同学们多元化的需求，在实践中起到更好的服务效果。

（二）市场

总体而言，在校园刷脸的场合，同学们对数据安全的担忧主要分为两个层面：向外泄露与内部滥用的风险。无论哪个层面，本质上都是外部性的问题：对人脸信息的不正当利用给使用者带来了收益（可能是经济上的，也可能是管理上的），但信息主体的隐私受侵犯这一成本却不由使用者承担。庇古认为，政府可以通过向有害行为征税来内化外部性。对未经本人同意处理个人信息的行为施加罚款是同样的道理。科斯在《社会成本问题》中对这一理论提出挑战，认为如果交易成本为零，且在相关资源上的产权得到清晰界定，则法律如何配置权利（法律规则）对于社会效率的实现无关紧要，决定效率的是双方交易。受交易影响的各方可以通过谈判将外部成本内在化，而不需要由政府进行外部性定价①。

据此，个人信息保护是可以通过双方谈判解决的交易问题。如果用户不希望自己的信息被收集或使用，可以向信息控制者支付一定对价。但这显然仅适用于私人服务提供者而非校园等公共管理领域：首先，不同主体对信息隐私的关心程度不同，而且可能会强迫付不起钱的学生牺牲隐私。其次，信息主体可以选择与隐私保护更周全的平台或企业进行交易，由此产生激励作用，然而在校园刷脸的场合，校园管理者与学生地位不平等，校园处于垄断地位，学生无从选择，只能被迫接受校方的安排。

和受行业内部信用机制制约的私人企业相比，公共信息管理者可能更容易从内部泄露信息。解决这一问题的核心是完善学校的内部人事管理与权限控制，贯彻隐私保护的相关法律法规②，收紧信息控制者的处理权限，数据库访问要留下痕迹，对滥用或泄露个人信息的行为实行责任制追究。

事实上，在支付金钱对价之外，所谓交易，更可能是学校为允许其收集信息的学生提供特殊的便利待遇——如同意使用人脸识别的学生可直接

---

① 参见【美】罗纳德·科斯：《企业、市场与法律》，盛洪、陈郁，译，格致出版社、上海三联出版社 2014 年版，第 78-123 页。

② 我国《个人信息保护法（草案）》第 9 条："个人信息处理者应当对其个人信息处理活动负责，并采取必要措施保障所处理的个人信息的安全。"

刷脸出入校园，而对个人信息隐私更为敏感的学生在出入校时必须到保卫处进行额外登记。和学校基于管理要求一律强制收集的制度或做法比，这种方式的优势在于为秉持不同价值观的群体提供了可以选择的替代性方案，在尊重信息主体的自决权的同时降低了对规制的对抗成本。但在实践中，也存在一些学生往往会基于从众心理和"同龄人压力"，被迫接受学校提供的便利待遇（例如在几人同行，而其他人都通过刷脸顺利进入校园时）。

（三）架构

"架构"聚焦人脸识别技术的改进，体现在以下几个方面。

第一，识别的精确性。在评价校园管理场合下人脸识别的应用时，校方和学生方的视角不同。校方可能更加重视该技术的功能，即对防控疫情、校园安全的积极影响；而同学们更在意刷脸过程的互动质量，即识别的精确性，通过的高效性、便捷性，设备的舒适度等，因为他们对上述标准有着最直接的体验。"刷脸"取代证件意味着免去了证件丢失或忘带引起的麻烦，本应带来更大的便利，但实际操作中，"刷脸入校"常出现拒识、误识的情况，前者需要同学到保安人员处手动输入学号，后者将导致被误识同学产生出入校违规记录，影响其出入校等权益，要通过填写《学生违规出入校记录申诉登记表》进行解决。上述方案虽然可以弥补精确度上的不足，但时间和人工成本较高，此时，效率反而比证件识别更低，在出入校门高峰期更是难以应对。

事实上，同学们对技术的不足之处和可能的改进方法有着非常清晰、合理的想法；如有同学提议为了提高识别的精确度，可以通过刷卡辅助刷脸进行身份认证，这样既能实现认证的安全性，又能保证较高的识别精确度和通过效率。

第二，系统的安全性。系统安全性越高，对个人信息的保护就越周全，但信息被窃取或泄露的风险始终存在，且防控成本也越高，因此信息处理者只能寻求边际收益最大化。在技术领域，学者提出过诸多提高生物识别信息安全性的方案，例如采用更严格的"隐私强化技术"（PETs）、在技术上增强对个人隐私的控制、防止他人从外部侵入系统窃取数据等[1]。

---

[1] 劳伦斯·莱斯格：《代码 2.0：网络空间中的法律》，李旭、沈伟伟，译，清华大学出版社 2009 年版，第 243 页。

遗憾的是，这些技术的实际应用不论在国内还是国外仍未做到普及。

我国《民法典》对信息的匿名化处理做出了有关规定①，被认为是个人信息保护中预防风险和保护隐私的重要手段，甚至可产生豁免知情同意的效果②。但匿名化并不能完整保护个人信息：首先，在现有的技术条件下，不可能做到彻底的匿名化，因为大数据分析可以使残缺的个人信息互相关联、重新组合，再度识别出个人；其次，信息匿名化程度越高，数据的效用就越低，个人信息蕴含的巨大价值使得信息处理者在进行匿名化处理时会有所保留③。

（四）社会规范

法律的不完备性常常意味着社会规范可以发挥补充性的规制功能，后者在外延上包含具备较为明确的群体性道德规范，并反映特定预期的集体规范④。事实上，目前私人企业在个人信息保护方面已经形成了初步的行业自律机制⑤，但此类行业公约覆盖范围仅限于互联网服务领域，人脸识别等更为普遍的线下领域仍缺乏行业指引。信息控制者应注重发现已存在于信息主体中的对信息保护的期待⑥，在此基础上形成协议性规制，即在信息主体与信息控制者之间制定关于隐私权保护的强制性协议，这种做法可能比法律规制成本更低。

个人信息保护体系建设的任何实质进展，终究只能出现在那些依靠现

---

① 《民法典》第一千零三十八条，匿名化指信息"经过加工无法识别特定个人且不能复原的"情况。

② 林洹民：《个人信息保护中知情同意原则的困境与出路》，载《北京航空航天大学学报（社会科学版）》，2018 年第 3 期，第 13-21 页。

③ 吕炳斌：《个人信息保护的"同意"困境及其出路》，载《法商研究》2021 年第 2 期，第 87-101 页。

④ 戴昕：《重新发现社会规范：中国网络法的经济社会学视角》，载《学术月刊》2019 年第 2 期，第 109-123 页。

⑤ 例如中国支付清算协会于 2020 年 1 月 20 日发布的《人脸识别线下支付行业自律公约（试行）》（中支协发〔2020〕30 号）；支付宝于 2019 年 8 月 23 日发起《生物识别用户隐私与安全保护倡议》，并对人脸识别用户授权协议条款中有相关规制，并且影响了其他从业者复制相似规范和模式。

⑥ 在新冠疫情期间，鉴于健康码、自动检测体温仪长时间、高密度、强制性地频繁收集民众的面部信息，有 90% 的受访者希望在疫情结束后得知其面部数据有何种用途（参见 2020 年 5 月 17 日北京智源人工智能研究院人工智能伦理与安全研究中心、中国科学院自动化研究所中英人工智能伦理与治理研究中心联合发布的《人脸识别与公共卫生调研报告》）。

存的社会规范为基础因而阻力较小的路径上，盲目创新只能徒增交易成本，未必能提高治理效果。法律之外存在多层次的社会规范机制，管理者应注重其对于社会治理的意义。

在校园管理场合，学生对人脸识别在校园不同场合的应用存在非常清晰合理的预期，个人信息保护规则应对这些需求与期待有所反映。虽然获得学生的普遍同意既不可行也不值得期待，但学校可将知情同意作为一种方法和过程，加强反馈回应和双向沟通，以调查和获取已经存在于学生之中的社会规范，并基于此为学生的个人信息提供有效保护。正如埃里克森所言："法律的制定者如果对哪些会促成非正式合作的社会条件缺乏眼力，他们就可能造就一个法律更多但秩序更少的世界。"①

六、结语：人脸识别的场景化规制

法律是对社会关系的反映和抽象概括，若要为某领域寻找合适的规则，首先应考虑被调整领域的结构、社会关系以及现实情况。在新的立法出台前，社会已经被多元的法律观念和秩序所占据，并已然存在对权利义务的预期和看法，法律的作用只是通过向社会主体发出一定的激励与信号，以此引导和重塑社会原有秩序中的规制方式和权利关系②。人脸数据在不同领域具有不同的法律属性，有必要发现并分析不同场景中的技术应用、大众认知和参与，以合理地评估个人信息保护的程度。

本文只是对北京大学"刷脸入校"这一个案进行的初步探索，由于疫情期间校园强化管理具有较强的正当性，可以适当灵活使用知情同意原则，而其他场景则可能需要更多的信息透明化，以保障信息主体的知情权和自决权。《规定》体现了一些场景化规制的思路，而《个人信息保护法》将针对不同领域中社会主体的特殊性，实现个人信息保护与利用的平衡，弥补我国个人信息保护上的法律空白。

---

① 罗伯特·埃里克森：《无须法律的秩序——邻人如何解决纠纷》，苏力，译，中国政法大学出版社 2003 年版，第 354 页。

② 贺欣：《街头的研究者：法律与社会科学笔记》，北京大学出版社 2021 年版，第 39 页。

参考文献

［1］邱建华，冯敬，郭伟，等．生物特征识别 身份认证的革命 ［M］．北京：清华大学出版社，2016：1.

［2］张重生．人工智能：人脸识别与搜索 ［M］．北京：电子工业出版社，2020：3.

［3］韩志明．模糊的社会：国家治理的信息基础 ［J］．学海，2016（4）：21-27.

［4］拉伦茨．法学方法论 ［M］．北京：商务印书馆，2020.

［5］NISSENBAUM H F. Privacy in context：technology，policy，and the integrity of social life ［M］．California：Stanford University Press，2010.

［6］沈理，刘翼光，熊志勇．人脸识别原理及算法 动态人脸识别系统研究 ［M］．北京：人民邮电出版社，2014.

［7］谢远扬．信息论视角下个人信息的价值：兼对隐私权保护模式的检讨 ［J］．清华法学，2015，9（3）：94-110.

［8］DOUGLAS A F. Face - recognition surveillance：a moment of truth for fourth amendment rights in public places ［J］．Virginia journal of law & technology，2011（3）：16.

［9］刘晗．隐私权、言论自由与中国网民文化：人肉搜索的规制困境 ［J］．中外法学，2011，23（4）：870-879.

［10］胡凌．刷脸：身份制度、个人信息与法律规制 ［J］．法学家，2021（2）：41-55，192.

［11］戴昕．"看破不说破"：一种基础隐私规范 ［J］．学术月刊，2021，53（4）：104-117.

［12］WARREN，S D，LOUIS D B. The right to privacy ［J］．Harvard Law Review，1890（5）：4.

［13］福柯．权力的眼睛：福柯访谈录 ［M］．上海：上海人民出版社，1997.

［14］胡凌．刷脸：身份制度、个人信息与法律规制 ［J］．法学家，2021（2）：41-55，192.

［15］NAKER S，GREENBAUM D. Now you see me，now you still

do：facial recognition technology and the growing lack of privacy [M]. Boston University Journal of Science and Technology Law, 2017 (1)：23.

[16] 杨立新，韩煦. 被遗忘权的中国本土化及法律适用 [J]. 法律适用，2015 (2)：24-34.

[17] 王禄生. 论"深度伪造"智能技术的一体化规制 [J]. 东方法学，2019 (6)：58-68.

[18] 程啸. 论我国民法典中个人信息权益的性质 [J]. 政治与法律，2020 (8)：2-14.

[19] 王利明. 论个人信息权的法律保护：以个人信息权与隐私权的界分为中心 [J]. 现代法学，2013，35 (4)：62-72.

[20] 丁晓东. 个人信息权利的反思与重塑论个人信息保护的适用前提与法益基础 [J]. 中外法学，2020，32 (2)：339-356.

[21] 张新宝. 我国个人信息保护法立法主要矛盾研讨 [J]. 吉林大学社会科学学报，2018，58 (5)：45-56，204-205.

[22] WELINDER Y. A face tells more than a thousand posts：developing face recognition privacy in social networks [J]. Harvard Journal of Law & Technology, 2012 (1)：26.

[23] LESSIG L. The new chicago school [J]. Journal of legal studies, 1998 (2)：27.

[24] 张新宝. 从隐私到个人信息：利益再衡量的理论与制度安排 [J]. 中国法学，2015 (3)：38-59.

[25] 王锡锌，彭錞. 个人信息保护法律体系的宪法基础 [J]. 清华法学，2021，15 (3)：6-24.

[26] 潘林青. 面部特征信息法律保护的技术诱因、理论基础及其规范构造 [J]. 西北民族大学学报 (哲学社会科学版)，2020 (6)：75-85.

[27] 蔡星月. 数据主体的"弱同意"及其规范结构 [J]. 比较法研究，2019 (4)：71-86.

[28] 谢琳. 大数据时代个人信息使用的合法利益豁免 [J]. 政法

论坛，2019，37（1）：74-84.

[29] 高富平．个人信息使用的合法性基础：数据上利益分析视角［J］．比较法研究，2019（2）：72-85.

[30] 科斯．企业、市场与法律［M］．上海：上海人民出版社，2014：9.

[31] 莱斯格．代码2.0：网络空间中的法律［M］．北京：清华大学出版社，2018：10.

[32] 林洹民．个人信息保护中知情同意原则的困境与出路［J］．北京航空航天大学学报（社会科学版），2018，31（3）：13-21.

[33] 吕炳斌．个人信息保护的"同意"困境及其出路［J］．法商研究，2021，38（2）：87-101.

[34] 戴昕．重新发现社会规范：中国网络法的经济社会学视角［J］．学术月刊，2019，51（2）：109-123.

[35] 埃里克森．无须法律的秩序 邻人如何解决纠纷［M］．北京：中国政法大学出版社，2003：08.

[36] 贺欣．街头的研究者：法律与社会科学笔记［M］．北京：北京大学出版社，2021.

数字经济时代人工智能对劳动法的影响及对策研究

陈可鑫

摘　要： 人工智能在带来产业结构优化升级的同时，也给劳动力市场和传统劳动法带来重大挑战。人工智能也引发了其是否应被赋予主体资格的争论，虽然赋予其主体资格与劳动法的价值取向和基本理念不符。人工智能导致了失业率升高、就业歧视严重和劳动者隐私受侵犯等问题，为此劳动法提出以下对策：一是完善辞退员工的法律规定；二是企业对下岗员工进行再就业培训；三是增加工作岗位供给；四是加强人工智能与人的合作；五是完善企业的规章制度和人力资源管理；六是完善隐私权规定和救济途径。为了应对劳动力市场出现的新业态，劳动法应及时扩充其调整范围，创新劳动关系理论，实现对新型业态下劳动者的保护。

关键词： 人工智能；劳动力市场；劳动法；就业

一、人工智能的发展概况及其对就业的影响

人类历史上的工业革命和科技革命对经济社会发展都具有划时代的重要意义。改革开放以来，中国紧紧抓住信息革命的机遇，不仅让人民群众感受到信息时代的便利和生活的改善，更为世界经济的增长做出了重要贡

献。早期的人工智能只能根据预先设定的程序完成规定的任务，如下象棋、流水线装配、回答简单问题等，无法进行类人化的思考和行动，但随着大数据和深度学习的机器智能等研究的深入进行，人工智能设备正在逐渐实现真正智能化、智慧化，能够自主推理解决复杂的问题，应对现实生活中的各种突发状况（典型应用如我国铁路部门推行的智能人脸识别无人检票、谷歌无人驾驶汽车、证券市场自动交易等）。在此次新冠疫情期间，一批人工智能产品（比如人工智能辅助诊断系统、人脸识别、智能测温、智能语音机器人等）都发挥了很大的作用。

2015 年 7 月国务院发布《关于积极推进"互联网+"行动的指导意见》，提出要培育发展人工智能新兴产业、推进重点领域智能产品创新和提升终端产品智能化水平的总体要求。2016 年 5 月，国家发改委、科技部、工信部、中央网信办联合发布《"互联网+"人工智能三年行动实施方案》，推出多项重点工程，这是我国首次单独为人工智能发展提出具体的策略方案。2017 年 7 月，国务院印发《新一代人工智能发展规划》（本文以下简称《发展规划》），提出"三步走"的战略目标，对未来至 2030 年我国的人工智能发展做出总体布局。党的十九大报告中特别强调"推动互联网、大数据、人工智能和实体经济深度融合"。在此背景下，人工智能的运用和发展在给人们生活提供诸多便利的同时，势必会推动产业转型和升级，深刻影响包括就业、劳动者隐私保护等劳动法相关问题，对传统劳动法理论提出了挑战。

在搜索引擎中键入"人工智能"，可以搜索到上万条相关信息；在中国知网数据库中进行知识检索，也可以搜索到上百个词条。近年来，人工智能已经成为社会的新标签，越来越多的行业开始使用人工智能技术；但是，人工智能标准化工作尚未形成统一标尺，人工智能技术也尚未成熟。

要研究人工智能的发展对劳动法和整个社会的影响，首先要明确人工智能的概念和其当前的发展情况。

（一）人工智能的概念

人工智能（artificial intelligence，英文缩写为 AI）。"人工智能"一词最初在 1956 年达特茅斯（Dartmouth）学会上提出。关于人工智能究竟是什么，许多研究人员和研究机构给出了不同的定义。其中，一部分学者认为，人工智能是人指挥机器完成过去只能由人类完成的技术工作；另一部分学者认为，人工智能是通过人来赋予机器在不同的现实环境中有自主调整、自主工作的能力；还有一些学者认为，人工智能是更自主、更理性的智能形态，例如机器像人一样思考、行动、完成工作①。

作为一门前沿交叉的学科，人工智能在各个领域、各种语境下的定义不同。根据维基百科中的描述，机器所展示出的智能就是人工智能；而根据《西方文化百科》一书，人工智能是用计算机来探索和模拟人类的某些智力活动，使计算机具有听、看、说和部分"思维"的功能，因此人工智能有时也被称为智能模拟②；由中国电子技术标准化研究院编写的《人工智能标准化白皮书（2019 版）》（以下简称《白皮书》）中这样定义人工智能：人工智能是利用数字计算机或者数字计算机控制的机器模拟、延伸和扩展人的智能，感知环境、获取知识并使用知识获得最佳结果的理论、方法、技术及应用系统③。为了便于前后统一和读者理解，本文统一采用《白皮书》中的描述，作为对人工智能的定义。

（二）人工智能的特征

1. 依靠大数据。大数据是人工智能发展的基石，人工智能的发展一旦脱离大数据便无法进行。无论是语音输入、智能机器翻译，还是用户调研、自动驾驶，都依靠对海量数据的收集和处理进行，如果说人工智能技术像一个人的"大脑"，大数据就是支撑大脑存活和思考的"身体"。失去大数据支持的人工智能，就像无源之水、无本之木，空有算法和程序，却不能输出有用的结论。

2. 应用于多种领域。人工智能有别于其他技术，它可以应用于生产生活的各个领域，带来产业模式的升级转型。人工智能可以简单分为自然语言处理、计算机视觉、语音识别、专家系统以及交叉科学等五个领域。在自然语言处理领域，人工智能可以做到多语言翻译、智能病例处理，担任虚拟个人助理；在语音识别领域，可以实现口语评测和基于智能语音交互的智能医院；在计算机视觉领域，可以做到智能安防和人脸识别"打拐"；在专家系统领域，可以实现无人汽车驾驶、天气预测；各领域交叉科学使

---

① 崔亚东：《人工智能与司法现代化》，上海人民出版社 2019 年版，第 7-8 页。

② 孙鼎国：《西方文化百科》，吉林人民出版社 1991 年版。

③ 中国电子技术标准化研究院课题组：《人工智能标准化白皮书（2019）》，中国电子技术标准化研究院 2019 版。

用则主要是指挥智能机器人协助或取代人类的工作，例如制造业、建筑业或其他危险的工作。人工智能产业有别于传统产业的显著特征是自主性和无人化，其多领域应用对于提升人类生活质量、加速社会经济发展有巨大的作用。

（三）人工智能对就业的影响

根据《白皮书》的定义，人工智能的范围很广，只要是利用数字计算机进行的模拟人类的行为过程，就可以称为人工智能。笔者现将其粗略地分为两类：简单的人工智能和复杂的人工智能。简单的人工智能包括人指挥机器进行简单重复的工作以及机器在工作过程中拥有的处理和适应不同工作条件、工作环境的能力。复杂的人工智能则需要机器本身具有思考能力，能在遇到更加复杂及突发的情况时独立做出判断，能与人交流思想，甚至产生情感共鸣。关于更加复杂的、涉及产生自主意识的人工智能，囿于目前技术和伦理的限制，本文不做讨论。

简单的人工智能在就业领域的应用已经非常普遍，复杂的人工智能也已经越来越深入地参与生活和就业的方方面面。2018 年 9 月 17 日，习近平主席在《致 2018 世界人工智能大会的贺信》中提到，新一代人工智能正在全球范围内蓬勃兴起，为经济社会发展注入了新动能，正在深刻改变人们的生产生活方式。人工智能正在各个行业内蓬勃发展，并引发就业的深刻变革。

1. 对不同行业就业的影响。在就业方面，目前人工智能技术已经在教育、金融、医疗、汽车制造等多个领域实现了技术落地，且应用场景也愈来愈丰富，人工智能的商业化在加速企业数字化、改善产业链结构、提高信息利用效率等方面也起到了积极作用①。

在教育领域，人工智能的广泛应用使教学场景更加广泛，通过对数据的收集和分析，对学生的学习效果实现更全面的掌握，从而实现教学资源的针对性整合和结构化分析。在 2020 年新冠疫情期间，人工智能就被普遍应用到远程学习的过程中。在金融行业内，人工智能推动金融行业构建更大范围的高性能生态系统，提升金融企业商业效能并变革企业内部经营全过程；重构服务架构，提升服务效率，向客户提供个性化服务，同时降低

① 德勤：《纽约、北京、上海属于融合应用型 AI 城市》，载央广网（2019 年 9 月 1 日）：http：//www.cnr.cn/shanghai/tt/20190901/t20190901_ 524758851. shtml.

客户资金风险①。在医疗领域内，人工智能技术也大展拳脚，既能完成对部分病症的智能诊断，减少误诊的发生，又能在手术中通过手术机器人来配合医生治疗；术后配备的仿生仪器（例如义肢）也能帮助患者更好地康复。在汽车制造领域，人工智能更带来了产业链的革新，无人驾驶汽车概念是对传统汽车行业的一大冲击，其应用场景不仅仅限于私家车，更包含公共交通、共享汽车及快递用车等；在新冠疫情期间，京东集团的无人快递车在湖北省被广泛使用，既杜绝了收发快递过程中可能产生的病毒传播，又方便快捷。在制造行业内，人工智能的影响已经持续多年，制造业虽然操作复杂、专业性强，但这也正是人工智能的优势之处；人工智能目前主要应用在产品质检、分拣和产品维护等领域，操作的速度和准确度都超过人工，极大地提高了制造业的工作质量和工作效率。

2. 对就业结构的影响。在就业结构方面，由于目前城市（尤其是一线城市）是人工智能技术的主要研发和应用场地，在政策和资本的共同推动下，京津冀、长三角、珠三角地区成为人工智能企业分布最多的地区。以北京、上海、广州为代表的城市已经形成了人工智能产业链，人工智能产业的资本环境、科研技术实力以及企业数量、人才数量和质量都远超其他城市。越来越多的科研型人才向这些地区和城市聚集，而从事装配等简单体力工作的劳动者则渐渐被"挤"出这些地区②。

二、人工智能可否成为劳动法上的主体

人工智能代替人类进入就业市场，带来了就业市场和劳动生产模式的大变革，在劳动法领域内也引发了对人工智能身份界定的疑问。关于人工智能作为劳动者能否够拥有法律主体地位的讨论，不仅涉及伦理道德，还体现着法律的价值取向、整个社会的人权理念。因此人工智能身份的界定需要审慎对待。

（一）关于人工智能法律地位的不同观点

1. 拟制说。一些学者认为，可以类比法人和非法人组织获得法律人格

---

① 唐福勇：《AI 赋能新时代 加速全行业变革》，载《中国经济时报》2019 年 9 月 27 日，第 3 版。
② 上海：《全球 AI 创新融合应用城市及展望》，德勤会计师事务所，2019 世界人工智能大会报告。

的方法，通过法律拟制来赋予人工智能法律主体的地位。法律拟制在我国民法中的使用主要是基于内外两个因素来考量的，外部是基于节约法律资源、避免法条重复，内部是两个事物的构成要素存在一定相似性①。就法人的法律拟制来看，人工智能必须与人有一定的相似性。就目前人工智能发展的水平来讲，虽然在很多方面人工智能已经可以与人类似，但在思维、情感和行为模式上还与人存在一定差别，因此在目前的科技水平条件下，将人工智能拟制为人是不恰当的。

但是科技发展日新月异，未来人工智能的发展程度难以预测，如果未来人工智能机器人真的可以具有人类的思维和情感，那么就像许多学者预测的，将其在法律上拟制为人是解决人工智能法律问题很好的方法。然而究竟怎样拟制，以及人工智能在法律上与自然人应该怎样区别，还应斟酌，避免破坏法律的权威性。

2. 肯定说。还有一些学者将人工智能分为两类，即类人型人工智能和非类人型人工智能，其中类人型人工智能具有认知控制能力，能够成为刑事责任主体，故而能够被认定为法律主体②。这部分学者非常认可人工智能在人类社会发展中产生的作用和贡献，认为人工智能在未来可以获得和自然人一样的法律主体资格，从而非常自然地融入人类社会。一些国家的立法已经旗帜鲜明地支持了这一观点：欧盟议会法律事务委员会 2016 年 5 月向欧盟委员会提交了一份草案，要求赋予自动化机器"电子人"（electronic persons）法律地位；美国国家公路安全交通管理局则于 2016 年 2 月承认了谷歌无人驾驶自行车所采用的人工智能具有司机的资格③。

3. 否定说。否定说的主要观点认为，人工智能虽然已经具备了自然人的许多特征，但究其本质，它是人类发明出来帮助人类处理日常事务的"工具"，原本就不是人，未来也不可能成为法律意义上的人。持这种观点的学者认为：首先，人工智能是受人控制的，其本身不具有行为能力和权利能力；其次，人工智能缺乏逻辑思维能力和推理能力；再次，智能机器人不能识别证据真伪以及实际的运用证据；最后，人工智能不具备自然人

---

① 参见王军仁：《我国民法中的法律拟制与注意规定》，载《南京理工大学学报》2006 年第 4 期，第 51–54 页。

② 参见王耀彬：《类人型人工智能实体的刑事责任主体资格审视》，载《西安交通大学学报》2018 第 5 期，第 138–144 页。

③ 金东寒：《秩序的重构——人工智能与人类社会》，上海大学出版社 2017 年版，第 104 页。

复杂的调解能力①。否定说从存在和价值两个角度全面否定了人工智能的法律主体地位，与我国现行法律最为符合，但也缺乏发展的眼光，因为未来的人工智能很可能在思维、认识、理解能力上拥有巨大飞跃，也可能和自然人没有任何区别，甚至优于自然人，到时这一理论将难以自洽。

基于对以上三种学说的探讨可以看出，在目前人工智能尚未发展到高度发达程度的时代局限下，讨论人工智能的法律主体问题带有一些幻想的成分，学界探讨也有待深入。就笔者个人而言，这三种主张都各有理论支撑，同时都有不足。

人工智能想要在未来成为法律主体、拥有法律人格，就必须具有权利能力。权利能力的概念产生于 18 世纪后半期至 19 世纪初的欧洲，其中以萨维尼为代表的德国学者形成了一整套关于权利能力的理论。权利能力是享有权利、承担义务的资格，是纯粹的私法概念，具有法定性和技术性。人格是能够成为私法上主体的资格，是以公法规定为前提的私法概念。权利能力是人格的体现和标志，有人格者必有权利能力；人格则通过权利能力得以充实②。人工智能是否应该具有权利能力，应当与法律制定的目标相符合，如果让人工智能具有权利能力，有益于实现制定法律的目的，那人工智能就可以具有权利能力。

从公元前 18 世纪的《汉穆拉比法典》成文至今，人类的法律都是服务于整个人类社会的，制定法律是为了帮助社会建构一套有序的行为秩序，从而更好地促进人类的发展；不论是何种时代、哪个国家制定的法律，其目的都是保护人类的利益、维护人类社会的和谐有序发展。但笔者认为，人工智能享有权利能力、拥有法律人格，并不能实现法律服务人类、保护人类利益的目的，如果过于激进地赋予其法律主体地位，还可能造成人类社会失序。当前的人工智能发展阶段决定了目前的智能机器人还不能具有自主意识，不具有自主意识的机器人自然不具有权利能力，也不具有法律主体地位；即便未来科学技术发展水平极高，智能机器人拥有了自主意识，智能机器人与人也是有本质区别的。越来越多的研究表明，动物具有洞察力、观察力，少数动物拥有智慧，可是动物并没有被赋予法律

---

① 参见孙占利：《智能机器人法律人格问题论析》，载《东方法学》2018 第 3 期，第 10—17 页。
② 张善斌：《权利能力论》，中国社会科学出版社 2016 年版，第 196—211 页。

主体地位，那么智能机器人也不应该拥有这一地位①，在这一层面上，智能机器人与动物都是有别于人类的其他物种，无须区别对待。

（二）人工智能不宜成为劳动法上的主体

根据前文所述，笔者认为人工智能不应拥有法律人格，成为法律主体。在劳动法视域下，人工智能若成为法律主体，将与劳动法的价值取向和基本理念相冲突。

1. 与劳动法价值取向冲突。劳动法以劳动关系为主要调整对象，以保护劳动权为宗旨，驾驭着私法性规范和公法性规范的平衡，在促进和谐劳动关系、构建和谐社会的过程中发挥着重要作用。在西方，近代法治是自由放任市场经济和个人政治自由主义在法律上的反映，是私法自治的法治；私法的主体平等、私权神圣和契约自由成为占主导地位的法治理念，贯彻渗透到包括劳动法在内的各个法律部门之中②；在我国，劳动法始终秉承着以人为本的价值观念。马克思主义思想认为，法律是主客观的统一，法律的基本依据是人的本身，任何缺乏人本主义的法律都没有规范社会的资格③。由此可见，无论是西方还是中国，人权思想都是劳动法立法的基本理念，劳动法立法的基本价值取向是保障劳动者的人权，包括劳动者工作过程中的生命健康权、自由权、尊严权和获得帮助的权利。

以保障人权的基本价值取向来看，赋予人工智能法律主体地位与这一取向相悖。假设人工智能成为法律主体，那么法律则需要保护人工智能的各项权利，这是不现实的。首先，人工智能并不是真正意义上的人，虽然可能具有人的外貌、工作能力、思维能力或自主意识，但究其本质，它是被人发明出来辅助人类的，与人类饲养牛马等动物来帮助耕作并无不同；如果法律赋予人工智能权利和义务，是否也应赋予动物权利和义务呢？这显然是荒谬的。其次，劳动的过程是劳动者之间紧密合作的过程，也是劳动者和用人单位之间不断产生摩擦和纷争的过程，当人工智能与人类发生

---

① 参见彭中礼：《人工智能法律主体地位新论》，载《甘肃社会科学》2019 年第 4 期，第 100-107 页。

② 参见涂永前、邱本：《关于劳动及劳动法的思考》，载《上海师范大学学报》2018 年第 2 期，第 18-25 页。

③ 参见吴卫军、陈璇：《以人为本法律观的理论传承与现实解读》，载《河北大学学报》2010 年第 2 期，第 64-69 页。

权利纠纷,法律如果支持人工智能,就违背了"以人为本"的初衷,因为法律本来就是为了保障人类的权利而设置的,不应当为了保障人工智能的权利而损害人类利益。最后,人工智能还有一项重大缺陷——人工智能是由人创造的,那么它一定有设计者或制造者,那么人工智能表现出的自主意识是否其实是其设计者或制造者的意思表示?如果要赋予人工智能法律主体地位,一定要首先解决这一道德伦理问题。综上所述,人工智能成为法律主体不符合劳动法的价值取向。

2. 与劳动法自由理念冲突。根据《中华人民共和国劳动合同法》(以下简称《劳动合同法》),订立劳动合同应当遵循合法、公平、平等自愿、协商一致、诚实信用的原则①。这是我国劳动法中平等自愿原则的体现,也是马克思主义劳动自由观的体现。根据马克思主义,真正的自由是积极的自由,是以人的能力发展为目的的活动,具体体现为劳动的自由;人是能动的主体,人可以通过劳动实践活动创造新的社会关系,只有在劳动中,人才能成为自己的主人,实现自由②。在国际范围内,国际劳工组织1930年公布的《强迫劳动公约》和1957年公布的《废除强迫劳动公约》逐步确立了劳动自由的原则。劳动自由作为劳动法的基本原则,是劳动者自愿决定是否参加社会劳动、根据自身情况和社会需要选择职业的制度基础③。

人工智能如果成为法律主体,势必拥有劳动自由。劳动自由贯穿于劳动过程中的每一个环节,包括劳动合同的签订、劳动合同的履行和劳动合同的解除,因此人工智能必须拥有自主签订、履行和解除合同的能力和自主意识,这与当前技术发展水平不符,并且由于无法确定人工智能表达的意思是其自己的意思表示还是其所有者或控制人的意思表示,在法律实践中很难操作。

此外,人工智能参与劳动是为了弥补人类的不足,帮助人类减少工作量,提高工作效率,也就是在一定程度上解放人类,但如果将人工智能群体视为与人类劳动者相同的法律主体,就很难确保人类能够在劳动中获得

---

① 见《劳动合同法(2012年修正)》第三条。
② 参见曹玉涛:《论马克思的劳动自由观》,载《郑州大学学报》2006年第1期,第38—41页。
③ 参见翁玉玲:《人工智能时代的劳动法功能调适》,载《西安交通大学学报》2019年第1期,第145—152页。

自由和解放，反而违背了创造人工智能的原意，不仅不能体现劳动法自由的基本理念，还使人类难以自由支配劳动过程，阻碍社会经济发展。

三、人工智能给劳动法制度带来的挑战及应对

人工智能的未来发展将深刻影响（甚至颠覆）人类的生产和生活方式①。人工智能技术给就业市场和劳动法带来挑战并在一定程度上导致了失业率持续升高、就业歧视加重、劳动者隐私权的受侵犯等问题。面对这样的挑战，无论是法律法规还是政策制定者，都应予以回应，找出应对措施，保障劳动者权益，维护就业市场的稳定。

（一）人工智能给劳动法制度带来的挑战

1. 失业率提高。由于人工智能主体目前并不是受到广泛认可的法律主体，不需要与用人单位签订劳动合同或其他类型的合同，因此人工智能主体不受劳动合同的约束。

根据《中华人民共和国劳动法》（以下简称《劳动法》）第四、第五章的规定，劳动者每日工作时间不超过八小时，平均每周工作时间不超过四十小时；劳动者每周应至少休息一日，且在特定节日用人单位应当依法安排劳动者休假；劳动者的工资分配应当遵循按劳分配的原则，同工同酬，且应高于当地最低工资标准②。相较于普通劳动者，人工智能主体工作时间不受限制，不需要休假，在其基本运营费用外不需要额外支付薪资报酬，对于用人单位而言，人工智能主体在同等条件下比普通劳动者更加"价廉"。

目前我国已经出现了人工智能取代劳动者的案件。王某于 2014 年与上海某百货公司签订了无固定期限劳动合同，工作内容是数据收集分析；但2016 年该公司的 ERP 人工智能管理系统上线，使原本需要八小时完成的工作，之后十分钟就可以完成。公司因此取消了王某所在的岗位，并与王某解除了劳动合同③。此案是典型的人工智能取代岗位导致人类劳动者失

---

① 参见李亢：《人工智能背景下的就业现状与对策》，载《中国法律评论》2018 第 2 期，第 192 页。

② 《中华人民共和国劳动法》，第三十六、三十八、四十、四十六、四十八条。

③ 《上海首例智能取代人工劳动争议仲裁开庭 失业 or 转型?》，载人民网（2017 年 9 月 14 日）：http://world.people.com.cn/n1/2017/0914/c197902-29536237.html.

业的案例。人工智能的数据收集和处理能力远远高于人类，因此在与人类的岗位竞争中胜出；而人类由于缺乏劳动法制度的保护，在这种情形下失业难以避免。

类似的情况在美国也有出现，根据美国劳动统计局的预测，到 2033 年，美国将有近一半的工作会被人工智能取代[①]。这一替代势必成为未来劳动力市场就业趋势，即普通劳动者的职位越来越多地被人工智能主体替代，劳动者失业率攀高。

图 1 展示了牛津大学关于各个行业未来被人工智能取代概率的研究，其中第一产业、第二产业、第三产业的代表性行业被替代率均高于 75%。被替代率相对最高的是第二产业的低技术含量实验员，因其工作内容容易习得，工作强度较大，适合机器作业，有 99% 的概率会被机器代替；被替代率相对最低的是第三产业的超市工作人员，其中分拣货物、登记库存、结算入账等工作可以轻易被机器替代（大型超市推销、介绍产品等交流类工作则更适合人类完成，机器难以取代所有人类工作，所以替代率相对较低）。总的来说，这一研究对未来人类与机器竞争就业岗位持悲观态度，认为绝大多数现有就业岗位会被人工智能取代。

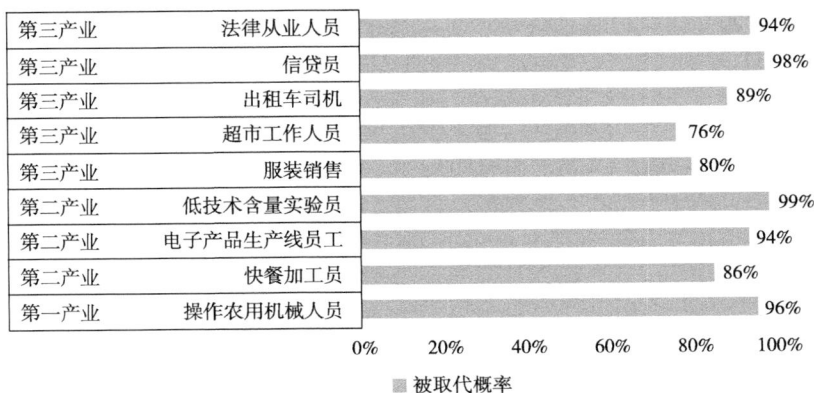

产业	行业	被取代概率
第三产业	法律从业人员	94%
第三产业	信贷员	98%
第三产业	出租车司机	89%
第三产业	超市工作人员	76%
第三产业	服装销售	80%
第二产业	低技术含量实验员	99%
第二产业	电子产品生产线员工	94%
第二产业	快餐加工员	86%
第一产业	操作农用机械人员	96%

图1　各个行业岗位被人工智能取代概率图[②]

---

① 参见杰瑞·卡普兰：《人工智能时代》，李盼译，浙江人民出版社 2016 年版，第 147 页。
② 参见蒋南平：《人工智能与中国劳动力供给侧结构性改革》，载《四川大学学报》2018 年第 1 期，第 133 页。

2. 就业歧视严重。在劳动力招聘市场，应聘者想要竞聘某一岗位，需要先向该公司的人力资源部门投递简历，由人力资源部门进行筛选，从简历中挑选出最符合岗位需求的优秀求职者，再进行后续的考核。当前，这一过程更多地由人工智能系统完成，人工智能通过调取大数据，通过一定的程序和算法，对大量求职者投递的简历进行初筛，与人力资源部门筛选相比，人工智能的成本更低、效率更高，因此越来越多的公司使用人工智能来代替人力资源部门进行简历筛选。

然而，人工智能参与招聘过程，却可能导致数据与算法僵化造成的就业歧视。虽然人工智能运行的程序本身并不带有歧视因素，但通过对大数据的分析，人工智能往往会得到诸如男性比女性更优秀、健康人比残疾人更优秀的结论①；虽然在这些例子中，前者相对于后者的优势地位是由其生理结构决定的，与个人努力、性格、勤奋度都无关，但在冰冷的人工智能大数据面前，后者就会被前者打败，在求职竞争中处于劣势地位。

在就业市场中，招聘只是其中一环，员工的绩效测评、薪酬管理、员工培训、职位任免等环节都有人工智能的参与，在人工智能的数据和算法下，就业歧视遍布职场的各个环节，处于弱势地位的劳动者受到了严重就业歧视。

3. 劳动者隐私权受到侵犯。人工智能的数据分析以收集海量信息为基础，个人数据被大量收集必然引发隐私泄露的疑虑，而且在职场中员工个人隐私泄露的现象非常普遍。关于隐私的界定，尽管我国宪法、民法和侵权责任法都对隐私权保护有相关的规定，但隐私的法律界定仍未明确。笔者认为，在工作场景下，只要是涉及员工不想被他人得知的、与工作无关的个人"秘密"，如个人生理信息、财产状况、婚姻家庭关系等，就属于个人隐私，隐私权应当受到尊重和保护。

出于对员工工作时长、工作状态的监督，或对工作场所财物监管等目的，许多用人单位在公司内部放置了摄像头，通过对摄像头拍摄内容的分析来评判员工是否尽职。在程某与万通（苏州）定量阀系统有限公司劳动争议案件中，该公司称程某在夜班工作时间内有与其他员工聊天、玩手机、修剪指甲和吃泡面等行为，违反了劳动纪律，在公司出示书面警告后

---

① 参见田野：《劳动法遭遇人工智能：挑战与因应》，载《苏州大学学报（哲学社会科学版）》2018 年第 6 期，第 57-64 页。

又发生违纪行为，主张与程某解除劳动合同。程某辩称其工作需要使用手机，根据公司提供的监控无法判断使用手机的用途，且公司安装摄像头拍摄其工作状态，属于侵犯其隐私的行为①。虽然法院最终判决驳回了程某诉求，支持该公司与程某解除劳动合同，但笔者认为，公司未经员工同意通过安装摄像头的方式对其进行监视，窥探了员工不想被他人得知的个人生活习惯，在很大程度上侵犯了员工的隐私权，因员工不仅是公司的成员，更是享有隐私权的独立个体。

随着人工智能技术的进步，用人单位还可以实时监控员工上网浏览时的所在位置、在线时长、使用的设备、浏览记录，甚至通信软件中的实时聊天内容。比起安装摄像头，人工智能搜集到的这部分信息更是早已越过隐私的界线，使劳动者的个人信息完全暴露在用人单位的眼前。受到数据驱动，人工智能的分析和学习需要使用大量信息，在人工智能面前，劳动者的信息只会被更加堂而皇之地攫取，劳动者在职场中将没有任何秘密。

（二）劳动法制度的应对

1. 明确辞退员工的法律规定。根据我国现行《劳动法》和《劳动合同法》的规定，用人单位解除和终止与劳动者签订的劳动合同，大致可以分为四种情形：一是劳动者主动解除劳动合同；二是因劳动者具有重大过失而解除，如劳动者严重违反规章制度、严重失职、营私舞弊并给用人单位造成重大损害等；三是劳动者无过失，但因故不能履行劳动合同的；四是经济性裁员。上述第一、二、三种情形与本文所讨论的内容无关，但在情形四中，企业转产、重大技术革新或者经营方式调整，经变更劳动合同后，仍需裁减人员的，用人单位可以在说明情况、听取工会和职工意见并向劳动行政部门报告后，合法裁减人员②。由于人工智能的发展，机器大量取代人类岗位是否属于"重大技术革新"，值得商榷。

笔者认为，《劳动合同法》中应当明确界定"重大技术革新"的含义，并且应当在个案中针对具体问题进行分析，不能理所当然地认为所有的人

---

① 程宾与万通（苏州）定量阀系统有限公司劳动争议案，苏州市中级人民法院（2016）苏05民终9029号民事判决书。
② 《中华人民共和国劳动合同法（2012年修正）》第四十一条。

工智能应用均是裁员的正当理由，而应当由用人单位证明其合理性和必要性①。再者，根据法律条文，解雇劳动者还有三项前置程序，即：向工会和劳动者说明情况，听取工会和职工的意见，将裁减人员的方案向劳动行政部门报告。只有经过这三项前置程序，用人单位才能最终解除劳动合同。因此在这个过程中，工会和劳动行政部门应当起到应有的监督作用。首先审查该岗位是否确实不需要职工继续工作；其次要明确用人单位是否有能力为该职工更换岗位，或为其再就业提供必要的协助，尤其是对"与该单位订立较长期限的固定期限劳动合同、与该单位订立无固定期限劳动合同和家庭有需要扶养的老人或未成年人且家庭中没有其他就业人员"的三类职工重点关注，优先为其更换岗位，或在其他岗位招聘人员时优先招录这三类员工；最终如果仍无法解决问题，才可同意解除劳动合同。

总之，在人工智能造成劳动者失业的问题上，劳动法应当做到有规范的法律条文可以依据，在解除劳动合同的过程中，所有程序都应依法履行，将劳动者的损失降到最低。

2. 法律规定企业对员工进行新技术培训。我国《劳动法》中规定了国家、各级人民政府和用人单位应当对劳动者进行职业培训的内容，其中明确规定：企业应当建立职业培训制度，按照国家规定提取和使用职业培训经费，根据本单位实际，有计划地对劳动者进行职业培训②。人工智能技术作为一项为企业节约了大量人力、物力的技术，在为企业节约成本、提高利润的同时，挤占了企业职工的工作岗位，根据权利与义务对等的法理，企业在享受人工智能带来的便利时，应当更加关注员工的就职状况，在员工培训方面加大资源和资金投入，使员工在面临岗位被替代的窘境时具有转换岗位的能力。

对于因人工智能的挤占而面临失去工作岗位的员工而言，其所掌握的知识和技能已经落后，一旦失业，在就业市场的竞争中，因为在学历和年龄上与其他求职者存在一定差距，更难获得就业机会，因此强制企业对这部分员工进行再就业培训是非常必要的，法律应当明确规定这一点。《劳动法》第六十八条除规定"从事技术工种的劳动者在上岗前必须经过培

---

① 参见田野：《劳动法遭遇人工智能：挑战与因应》，载《苏州大学学报（哲学社会科学版）》2018 年第 6 期，第 57-64 页。

② 见《中华人民共和国劳动法（2018 年修正）》第六十八条。

训"外，可增设"企业重大技术革新后，所有技术更新岗位员工都必须进行职业技能培训"的规定，如此，一是可以保障该岗位引进人工智能等全新技术后，原有职工可以提升操作水平；二是该岗位如果因技术更新而裁员，原有职工可以通过培训提高技术水平或学习新的职业技能，顺利转岗。

企业需要聘请专业培训老师或工作经验丰富的劳动者，系统地为员工提供新技术培训课程，教授专业的职业技能，并通过安排结业考核确认员工的职业培训效果，确保其顺利完成新技术类工作，在转岗遴选或再就业市场时提高其就业竞争力。

3. 增加工作岗位的供给。人工智能比人类拥有更多先天优势，可以从事比人类劳动者更困难、更危险、准确度要求更高的工作，因此人工智能造成人类劳动者失业几乎无法避免。虽然前文已经提出了两种降低失业率的可能性，但在解决劳动者失业这一问题时，需要"节流"，更需要"开源"。也就是说，国家政策和法律应当多管齐下，在一部分劳动者因人工智能失业的时代背景下，创造出其他岗位，保障充分就业。

首先，可以缩短劳动者的工作时间，增加劳动者的休息和休假时长，通过完善带薪休假等制度，合理分配劳动周期，实现劳动者与人工智能的轮岗工作①。普通劳动者与人工智能互相轮换，有序配合，既能增加工作岗位，又能使人类和人工智能各自发挥所长，提高工作效率。其次，当前人工智能大量代替普通劳动者的行业大多属于技术含量较低的行业（如制造业、运输业等），可以通过完善相关法律法规，引导劳动者向其他技术含量较高、目前的人工智能技术还不足以支撑的行业流动，配合更加有针对性的劳动者职业技能培训，减少劳动者与人工智能"抢工作"的情况。最后，由于目前人工智能产业还处于起步和发展阶段，许多配套法律规章还不完善，因此应当制定具有前瞻性的制度体系，包括加快劳动者的社会保障制度改革、完善分配和工资制度、明确社会分工体系等，帮助人工智能更好地融入社会。人工智能将为社会创造更多工作岗位和就业机会，使劳动者受益于人工智能产业的蓬勃发展。

4. 加强人工智能与人的合作。在人工智能时代全面到来之际，企业和

---

① 参见王从烈：《加快推进人工智能劳动法治保障建设的对策研究》，载《南京邮电大学学报（社会科学版）》2018年第5期，第54-62页。

个人都应该树立合作共赢的意识，应当认识到只有人和智能机器紧密合作，才能产生最大的效益。

一方面，人工智能可以辅助人类高效完成简单性工作，例如语音导航、文件分类、图像采集、红外线测体温等，人类虽然可以单独完成，但有人工智能的参与后，速度会大大加快，准确率也得到保障，效率成倍提升。另一方面，人工智能还可以自行分析处理较为复杂的数据，例如从海量调查问卷或实验数据中获得结果，分析得出最符合逻辑的结论，提出进一步研究方向的建议，而人类则负责把握整个研究的大方向，制定研究计划，完成研究步骤。人工智能的参与能帮助人类研究者节约大部分处理数据的时间，加快研究进程，提高研究结果的可信度和精确度。

此外，人工智能还可以完成只靠人类难以完成的任务。人类的长处是直觉、联想、灵感等"软思维"，而人工智能则更擅长逻辑、计算、程序化等"硬思维"，因此人工智能可以通过对大数据的深度挖掘发现事物之间的隐秘关系。人类专家与人工智能共同规划城市智能交通系统，就是人类通过举一反三、触类旁通，并与人工智能优势互补所创造的优秀成果①。

众所周知，鉴于 2020 年全球疫情蔓延的特殊情况，各个学校都展开了线上教学，线上教学的过程也是人工智能与人紧密合作的过程。教师作为课程的主讲者，负责制定教学计划和课程目标，完成课堂的讲授，而人工智能则负责统计与反馈：统计学生到课率并反馈给教师；批改学生的作业，统计各个题目的正确率，选出易错题供教师回课巩固；对学生进行课后答疑和辅导。此都是人与人工智能合作无间、提高工作效率的典型示例。

因此，对于企业而言，人工智能固然成本低、好操控，但离开人类，人工智能就丧失了交互学习、不断进步的"伙伴"，它的功能就仅限于僵化的操作或数据分析，而人工智能的工作有了人的参与，才能更加灵活，激发更大潜能，从而创造更大收益。对于人类而言，更不应当将人工智能视作抢夺工作的洪水猛兽，人与人工智能应当是平等共存的关系，相互配合成为友好的学习和工作伙伴，在有益的交互中共同应对工作的挑战。

5. 完善企业的规章制度和人力资源管理。随着人工智能被越来越多地

---

① 参见王竹立：《论智能时代的人——机合作式学习》，载《电化教育研究》2019 年第 9 期，第 21-22 页。

应用在用人单位的人力资源管理中，人工智能固有的数据与算法僵化问题也导致了越来越严重的劳动者就业歧视。在劳动法规制的层面，要尽量消除由此导致的歧视，就必须完善用人单位的规章制度，在人力资源管理过程中剔除可能造成歧视的因素。

用人单位的规章制度必须合法合理，企业人力资源管理部门必须具有一定比例的人类员工，在人力资源规划、招聘与配置、培训与开发、绩效管理、薪酬福利管理、劳动关系管理这六大人力资源管理模块中，每个管理模块的工作都必须有相当比例的人类员工参与。人类员工具有人工智能无法替代的优势，例如对员工或求职者整体形象、待人接物、谈吐表现的主观判断（人工智能通过数据和算法无法获得这些信息，必须有人类员工进行把控）。涉及招聘、人员调动、绩效薪酬管理等关乎员工切身利益的管理部门则必须由人类员工主导，也就是说，最终的招聘录取结果、员工职级的上升或下调、加薪或减薪，都必须由人类综合主、客观因素，综合考虑后最终决定。企业的管理活动不仅需要人工智能的效率，也需要人类充分发挥主观能动性。人力资源管理绝不是将管理完全交付给大数据和算法，而是需要以人为主导，将人的主观能动性与人工智能的客观性完美地搭配起来，使二者兼容。

6. 完善隐私权规定和救济途径。我国 2017 年颁布的《民法总则》中，对公民的数据保护、个人信息和隐私权均作出了针对性规定，但目前劳动法及相关法律法规则没有明确涉及劳动者的个人隐私保护问题（尤其是劳动者在用人单位工作时的隐私保护）。由于目前员工工作时的隐私泄露非常严重，所以在法律中完善禁止性规定及隐私泄露的救济途径势在必行。

（1）确立通知—同意机制。法律中应明确确立涉及人工智能数据收集的通知—同意机制，用人单位在使用诸如视频监控、流量监测等设备时，要明确告知员工，向员工披露其信息收集范围、信息收集方式、数据处理的程序，以及收集的数据可能涉及的员工隐私。用人单位必须获得员工的明示同意后才能收集和处理相关信息。

与此同时，员工座位还可以设置控制信息收集开关的"隐私按钮"，在处理工作内容时打开该按钮，视为对公司收集个人信息的明示同意，以便公司跟进；在处理私人事务、进行私下交谈时，关闭该按钮，视为拒绝公司此时收集信息，以免隐私泄露。设置隐私按钮可能是完善员工同意机制的方便之举。

（2）设置信息处理禁区。由于人工智能在收集员工信息时几乎不加辨别地全盘收取，收集后再进行数据处理和辨别，所以在使用相关监控设备时难免无意间收集到员工个人隐私信息。根据与个人隐私关系是否紧密，个人隐私信息又分为敏感信息和一般信息，敏感信息应当受到特别保护①。根据欧洲理事会 1981 年公布的《有关个人数据自动化处理的个人保护公约》，禁止对泄露种族血缘、政治见解、宗教（或其他信仰）、健康、犯罪记录等个人信息进行自动化处理。与此类似，加拿大、欧盟和我国澳门特别行政区的立法中也有类似规则②。用人单位也应当据此设置信息处理禁区，一旦涉及上述敏感信息应当及时披露给员工个人并及时销毁，保证信息绝不外流。

（3）完善隐私救济途径。在用人单位，应当强制设置隐私保护投诉部门，或在工会设置隐私保护专门委员，确保员工在遇到隐私外泄问题时可以及时寻求帮助。

加大隐私侵犯者的处罚力度也非常必要。根据欧盟国家 2016 年通过的《一般数据保护法》（General Data Protection Regulation）的规定，用人单位违法进行个人信息处理需要承担很重的法律责任，可能被处以上一年度营业总额 4% 的行政罚款③。这种处罚对于企业而言非常具有威胁性，因此企业会对员工隐私问题慎而又慎。我国可以借鉴欧盟的经验，相关行政部门应当积极配合工作，对侵犯员工隐私的用人单位及时处以行政处罚，适当加重处罚力度，不姑息纵容侵犯隐私的行为。

四、人工智能时代的劳动法展望

著名物理学家霍金曾说过："人工智能可能不仅仅是人类历史上最伟

---

① 参见郑志峰：《人工智能时代的隐私保护》，载《西北政法大学学报》2019 年第 2 期，第 56 页。
② 参见张新宝：《从隐私到个人信息：利益再衡量的理论与制度安排》，载《中国法学》2015 年第 3 期，第 40 页。
③ 参见郑志峰：《人工智能时代的隐私保护》，载《西北政法大学学报》2019 年第 2 期，第 56 页。

大的事件，也是最后的事件。"① 这展现出他对人工智能技术未来发展深深的担忧，也揭示了人工智能技术的两面性。

但无论如何，人工智能的广泛应用是社会发展的新阶段。人工智能技术和人类生产生活交汇融合，对经济发展、社会治理、国家管理、人民生活都产生了重大影响。党和政府可以运用人工智能进行大数据分析，了解人民群众关注关心的事务，积极推进民主；越来越多的企业运用人工智能改进技术，提高效率和服务质量，创造更多财富；我们会发现自己生活在一个每一天都更加便利的时代，智能机器人能听懂我们的语言，能和我们对话，视频网站能推送我们感兴趣的视频，购物网站能用邮件告诉我们喜欢的书籍优惠活动，智能手机可以根据我们购买的火车票信息，提醒我们何时出发，采用何种交通工具，给出保守的路上时间，甚至能一键打车；运用人工智能，还可以实时监测环境指标，加强环境监督，保护青山绿水。显然，一方面，人工智能提高了我们的生活质量，为社会各行业提供了更多可能性；另一方面，当社会真正进入人工智能时代，法律问题将更加突出，人工智能作为一个特殊的对象，将对未来的劳动法产生怎样的影响是一个亟待讨论的议题。我们应该正视这样的时代背景，用法律的前瞻性缓解立法的滞后性，提前探讨和展望人工智能时代劳动法的未来。

（一）创新劳动关系理论

当前，不论是我国还是其他国家的劳动法，均以保护典型劳动关系下的全日制劳动者为主②，人工智能技术发展催生出的非典型就业以及互联网用工等灵活用工形式，都对劳动关系的调整提出了新的挑战。

传统劳动契约的本质属性在于雇员的从属性，对劳动关系的判断一般运用"从属性"理论，即界定雇主与雇员间是否存在人格从属性、经济从属性和组织从属性③。从属性理论的最核心、最本质的概念是"人格从属性"，但按照从属性理论来判断新型用工形式中的劳动者身份却非常困难。举例来说，在陈某与北京满天星物业管理有限责任公司（以下简称"满天

---

① 张艳：《人工智能给法律带来的四大挑战》，载《社会科学报》2016 年 8 月 4 日，第 4 版。
② 参见田思路：《从封闭到开放：企业组织市场化的劳动法诉求》，载《中国政法大学学报》2016 年第 6 期，第 100-108 页。
③ 参见谢增毅：《互联网平台用工劳动关系认定》，载《中外法学》2018 第 6 期，第 1546-1569 页。

星公司"）劳动争议一案中，原告陈某诉称其在满天星公司工作，工作内容为交通银行某支行提供餐饮外包服务，但满天星公司未与其签订劳动合同，只签订了《餐饮承包服务协议》以掩盖双方存在劳动关系的事实，也未替其缴纳社保。满天星公司辩称其与陈某不存在劳动关系。最终法院认定，双方之间属于承包关系，不能显示双方构成劳动或劳务关系，因此驳回了原告的主张①。

又如王某与北京同城必应科技有限公司（以下简称"同城必应公司"）的机动车交通事故责任纠纷一案，原告王某被被告杨某（同城必应公司的闪送员）使用具有闪送标志的电动车撞倒，杨某负全责，但未支付医疗费用。原告诉称，杨某是同城必应公司的员工，该公司应承担赔偿责任。该公司辩称，其与闪送员杨某不存在劳动关系，应当适用承揽合同而非劳动合同相关法律规定进行调整。法院判决认为，杨某下载应用程序后自行申请成为被告公司的闪送员，其在业务选择、工作时间和报酬分配等方面均不受该公司支配和惯例，因此杨某与该公司不属于劳动关系或劳务关系，该公司不承担本次事故的赔偿责任②。

与此类似，王某与北京亿心宜行公司（以下简称"亿心宜行公司"）的劳动争议案中，原告王某为亿心宜行公司的代驾司机，入职后被告一直拒绝与其签订劳动合同和为其缴纳社保，原告希望确认其与公司的劳动关系。被告辩称其只是通过手机软件为原告提供信息平台，起到的是信息传递作用，原告司机何时何地接活或何时何地休息，完全由其自主决定，公司无法约束和管理；且公司并不支付司机工资，司机直接向乘客收取费用，因此双方不存在劳动关系。经过审理，法院支持被告主张，认为原告虽有亿心宜行公司提供的工牌、工服等，但不足以证明双方存在劳动关系③。

从以上案例可以看出，在灵活用工的法律实践中，法院倾向于使用传统劳动关系认定方法，依据用人单位是否可以控制劳动者的劳动时间和休

---

① 陈崇保上诉北京满天星物业管理有限责任公司劳动争议案，北京市第三中级人民法院（2016）京 03 民终 8199 号民事判决书。

② 王某与北京同城必应科技有限公司等机动车交通事故责任纠纷案，北京市丰台区人民法院（2019）京 0106 民初 15893 号民事判决书。

③ 王某与北京亿心宜行汽车技术开发服务有限公司劳动争议案，北京市石景山区人民法院（2014）石民初字第 367 号民事判决书。

息时间、是否能够管理约束劳动者、是否直接向劳动者发放工资和为其缴纳社保等角度来判断其与劳动者是否存在劳动或劳务关系。而在上述案例中，基于人工智能和互联网技术发展而产生的平台用工都不具备相关认定因素，故而法官在判决中直接否定两者之间存在的劳动关系或雇佣关系。

这些新型用工方式显然不属于传统的典型关系，但这些日益常态化的劳务提供和劳务接收方式，对传统的劳动关系理论带来了冲击。在包括人工智能在内的新技术发展中产生的新业态下，劳动者也需要在遭到侵权、产生劳动纠纷时获得劳动法的保护，而不是被"轻飘飘"地认定为"不存在劳动关系"。笔者认为，人工智能时代的新型劳动形态演化不一定会从本质上改变劳动法的调整对象和调整关系，但新型劳动者对用人单位的从属性会逐渐弱化①，因此对劳动关系理论进行创新，实现对非典型劳动关系下劳动者的保护，是未来劳动法研究的方向之一。

（二）调整立法兼容性

人工智能技术的进步会在未来带来劳动力市场的颠覆性改变，这是毫无疑问的。自从人工智能机器逐渐替代和挤占人类的工作岗位，人们越来越感到不安。需要明确的是，人工智能的发展为人类社会带来了便捷，将人类从枯燥、重复、危险工作和高难度、高精度工作中解放出来，使人类可以拥有更多的剩余时间实现自我价值，这与人工智能带来的负面影响相比，可以说利大于弊。技术本身是中性的，技术带来的利弊关键在于人类使用技术的方式。如何使人工智能带来的好处最大化地发挥，使人工智能带来的弊端被最大化地消除，是人类需要认真思考的问题。传统劳动法已经不能解决劳动力市场出现的新问题。要使劳动法不再式微，恢复其调整劳资关系的作用，就必须调整立法兼容性。

劳动法学界一般认为，广义的劳动法制度主要涵盖劳动就业制度、劳动合同制度、劳动基准制度、社会保险制度和劳动监察制度等五部分，其中的核心部分是劳动合同制度和劳动基准制度②。除了最常见的全日制用工外，我国劳动法和劳动合同法还规定非全日制用工和劳务派遣用工两种

① 参见田思路、刘兆光：《人工智能时代劳动形态的演变与法律选择》，载《社会科学战线》2019年第2期，第212-221页。

② 参见汪银涛、吴延溢：《人工智能时代劳动法立法范式的转型》，载《人文杂志》2019年第10期，第34-43页。

用工形式。但随着时代进步，互联网用工和灵活用工也日渐流行，用工形式更加多样化，而雇员为雇主提供劳务的方式也层出不穷；此外，赖于人工智能技术和互联网技术的发展，通过互联网平台远程劳动和用工的情况越来越多见。与此类似，建筑工地农民工、住家保姆工作时间长、无固定休息时间，人格尊严和隐私权也容易受到侵犯，根据现有的劳动法立法体系，对这些劳动者的法律保护往往不足。

随着时代和技术的发展，以互联网或灵活用工形式提供劳务的劳动者越来越多，调整劳动法，将这些劳动者也纳入劳动法调整范围内，对于社会发展非常重要。对于这一问题，一些学者提出了增设雇佣合同规则的想法。雇佣合同不同于普通劳动合同，在我国劳动法律体系中增加雇佣合同规则，可以很好地解决劳动法调整范围过窄的问题。建筑工人等特殊群体对雇佣规则产生了强烈的需求，互联网平台用工等新型用工方式也需要雇佣合同规则加以规范，因此，我国可以借鉴大陆法系国家和地区民法典雇佣合同规则，在立法理念和规则设计上体现雇佣关系的新特点①。

综上所述，人工智能时代的劳动法需要规范的不仅仅包括典型的全日制用工、非全日制用工和劳务派遣用工三种劳动形态，还应包括以灵活用工和以互联网用工为代表的多种非典型劳动形态。要在人工智能时代达成传统劳动法调整劳动关系、保护劳动者权益的立法目的，就需要在立法时充分考虑未来社会的劳动形态和未来社会劳动关系的变化特点，及时丰富劳动法内容、扩充劳动法调整范围，使劳动法与时俱进，常研常新。

五、结语

我国的人工智能发展规划将人工智能发展提升到国家战略高度。人工智能技术依靠大数据的支撑被广泛应用于各个领域，它的蓬勃发展在带来经济迅速发展、产业转型升级的同时，也给劳动力市场带来了诸多挑战。

人工智能在劳动法领域内引发了对其是否应当具有法律主体地位的争论，主要有拟制说、肯定说和否定说三种学术观点，但在人工智能高度发达的时代下，相关学说及研究有待深入。笔者认为，赋予人工智能法律主

---

① 参见谢增毅：《民法典引入雇佣合同的必要性及其规则建构》，载《当代法学》2019 年第 6 期，第 14-25 页。

体地位会在一定程度上损害人类利益，且具有尚未解决的道德伦理问题，与劳动法保障人权的基本价值取向不符。人工智能的发明原本是为了帮助人类减少工作量，在一定程度上解放人类；赋予其法律主体地位，违背了制造人工智能的原意，阻碍了人类的劳动自由，与劳动自由的基本理念冲突，因此人工智能不是适格的法律主体，也不应成为劳动关系以及劳动法上的主体。

人工智能技术深刻地影响了人类的生产生活方式，给就业市场和劳动法带来了以下冲击和挑战：人工智能取代了一部分劳动者的就业岗位，导致劳动者失业率持续升高；企业在人力资源管理中广泛应用人工智能技术，因其数据与算法的僵化导致就业歧视加重；用人单位在工作场所频繁使用人工智能进行监测和监控，使员工隐私遭到泄露，严重侵犯劳动者隐私权。针对这些挑战，劳动法应作出回应：一是明确法律中辞退员工的合法事由，并严格规定解除劳动合同的前置程序；二是需要法律严格规定用人单位应对发生技术革新的岗位员工进行职业技能培训，确保其具有转岗能力和再就业竞争力；三是增加工作岗位供给，完善相关法律法规，将劳动者向技术含量较高岗位引流；四是在各个行业加强人工智能与人的合作，使人机相互学习、优势互补；五是完善企业的规章制度和人力资源管理，使人力资源的各个过程均有人类参与或主导，使人类的主观能动性与人工智能的客观性有机搭配，最大限度地消除数据算法带来的歧视；六是通过法律规定，确立"通知—同意"机制、设置信息处理禁区以避免员工隐私信息遭到收集和披露，通过设置隐私保护投诉部门和工会隐私保护专门委员等隐私救济途径，严厉处罚用人单位的隐私侵犯行为。

在人工智能时代来临之际，为了有效地解决劳动力市场出现的新问题，劳动法应当在立法时充分考虑未来社会的劳动形态和未来社会劳动关系的变化特点，扩充其调整的范围，并根据新型劳动者对用人单位的从属性逐渐弱化的特点，创新劳动关系理论，实现对非典型劳动关系下对劳动者的保护。

虽然法律具有滞后性这一固有困局，但法律也是常研常新的。基于对现实的研究和思考并对未来做出科学预测，相应进行法律调整，以最终形成科学、规范、系统的法律体系，是所有法律研究者的共同目标。新时代下，人工智能对劳动法的影响已初步显现，劳动法的应对也需要不断跟进和完善。

参考文献

［1］孙鼎国．西方文化百科［M］．长春：吉林人民出版社，1991．

［2］张善斌．权利能力论［M］．北京：中国社会科学出版社，2016．

［3］卡普兰．人工智能时代［M］．李盼，译．杭州：浙江人民出版社，2016．

［4］金东寒．秩序的重构：人工智能与人类社会［M］．上海：上海大学出版社，2017．

［5］崔亚东．人工智能与司法现代化［M］．上海：上海人民出版社，2019．

［6］曹玉涛．论马克思的劳动自由观［J］．郑州大学学报，2006（1）．

［7］王军仁．我国民法中的法律拟制与注意规定［J］．南京理工大学学报，2006（4）．

［8］吴卫军，陈璇．以人为本法律观的理论传承与现实解读［J］．河北大学学报，2010（2）．

［9］张新宝．从隐私到个人信息：利益再衡量的理论与制度安排［J］．中国法学，2015（3）．

［10］张艳．人工智能给法律带来的四大挑战［N］．社会科学报，2016-08-04．

［11］田思路．从封闭到开放：企业组织市场化的劳动法诉求［J］．中国政法大学学报，2016（6）．

［12］隋一卓．中国劳动法治模式研究［D］．长春：吉林大学，2018．

［13］蒋南平．人工智能与中国劳动力供给侧结构性改革［J］．四川大学学报，2018（8）．

［14］李亢．人工智能背景下的就业现状与对策［J］．中国法律评论，2018（2）．

［15］涂永前，邱本．关于劳动及劳动法的思考［J］．上海师范大学学报，2018（2）．

[16] 孙占利. 智能机器人法律人格问题论析 [J]. 东方法学, 2018 (3).

[17] 王从烈. 加快推进人工智能劳动法治保障建设的对策研究 [J]. 南京邮电大学学报 (社会科学版), 2018 (5).

[18] 王耀彬. 类人型人工智能实体的刑事责任主体资格审视 [J]. 西安交通大学学报, 2018 (5).

[19] 田野. 劳动法遭遇人工智能: 挑战与因应 [J]. 苏州大学学报 (哲学社会科学版), 2018 (6).

[20] 谢增毅. 互联网平台用工劳动关系认定 [J]. 中外法学, 2018 (6).

[21] 陈思语. 人工智能纳入劳动合同情势变更的法律思考 [J]. 劳动保障世界, 2018 (8).

[22] 翁玉玲. 人工智能时代的劳动法功能调适 [J]. 西安交通大学学报, 2019 (1).

[23] 田思路, 刘兆光. 人工智能时代劳动形态的演变与法律选择 [J]. 社会科学战线, 2019 (2).

[24] 郑志峰. 人工智能时代的隐私保护 [J]. 西北政法大学学报, 2019 (2).

[25] 刘冠军, 尹振宇. 工业 1.0 到 4.0 演进视角下的劳动者无产阶级属性分析 [J]. 北京行政学院学报, 2019 (4).

[26] 彭中礼. 人工智能法律主体地位新论 [J]. 甘肃社会科学, 2019 (4).

[27] 谢增毅. 民法典引入雇佣合同的必要性及其规则建构 [J]. 当代法学, 2019 (6).

[28] 施小珊. 试论新技术对劳动法的挑战: 以人工智能为基点 [J]. 上海法学研究, 2019 (9).

[29] 王竹立. 论智能时代的人: 机合作式学习 [J]. 电化教育研究, 2019 (9).

[30] 汪银涛, 吴延溢. 人工智能时代劳动法立法范式的转型 [J]. 人文杂志, 2019 (10).

洗稿行为规制路径：理论基础与模式重构

陈鹏玮

摘 要："洗稿"是为了掩饰作品的源头，在不改变核心内涵的情况下，通过表面上"面目全非"的修改，将作品"洗白"。目前，对洗稿的法律定性仍然存在一定难度，但是不论从法理学还是经济学角度分析，都应当对洗稿行为进行规制。著作权法意义上的侵权通常需要结合"思想表达二分法"模式，容易造成侵权认定的误差。针对洗稿行为，可以借鉴其他部门法经验，构造"责任反制侵权"的法律认定新体系，绕开困境，回归法律的本意。

关键词：洗稿；著作权侵权；法理学；经济学；责任反制侵权

现在大多数平台设置了"原创保护"的功能，能够自动拦截重复率过高的文章，所以传统的抄袭行为逐渐减少，而"洗稿"因其隐蔽性而受到部分内容提供者的"青睐"。

洗稿一词来源于网络，暂无法律上的确切定义，因此洗稿行为的法律定性和著作权法规制有待进一步探究。

洗稿的定性一直存在困难，法院在判决上也呈现两种面向：部分法院认为表达不同则不构成侵权；也有部分法院认为这部分不同恰好说明了侵权，其中有的更进一步说明洗稿证明了故意，应当从重承担责任①。

一、现状的概览：洗稿的多样化"发展"

（一）洗稿的定义

"对于任一问题的系统阐释都应开始于下定义，如此才能使得每个人了解讨论之何为。"② "洗"字在《辞海》中的含义为"用水去除污垢"，后来引申出"使得合法化"的含义。类似于"洗钱"，"洗稿"也是为了掩饰、隐瞒某种"抄袭"的行为，是指在不改变核心内涵的情况下，通过表面上"面目全非"的修改，将作品"洗白"③。

（二）洗稿的实现方式

大部分洗稿都有侵权的风险，不过不可否认有部分洗稿十分彻底，可能仅仅利用了原作的"思想"，无法进入著作权法规制的范围。由此，可以将洗稿分为两大类型，即思想利用型和表达利用型。

思想利用型洗稿，主要是指仅在单纯的情节或人物关系设定上的相似。在"霍炬诉差评"案中，法院认为如果原、被告作品的表达方式不同，就不能认定为侵权。这种情形只涉及思想上的利用，不能等同于著作权法意义上的剽窃④。因此法律对思想型洗稿"无能为力"，不过在巨大舆论压力下，腾讯最终撤回对"差评"的千万投资。

表达利用型洗稿，主要是指与他人文章中具体表达的相似。这种方法实现起来较为方便，主要是同义词替换，段落顺序变化，增加、删减非实际性描述等。如果在一定范围内大量采用作品的表达，不可避免地会产生对思想的变相利用，只不过思想的利用并不在著作权法规制范围内。目前流行的洗稿软件常常采用这些伎俩，通过词语修改、语序调整，并经过重

---

① 例如广州互联网法院今年审理的一起案件：三优母婴公司对刘某创作的文章"改头换面"之后以"原创"方式发出，规避了系统拦截。法院认为，通过洗稿等措施规避平台技术审核的行为属于故意侵权，应当从重判处承担法律责任。本案件为广州互联网法院2020年互联网内容平台典型案例。参见广州互联网法院（2020）粤0192民初17922号民事判决书。

② 西塞罗：《论老年论友谊论责任》，商务印书馆2004年版，第64页。

③ 参见官正艳：《论司法实践中洗稿侵犯著作权的认定标准》，载《电子知识产权》2018年第11期。

④ 参见杭州市余杭区人民法院（2016）浙0110民初315号民事判决书。

复检测，就完成了洗稿，全程只需几分钟①。

综上，纯粹的思想利用型洗稿在现有著作权法框架下不应受到法律的制裁②，而表达利用型洗稿大多应当被著作权法所禁止。当然，这并不意味着绝对的界分，思想足够具体也就成了表达，思想利用型洗稿如果肆意扩张就可能进入著作权法的"射程"之中。在本文的讨论中，不进行区分时，讨论的是表达利用型的洗稿行为。事实上，不只在文章领域有洗稿现象，在短视频、游戏领域也出现了洗稿的行为③，这样的行为与文章洗稿类似，且相较于传统盗版更为隐蔽。

（三）洗稿的"发展"和司法现状

在互联网生态之中，自媒体价值体现于内容的传播，平台上的网络流量可以迅速变现，为内容发布者带来可观的收益。在这种"赚快钱"的刺激之下，一些自媒体放弃了道德，通过洗稿快速生产"爆款"，享用流量带来的高额利润。"100%利润就能促使人不顾法律的约束。"④ 况且对于洗稿来说，通过软件可以一键生成，而其侵权行为规制又存在一定的难度，因此越来越多的人选择铤而走险。2020年，被侵权作者比例达到29%，高于往年的数据⑤。娱乐、文化、情感、财经领域的侵权比例较高⑥，这些领域也是洗稿的重灾区（见图1、图2、表1）。

2016年 被侵权作者占比 **23%** → 2019年 被侵权作者占比 **23%** → 2020年 被侵权作者占比 **29%**

图1　被侵权作者情况

① 参见桂从路：《打击"洗稿"重塑良性内容生态》，载《人民日报》2018年12月17日，第13版。

② 笔者认为，思想型洗稿其实并不是洗稿，只是借鉴了一些思想，属于一种创作的形式而已，即使不道德，也不能认定为侵权。

③ 比如短视频与热门视频情节、布景、画面如出一辙，仅仅更换主角；又比如"换皮"游戏，不同的游戏中仅仅只有人物有所不同。

④ 参见马克思：《资本论》第一卷，人民出版社1958年版，第839页。

⑤ 参见维权骑士、鲸版权：《2020年度内容行业版权报告》：https://mp.weixin.qq.com/s/KOgbYnTbdESFn6ZdajQ1Xw.

⑥ 这几个领域有一个共性：大多属于快餐式的消费，人们普遍对文章的质量要求不高，但是对于文章的时效性和传播力有一定的追求。没有"质量"要求但有"速度"要求的受众也从需求侧为洗稿行为提供了土壤。

被侵权作者量占作者总量比例

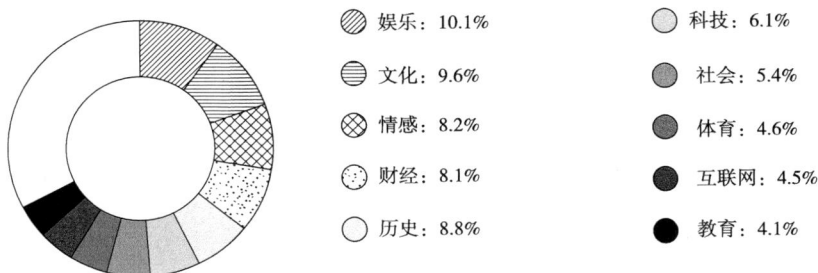

娱乐：10.1%　　　　科技：6.1%

文化：9.6%　　　　社会：5.4%

情感：8.2%　　　　体育：4.6%

财经：8.1%　　　　互联网：4.5%

历史：8.8%　　　　教育：4.1%

图 2　侵权发生领域

历史上有学者采用劳动理论、人格学说等①论证知识产权的正当性。随着社会发展，有更多的学者开始认同知识产权法的公共利益目的，认为"知识产权制度是一种实现社会政策的工具"②，"知识产权制度合理性的基础是其能够促进社会科技文化艺术的进步"③。而洗稿对原创作者产生，巨大伤害，进而影响整个创作热情，使得平台充斥无营养、无思考的机器文章，整个社会的文化发展大大受挫，与著作权制度的初衷背道而驰。

表 1　涉及实体判断的案件情况

案号	法院	判决结果	判决年份
（2019）京 0491 民初 26012 号（一审）	北京互联网法院	侵权成立	2019
（2020）京 73 民终 1384 号（二审）	北京知识产权法院	赔偿 500 元	2020
（2019）沪 0115 民初 53522 号（一审）	上海市浦东新区人民法院	侵权成立	2020
（2020）沪 73 民终 529 号（二审）	上海市知识产权法院	赔偿 2 000 元	2020
（2018）京 0102 民初 14274 号	北京市西城区人民法院	侵权不成立	2019

---

① 参见张平：《知识产权制度基本理论之讨论》，载《科技与法律》2011 第 4 期。

② 参见刘华：《知识产权制度的理性与绩效分析》，中国社会科学出版社 2004 年版，第 46 页。

③ 参见郑胜利：《北大知识产权评论》（第 3 辑），法律出版社 2002 年版。

由于洗稿行为"大行其道"，近几年相关新闻也层出不穷①，但是相关的司法案例不多，经检索仅有 12 个案例②。对这些案例再进行分类研究发现，其中 9 个案件③的争议焦点为涉嫌洗稿"作品"能否享有著作权，法院基本给出了一致的意见。在知识产权法的视野中，著作权法的独创性不能等同于新颖性，利用现有作品并不意味着没有独创性。在具体案件中仍然需要回归著作权法，重点审查"作品"是否能够表达出作者个性化的选择和判断，在此基础上再判断是否能够成为受到著作权法保护的作品；其他 3 个案件涉及洗稿的侵权判断，其中 2 个案件最终认定为侵权，1 个案件认定为不侵权。

二、性质的界定：著作权理论的分析

著作权法上的权利包括人身权和财产权，它们有各自的保护利益和法理基础。同时，法律实效包括社会效果，如果一项法律制度是正当的，必

---

① 近年来，"内容点击 10 万+"日趋成为自媒体生存的法则。受此驱动，通过对他人的作品进行内容篡改、语序调整、结构重塑和表达转换，将他人作品"包装"为自己原创作品的"洗稿"现象频繁发生。今年"两会"期间，全国政协委员、重庆静昇律师事务所创始合伙人彭静提交了《关于加强自媒体洗稿法律规制的对策建议》的提案。她认为，"洗稿"现象的存在不仅损伤了原创者的创作积极性，更暴露了我国对知识产权进行法律保护的短板。为了有效规制"洗稿"行为，切实维护原创者的知识产权，彭静建议完善我国知识产权保护法律制度。她建议《著作权法》及《著作权法实施条例》将"洗稿"明确列为侵犯版权的法定情形，同时规定"洗稿"行为应承担的法律责任；建议立法部门完善作品独创性的认定方法，增加"洗稿"的条文规定，确保打击"洗稿"行为有法可依。

② 以"洗稿"为关键词在裁判文书网和北大法宝进行交叉检索，共检索到 23 篇裁判文书，其中判决书 19 篇，裁定书 4 篇。进行进一步人工筛选，与洗稿作品（作品认定和侵权）相关的共 14 篇判决书中有 2 个案件的一审和二审判决书同时存在，合并后共 12 个案件（截至 2021 年 7 月 28 日）。当然也不能排除其他的案例并未出现"洗稿"关键词但本质与洗稿相关，囿于精力，仅对检索到的案例进行分析。

③ 参见浙江省宁波市中级人民法院（2018）浙 03 民初 1531 号民事判决书；浙江省温州市中级人民法院（2018）浙 02 民终 3928 号民事判决书；浙江省温州市中级人民法院（2018）浙 02 民终 3925 号民事判决书；浙江省温州市中级人民法院（2018）浙 02 民终 3920 号民事判决书；浙江省温州市中级人民法院（2018）浙 02 民终 3929 号民事判决书；浙江省温州市中级人民法院（2018）浙 02 民终 3918 号民事判决书；浙江省温州市中级人民法院（2018）浙 02 民终 3933 号民事判决书；北京知识产权法院（2020）京 73 民终 2055 号民事判决书；北京互联网法院（2019）京 0491 民初 28529 号民事判决书。

然对社会具有积极作用。

（一）个人权利的视角

《保护文学和艺术作品伯尔尼公约》[①]（以下简称《公约》）的规定映射于我国的著作权法之中，研究公约的规定对于确定我国著作权法之权利范围具有重要意义。《公约》及我国著作权法中著作权体系包括著作人身权和著作财产权，它们分别控制不同的专有行为。

著作财产权在《公约》中被称作经济权利（economic right），著作财产权赋予作者利用创作获得收益并禁止他人非法干预的权利。洛克认为：劳动能够天然取得财产权，推而广之，则脑力劳动自然能够获得某种无形财产权——知识产权[②]。劳动二重性原理也说明，活劳动能够创造新价值[③]，脑力劳动者自然应当对产出的成果享有财产权。在洗稿中最可能涉及的著作财产权包括复制权（right of reproduction）、改编权（right of adaptation）。根据不同的洗稿程度，可能会进入不同的权利控制范围。"抄袭型复制"是常说的抄袭，显然涉嫌侵犯原作品的复制权；"换皮型抄袭"虽然改变了表达，但是这种改变"徒劳且肤浅"，仍可能在复制权控制范围内[④]；而"演绎型改编"中，"洗稿者"会增加原创的部分内容，这一部分具有一定的独创性，可能形成演绎作品，当然这并不妨碍其进入原作品的改编权控制范围；更进一步，在"独立型创作"中，其只利用了原作品概括的思想

[①] 《保护文学和艺术作品伯尔尼公约》（Berne Conventionon the Protection of Literary and Artistic Works）目前已经有 179 个成员国，世界上绝大多数国家已经加入《公约》。引自：https://wipolex. wipo. int/en/treaties/ShowResults？start_year = ANY&end_year = ANY&search_what = C&code = ALL&treaty_id = 15&treaty_id = 15.

[②] Douglas G. Baird：Common law intellectual property and the legacy of international news service associated press, University of Chicago Law Review, 1983（2）：413.

[③] 马克思：《资本论》（第 1 卷），人民出版社 2004 年版，第 232 页。

[④] 如原告文章为，"伴随动漫形象知名度的提升，盗版问题会随之出现"，被控侵权文章为"与此同时，盗版、高仿等问题都会陆续产生"；原告文章为，"尽管如此，不存在动画片的制片方就是动漫形象版权方的逻辑推理。不能仅仅靠提供动画片的权利文件，证明动画片的著作权归制片方后就直接推导出动画片中的动漫形象著作权一定属于制片方……"被控侵权文章为，"然而动画片的著作权虽然归制片方，但是动漫形象并不因此便归属于制片方。不过动画片的制片方也是动漫形象的版权方这一例子也是存在的"。参见上海市浦东新区人民法院（2019）沪 0115 民初 53522 号民事判决书。

部分，所以并不会落入原作品的保护范围①。

此外，《世界版权组织版权条约》② 将"向公众提供作品的权利"规定于第八条向公众传播的权利（Right of Communication to the Public）③ 之中，这也是我国著作权法中信息网络传播权的来源。微信信息时代来临，公众号、微博等成为信息传播的重要平台，发生在这些平台上的洗稿行为可以利用信息网络传播权加以规制，其与复制权侵权的分析思路一致。

在以上界定完成后，还应当认定著作人身权侵权。著作人身权属于精神权利（moral right），独立于经济权利（the author's economic rights），它包括宣告作品归属（authorship），反对歪曲（distortion）、割裂（mutilation）或者以其他方式篡改（modification）。人身权与作者具有紧密的人身依附关系④，作者创作的过程就是将自己的个人意志附着于文字的过程⑤。在我国著作权法中，洗稿可能侵犯的著作人身权主要包括署名权、修改权和保护作品完整权⑥。由于洗稿作品不会署原作者的姓名，侵犯署名权无须多言。后两种权利体现出两种不同的面向：修改权主要针对积极行为，而保护作品完整权更关心消极行为⑦。但知识产权作为专有权本就包括禁止权，所以二者为一体两面，共同指向同一类保护目的，即不当变更的禁止。洗稿从本质上来说就是一种未经许可进行不当变更的行为，它切断了作者和作品之间存在的对应关系，使得作者对于作品的精神控制受到破坏。

（二）社会效果的视角

在法治而非法制的语境下必须考虑法律的社会效果，良法善治是最佳

---

① 参见邱志淼：《判断"洗稿"构成侵权有几个标准？》，载《中国新闻出版广电报》2018 年 8 月 2 日。

② 《世界知识产权组织版权条约》（World Intellectual Property Organization Copyright Treaty）目前已经有 110 个成员国，引自：https://wipolex.wipo.int/en/treaties/ShowResults? search_ what = C&treaty_id=16.

③ 文学和艺术作品的作者应享有专有权，以授权将其作品以有线或无线方式向公众传播，包括将其作品向公众提供，使公众中的成员在其个人选定的地点和时间获得这些作品。

④ 胡康生：《中华人民共和国著作权法释义》，法律出版社 2002 年版，第 45 页。

⑤ 黑格尔：《法哲学原理》，范扬，张企泰，译，商务印书馆 1961 年版，第 59 页。

⑥ 修改权，即修改或者授权他人修改作品的权利；保护作品完整权，即保护作品不受歪曲、篡改的权利。

⑦ 李明德、许超：《著作权法（第 2 版）》，法律出版社 2009 年版，第 64-65 页。

的治理状态。从我国历史上看，我国自古就对"文贼"嗤之以鼻，甚至更甚于对物权的侵犯。偷钱者尚且隐秘从事，尽可能隐藏在众人的视野之中；而偷文者却"堂而皇之"将侵权作品公之于众，可谓更无羞耻心①。根据《全唐诗》记载，宋之问的诗②与刘希夷的诗③仅有寥寥数字之差异④。另据《大唐新语》记载，唐代的郎中李播赴任蕲州时，一位书生投来自己的作品，李播仔细翻阅觉得似曾相识，后发现是自己二十年前投出的作品。当今的文艺界和科学界，文章剽窃也屡见不鲜，文章引起了巨大的舆论争议，也造成了不良的影响和负面的"示范效应"。

换一个角度看，大多数作品都是作者思维和知识的结晶，作者对改动十分"吝啬"，有时一处小修都要和编辑来回交涉。如果得知文章被改得"面目全非"，对有些作者而言是"精神上的伤害"。这只是一个例子，但可以反映出洗稿行为对作者的创作激情和作品感情的损害，有悖于著作权法所保护的社会利益。

三、规制的必要：法经济学的反思

从经济学的角度分析洗稿行为及其规制具有重要的价值，这一部分的研究无关于法律抑或道德，但是这种研究可以为我们提供某种对洗稿行为进行法律定性的思路。

---

① 参见史戈：《文贼过街老鼠》，载《中国民政》1994 年第 7 期。

② 《有所思》：洛阳城东桃李花，飞来飞去落谁家。幽闺女儿惜颜色，坐见落花长叹息。今年花落颜色改，明年花开复谁在。已见松柏摧为薪，更闻桑田变成海。古人无复洛城东，今人还对落花风。年年岁岁花相似，岁岁年年人不同。寄言全盛红颜子，须怜半死白头翁。此翁白头真可怜，伊昔红颜美少年。公子王孙芳树下，清歌妙舞落花前。光禄池台交锦绣，将军楼阁画神仙。一朝卧病无相识，三春行乐在谁边。婉转蛾眉能几时，须臾鹤发乱如丝。但看古来歌舞地，唯有黄昏鸟雀飞。

③ 《代悲白头翁》：洛阳城东桃李花，飞来飞去落谁家？洛阳女儿惜颜色，坐见落花长叹息。今年花落颜色改，明年花开复谁在？已见松柏摧为薪，更闻桑田变成海。古人无复洛城东，今人还对落花风。年年岁岁花相似，岁岁年年人不同。寄言全盛红颜子，应怜半死白头翁。此翁白头真可怜，伊昔红颜美少年。公子王孙芳树下，清歌妙舞落花前。光禄池台文锦绣，将军楼阁画神仙。一朝卧病无相识，三春行乐在谁边？宛转蛾眉能几时？须臾鹤发乱如丝。但看古来歌舞地，唯有黄昏鸟雀悲。

④ 对比下来，两首诗正文只有数字之差。

（一）博弈论角度的分析

当货币市场上同时流通两种或更多币值相同但是实际价值不同的货币时，只有价值较低的货币才会继续流通，而价值较高的货币则不会再扮演一般等价物的角色，而会进入收藏领域，这种现象被称为劣币驱逐良币（bad money drives out good），也可以称为格雷欣法则（Gresham's Law）。假设对于读者来说，原作和洗稿作品（姑且称之为作品）具有相同的阅读效果（币值），则实际价值更低的洗稿作品会充斥市场。

采用博弈论可以很方便地得到这样的结果。洗稿市场涉及政府和平台，政府可以监管（Ⅰ）或者不监管（Ⅱ），监督后可能发现（Ⅲ）或未发现（Ⅳ）。作如下假设：政府监管概率为 P_0，发现洗稿概率为 P_1，平台原创获得的收入为 A，另外平台洗稿获得的收入为 B，政府发现后会没收这部分收入并处以 k 倍的罚款。

$$\begin{cases} \text{I} \quad P_0 \begin{cases} \text{III} \quad\quad P_1: \quad A - kB \\ \text{IV} \quad (1-P_1): \quad A+B \end{cases} \\ \text{II} \quad\quad\quad (1-P_0): \quad A+B \end{cases}$$

则平台进行洗稿时的期望收益为：

$$E_1 = P_0 \left[P_1 (A - kB) + (1 - P_1)(A + B) \right] + (1 - P_0)(A + B)$$

平台进行原创时的收益与政府是否监管无关，即 $E_2 = A$。

当原创收入与洗稿收入并无二致，此时平台会达到均衡，平台随机选择原创或洗稿。此时的政府最佳监管概率为 $P_0{}^* = \dfrac{1}{(1 + k)P_1}$。当政府监管概率 $P \in (P_0{}^* 1)$ 时，平台会选择原创，当政府监管概率 $P \in (0 P_0{}^*)$ 时，平台会选择洗稿。所以 $P_0{}^*$ 越大，平台越可能选择洗稿。洗稿行为相较于传统的盗版被发现的概率更低，即 P_1 更低，此时的 $P_0{}^*$ 较大，如果政府采用传统的监管力度，总体上平台洗稿行为会更猖獗。

（二）公共产品角度的分析

在纸质作品时代，侵权作品的传播具有范围性，这种影响相对来说比较可控；同时，启动盗版需要资金，这也给纸质作品侵权设立了一定的

"门槛"。此外，由于刑法对盗版以及销售盗版行为的打击力度[1]，这样的现象也越来越少。而网络时代的侵权十分简单，任何人都能创作（也意味着任何人都能侵权）。

我们接触的私人产品（private good）很多，比如房屋、手机等，这些产品只能由特定的人享有，具有竞争性（rivalrous）和排他性（excludable）。与之相对，公共产品（public good）是指面向全社会的商品或服务，包括国防、治安等，这样的产品具有非竞争性（non-rivalrous）和非排他性（non-excludable）的特点[2]。非竞争性是指消费者之间没有此消彼长的竞争关系[3]，非排他性是指消费者之间没有非此即彼的排他关系[4]。著作权法意义上的作品具有明显的公共产品特性[5]，因此需要借助著作权法解决外部性和"搭便车"（free rider）的问题。外部性是指著作权外在的社会福利提升的效能；我们需要关注的是"外部性内在化"，即如何保护创作者的利益，这样才能实现社会福利的总体提高。洗稿行为属于对原作品的利用，这种利用应当在创作者利益的"射程"之内，所以不能将这种权利完全开放给公众，否则极有可能产生"公地悲剧"（tragedy of the commons）[6]，资源也会被过度使用而穷竭。"搭便车"更好理解：一旦著作权公开，就会有"揩油者"，他们享受利益却不付费，比如洗稿大量出现，最终可能"反噬"创作者，使得供给产生不足（non-appropriability）。

科斯定理[7]在说明以上问题的基础上提供了解决思路：一是通过私人

---

[1] 《中华人民共和国刑法》第二百一十七条和第二百一十八条分别规定了侵犯著作权罪和销售侵权复制品罪。

[2] 公共产品（Public good）的概念首先由诺贝尔经济学奖得主保罗·萨缪尔森（Paul A. Samuelson）在以下论文中提出：The pure theory of public expenditure. Review of Economies and Statistics, 1954：387.

[3] 指某一消费者增加消费不会减少其他消费者可以接受到的产品供应。

[4] 指某一消费者的消费对其他消费者的消费不产生影响。

[5] 在网络环境下的电子作品更是如此。

[6] 公地悲剧，由哈丁（Garrit Hadin）提出，主要是指当资源或财产具有许多拥有者，并且他们都有权使用资源并没有权力阻止他人使用，会导致资源的过度使用，即为"公地悲剧"，如草场过度放牧、海洋过度捕捞。解决这一问题的途径主要是界定产权和设置禁用权。

[7] 科斯定理说明，交易费用为零时，法律制度不再重要，市场会自动配置为最有效率的状态。当有交易费用时，应当将权利赋予更加珍惜权利的一方，此处即著作权人。参见：Mitchell Polinsky：Economic analysis as a potentially defective product：a buyer's guide to posner's economic analysis of law, Haruard Law Review, 1974（1164）.

权利界定克服"公地悲剧"，这就是著作权保护；二是通过设置交易成本防止"搭便车"，使得洗稿门槛提高。将这二者投射到具体法律部门之中，最佳的方案就是著作权规制；著作权具有产权和禁用权的性质，能够与作品"同生共死"，是最为合适的解决方案。

四、折中的选择："责任反制侵权"模式的构建

不论是法理学还是经济学的分析都可以得出这样的结论：洗稿行为应当受到著作权法的规制。本文第一部分统计了 3 个洗稿侵权认定的案例，在这些案件中，要认定侵权，需要满足"接触+实质性相似"的要件。对于"接触"要件，需要证明被告确实接触过权利作品，或者证明权利作品已公开，被告具有接触的可能性。在互联网语境中，这个要件的证明已经十分简单，只要在微信公众号、微博等公开方式发布几乎就可以确保，接触要件成立。对于"实质性相似"要件，需要对比被控侵权作品和权利作品。在前文统计的 3 个案件中，有 2 个被认定为构成实质性相似，1 个被认定为不构成实质性相似[①]，其分歧就在于"思想表达二分法"的分界线到底在何处。这是传统著作权侵权判断中的痛点，也让洗稿的侵权认定陷入困境。如果涉案作品与权利作品整体逻辑结构相似，仅在语言表达上进行了变换，比如调整了语序或对字词进行了同近义替换，此时如果遵循"思想表达二分法"决定论，就会出现判断的进退两难。为了解决这个问题，有人提出可以在洗稿案件中适当提高思想的位置及权重，让更多元素进入"表达"，使相应情形被著作权法规制；但是这种方法在实行时可能让原本就困难的界定"难上加难"。正如汉德（Hand）法官所说："从没有人曾确定过这个界限，也没有人有力能去划定这个界限。"[②] 同样，更没有人确定一个未确定的界限应当提高的程度。

具体到洗稿行为中，由于洗稿作品与原文几乎并无表达上的一致，"思想表达二分法"实际上成为判断侵权的障碍，使得权利人的维权变得

---

① 即使认定构成"实质性相似"而构成侵权的，可以看到其赔偿额也非常低。

② 参见：Nobody has ever been able to fix that boundary, and nobody ever can. See Nichols v. Universal Pictures Corp., 45 F. 2d 119, 120（2d Cir. 1930）.

异常艰难①。洗稿行为具有隐蔽性，权利人发现洗稿就很难，随后的司法程序中又难以举出有力的"实质性相似"证据，或许这也是洗稿类司法案件极少的原因之一②。在此不妨借用其他部门法中的有益探索来提出建议。比如反垄断法中，界定相关市场状况是处理此类案件重要的一步，为此也有观点认为：特殊情况下可以不界定相关市场状况③，这样，绕开这看似关键的一步同样可以认定垄断行为的市场影响，从而达到反垄断法保护竞争的法律目的。又如刑法中，本应严格遵守罪刑法定，但也有学者提出了"以刑制罪"即"量刑反制定罪"的观点，通过由刑到罚解决刑法适用的困难，确保准确定罪④。事实上，我国司法实践也证明了"量刑反制定罪"的妥当性，通过对危害行为进行实质化解释，以行为人的危害程度进行量刑，并在恰当量刑的基础上予以定罪。这种方式能够跳

---

① 参见袁博：《如何遏制"洗稿"之风》，载《中国新闻出版广电报》2019年1月24日，第5版。

② 比如在江苏省高级人民法院（2018）苏民终1054号民事判决书中，法院在判断游戏"换皮"（这也是一种洗稿）时认为，……该规则中包括具体的触发条件、道具数量、界面布局、操作流程等，已经细化到了一定的程度，故其可以被认定为具有独创性的受著作权法保护的"表达"。《花千骨》游戏在这一玩法上与《太极熊猫》相比，除了界面图形以及部分道具名称存在不同之处，大部分内容构成实质性相似，已经超出了创作巧合的空间，可以认定两者虽然在"表达形式"上存在部分不同，但在"表达内容"上构成实质性相似。仔细分析可以发现，这种判决存在一个问题：何为"表达形式"，何为"表达内容"，"表达内容"和"思想"又该如何区分？在这里，主观判断被披上了客观的外衣。

③ 最高人民法院第78号指导案例"北京奇虎科技有限公司与腾讯科技（深圳）有限公司等滥用市场支配地位纠纷案"中，法院认为，"在滥用市场支配地位案件审理中，界定相关市场是评估经营者的市场力量及被诉垄断行为对竞争的影响的工具，其本身并非目的。即使不明确界定相关市场，也可以通过排除或者妨碍竞争的直接证据对被诉经营者的市场地位及被诉垄断行为可能的市场影响进行评估。因此，并非在每一个滥用市场支配地位的案件中均必须明确而清楚地界定相关市场"。《关于平台经济领域的反垄断指南（征求意见稿）》第四条规定，在特定个案中，如果直接事实证据充足，只有依赖市场支配地位才能实施的行为持续了相当长时间且损害效果明显，准确界定相关市场条件不足或非常困难，可以不界定相关市场，直接认定平台经济领域经营者实施了垄断行为（关于这一条款存在争议，在正式版本中这一表述被删除）。

④ 张明楷教授认为，刑法对某行为规定刑罚后果是认定该行为构成犯罪的依据，也就是说如无法定的刑罚则无法定的犯罪。

出机械、教条的解释框架，重视刑事处罚的实质目的，追寻法律所追求的正义①。

在洗稿行为法律定性中，可以在一定程度上脱离传统认定方式，构建"责任反制侵权"的模式。具体而言，在难以采用"思想表达二分法"认定侵权，而在价值判断上又认为确有可能构成侵权时，可以绕开二分法的拘束，直接通过可责难性对洗稿行为进行法律定性。采用的方法包括"实词同义替换，虚词适当忽略"（在这个方法中替换的数量是重要的参考因素，因为一次巧合是巧合，一百次巧合就是必然）。如果几乎每一处的表述都不同，但是每一处表述的"内涵"都是相同的，这种"刻意"的改动太过明显，很难摆脱侵权的指控。在确定了"侵权"应当成立的前提下，可以进一步确定相关作品侵犯的是复制权还是改编权，如果仍然难以归入，可以考虑认定为对著作权人享有的其他权利的侵犯②。更进一步，应当在此时认定行为人具有主观故意③——在这样的条件下再去讨论侵权损害赔偿也会更加方便，不至于对于洗稿适用与"转载"相同的赔偿尺度；由此能够让创作者心累之后不再心寒，重建一个蓬勃发展的文化空间。

当然，这样的认定思路也存在"误伤"和"失控"的风险，案件审理中人的作用会大大提升，法官的价值判断几乎起到"决定性"的作用，因此需要谨慎适用，确定严格的适用情形。第一，需要在原告的请求下启动，并且原告需要承担一定的举证责任；第二，可以参考惩罚性赔偿中确

---

① 参见赵运锋：《以刑制罪法理分析与适用考察》，《政法论丛》2016 年第 1 期；付立庆：《以刑制罪观念的展开、补充与回应——兼与叶良芳教授等否定论者商榷》，《东南大学学报（哲学社会科学版）》2018 年第 4 期；王华伟：《误读与纠偏："以刑制罪"的合理存在空间》，《环球法律评论》2015 年第 4 期；冯文杰：《以刑制罪的正当根据与司法适用——基于刑法处罚妥当化视角的分析》，《刑法论丛》2019 年第 2 期；劳东燕：《刑事政策与刑法解释中的价值判断——兼论解释论上的"以刑制罪"现象》，《政法论坛》2012 年第 4 期；孙道萃：《以刑制罪的知识巡思与教义延拓》，《法学评论》2016 年第 2 期。

② 笔者认为这一兜底权利的目的之一恰恰就是规制难以侵犯归入前序性权利的行为，这种行为侵害了著作权法所保护的法益，应当被著作权法规制，但是由于例如"实质性相似"判断的困难而难以被列举的权利所概括。

③ 或者说"恶意"。

定的"故意+情节严重"标准①来决定是否启动。故意的情形包括警告后仍然实施、原被告有特定关系、原告知名度极高等；情节严重的情形包括曾受处罚再次实施、获利巨大以侵权为业等。此外由于这样的推定或多或少不利于被告，还需要明确"无责"的事由，比如被告确实没有接触原告作品或者被告有足够证据证明被告的创作是基于自身和公有领域的表达完成。

五、结语

洗稿不是一个法律规范意义上的词语，它的出现是人工智能等技术发展、经济利益驱使以及权利人维权困境等诸多因素共同作用的结果。技术发展和利益的诱惑很难从法律层面解决，因此破局之道在于解决维权的困难，以法律规制反向遏制洗稿泛滥的势头。在维权之路里，侵权认定是重要的环节；侵权式洗稿不论从法理学还是经济学角度都应当被著作权法规制，可是司法实践里却难以迈出这一步。可以从"责任反制侵权"角度出发，绕开"思想表达二分法"的实践困境，构建一个针对洗稿行为等隐蔽式侵权的法律认定新体系。

洗稿是人类创造性思维的对立面，洗稿之风在某种程度上助长了部分主体不思进取、只求利益的行为，这阵"风"会吹灭创作的火苗。难以设

① 《最高人民法院关于审理侵害知识产权民事案件适用惩罚性赔偿的解释》第三条规定：对于侵害知识产权的故意的认定，人民法院应当综合考虑被侵害知识产权客体类型、权利状态和相关产品知名度、被告与原告或者利害关系人之间的关系等因素。对于下列情形，人民法院可以初步认定被告具有侵害知识产权的故意：（一）被告经原告或者利害关系人通知、警告后，仍继续实施侵权行为的；（二）被告或其法定代表人、管理人是原告或者利害关系人的法定代表人、管理人、实际控制人的；（三）被告与原告或者利害关系人之间存在劳动、劳务、合作、许可、经销、代理、代表等关系，且接触过被侵害的知识产权的；（四）被告与原告或者利害关系人之间有业务往来或者为达成合同等进行过磋商，且接触过被侵害的知识产权的；（五）被告实施盗版、假冒注册商标行为的；（六）其他可以认定为故意的情形。该文件第四条还规定：对于侵害知识产权情节严重的认定，人民法院应当综合考虑侵权手段、次数，侵权行为的持续时间、地域范围、规模、后果，侵权人在诉讼中的行为等因素。被告有下列情形的，人民法院可以认定为情节严重：（一）因侵权被行政处罚或者法院裁判承担责任后，再次实施相同或者类似侵权行为的；（二）以侵害知识产权为业；（三）伪造、毁坏或者隐匿侵权证据；（四）拒不履行保全裁定；（五）侵权获利或者权利人受损巨大；（六）侵权行为可能危害国家安全、公共利益或者人身健康；（七）其他可以认定为情节严重的情形。

想一个洗稿不能得到著作权法规制的未来，如若如此，还会有什么人再去创作？为众人抱薪者，不可使其冻毙于风雪。我们在享受文化饕餮盛宴的同时，也应当珍惜"为思想火种投入天才之油"的创作。在著作权法的语境中，网络不是法外之地，期待洗稿行为能够归于法律的监管之下，让法律的规定随着时代发展的脉搏跳动，让每一个创作者感受到知识产权的温度与力量。

区块链技术的应用给未来法治带来的机遇与挑战

郑　越

摘　要：互联网基础技术的创新与发展催生出许多科技变革。区块链技术的产生是数字时代革新程度较高的产物之一。随着全球对区块链技术的研究热度持续高涨，各种各样的虚拟货币交易平台蓬勃兴起，越来越多的企业开始打造"物流链"和"资金链"等内部运行系统，这些都是深度拥抱区块链技术的表现。该技术在社会生活中的适用边界不断被突破。由于法律具有天然的稳定性与滞后性，法律法规修订的步伐、研究模式和法学思维等很难迅速跟上科技的步伐；本文将主要分析区块链技术的出现给未来法治带来的新机遇以及相应的法律风险。

关键词：区块链技术；传销犯罪；未来法治；纠纷解决机制；司法监管

一、引言

区块链技术是一种基于哈希函数等加密函数、时间戳和分布式存储等技术建立的新型数据运行机制。2008 年中本聪发表了建立在区块链技术上的比特币白皮书，掀起了全球研发数字货币的潮流。我国"十三五"国家信息安全规划中，区块链技术作为一个非常重要的项目被列入其中。习总书记也曾在多个场合强调要把区块链技术作为我国信息技术创新的重要突破口。截至 2020 年 11 月，以国家层面公布的区块链相关政策达 190 余项①。

新技术的出现与应用必将给法律治理带来新的变革，在很多应用场合中，区块链技术与市场产业的融合度呈现出快速扩大的趋势，尤其表现在金融银行业、风险投资机构和政务部门等多个领域。

二、区块链技术为未来法治提供的创新点

作为一种开放性较强的技术，区块链技术将传统集中的决策权下放到每一个匿名的用户身上，同时每一个用户的操作被记录下来，这就保证了信息的可回溯性，并且其数据内容极难篡改，可信度高，所以被广泛应用于信用易缺失领域。本部分将基于区块链技术重塑证据保存制度的功能，以及以区块链为运行模型的新型纠纷解决机制，来分析区块链对未来法治产生的积极影响。

（一）基于区块链技术重塑电子证据保存制度

提高司法精准度是建设法治社会过程中的一项重要任务。在区块链存证技术应用之前，由于电子证据的非物理性、易破坏性、改动可隐匿性等特征，司法机关在审查电子数据的真实性时往往困难重重，所以在审判实践中，单独的电子证据的证明效力往往较其他证据类型低下，且大部分需要经过公证才可信。而区块链技术具有数据不可篡改性、信任分布呈粒状和多方位交叉配合的特点，若将其运用在证据链的构筑上，对于完成"司法准确"的目标无疑是有益的。区块链防篡改的基础技术是"时间戳技术"，该技术是由联合信任时间戳服务中心根据国际时间戳标准（《RFC3161》）所签发的②，它通过对保管的对象进行数字签名从而产生时间戳，用以代表在被记录的时间点上被保存下来的相应内容是完整的、未被私自篡改的且具有能够被相关机构核实的法律效力；相关法律依据为我国 2019 年修正的《中华人民共和国电子签名法》，其中明确规定：申请

---

① 赛迪智库法规政策研究所：《区块链政策解析》，载《中国计算机报》2021 年 2 月 3 日，第 14 版。

② 蒋志培：《最高人民法院司法解释中的可信时间戳是什么》，载知识产权司法保护网 2018 年 9 月 10 日：http：//www. chinaiprlaw. cn/index. php？id＝5357.

了可信时间戳认证的电子文件、电子档案或纸质档案的数字化副本等可视为法规规定的原件形式。

随着电子证据保存制度与区块链技术相结合的实践不断深入以及与电子证据相关的立法日益完善，市场上为各类公司提供时间戳系统服务的机构越来越多，法院所处理的涉及电子证据的案件也明显增多，法院对电子证据的认可度也呈上升趋势。2019 年以前，在涉电子证据的案件中，有高达 83% 的案件均因当事人无法证明链上证据为未被改动的原件而被直接裁定为无效证据①；而根据泰安市人民法院的统计，2021 年期间全国各级法院对电子证据的采信比例已经达到 56%②。可以看出，法院在案件裁判中对电子证据的采用率明显提高。2018 年，由杭州互联网法院审理的"华泰—媒诉同道科技案"是首个在我国庭审中正式认定区块链电子证据具有法律效力的案件；该案中，人民法院根据认定电子证据效力的相关立法，重点审查了存证平台的可信度、证据保存手段的正规性以及证据链上存证内容的完整度三个方面，并确认了该案电子证据的有效性。该案的重要意义在于让人们看见了区块链技术重塑电子证据可信度和提高电子证据采用率的可能性，也有助于促进区块链技术发展，让人们看到了区块链技术与法治建设合作的更多可能性。

但是，根据前文的统计可以看出，在目前的司法实践当中仍然有超过三分之一的当事人提供的电子证据不被采信，被拒的原因也多种多样，因此在我国提高电子证据的适用性仍是一个有待完善的系统性工程。例如，虽然电子证据种类繁多，但当事人向法院呈现证据的方式具有单一化倾向（即法院都需要当事人将相关证据转换为纸质文件并附上光盘；此外，法院在质证环节对电子证据的审查没有一个具体的、统一的规则，只能根据真实性、关联性等原则进行认定。这些问题是促进相关科技在融合司法、提升司法客观公正性和运行效率时无法避免的问题。在科技发展迅猛的数字时代，要使电子证据在诉讼中发挥自身价值、提高司法效率，就离不开明确完善的法律保障。

---

① 参见张春和，林北征：《司法区块链的网络诉讼治理逻辑、困惑与进路》，载《中国应用法学》2019 年第 5 期，第 116–137 页。

② 田海鑫：《民事证据规定如何对待电子数据证据》，载中国法院网（2020 年 1 月 17 日）：https://www.chinacourt.org/article/detail/2020/01/id/4775724.shtml.

（二）区块链为解决纠纷打开新思路

区块链模型中不存在集中化的决策权，同时该技术具有自动化、匿名协同化等特征，由此，一种利用区块链运行为蓝本解决纠纷的新机制应运而生，即区块链纠纷解决机制。对这类机制人们其实并不陌生，它已经被灵活运用到了人们日常生活中的许多活动中：例如，2012 年淘宝网推出的"大众评审"项目闲鱼软件向用户发送的"闲鱼小法庭"参与通知，都是通过大数据算法让用户组成"法官"，并以少数服从多数的原则对纠纷进行裁决。

上述两个例子虽然都由区块链来连接用户与争议事件，但并未实现真正的"去中心化"，因为第三方平台仍然管理或限制着用户的行为。例如淘宝通过观测数据终端会筛选掉对其经营不利的部分内容。2018 年，Kleros 被评为最发达的去中心化法庭之一[①]，作为一个通过分散决策权方式解决各种纠纷或项目的平台，Kelors 打造了自己的网页，但该网络的目的不是为了集中管理，而是在自己的平台上召集各领域对应的陪审员，让他们在经济激励下投票裁决。设计这种物质激励机制的目的是保证投票的陪审员不会做出明显的非理性投票，每个自动组成的仲裁法庭所对应的陪审员大多掌握了案件相关的专业知识，否则就有丧失经济收益的风险。这样的系统很好地发挥了区块链的高效裁决功能，它收集了与一个案件相关的多领域意见，最后通过多节点交互验证形成最终决定。

虽然这种裁决机制能大幅提高处理纠纷的效率，但它本质上与正式的司法活动具有明显的差别——它并不是一种公共活动，发挥了主要决策力的"私权力"掌握在平台手中。即使是 Kleros 这种去中心化的网络裁决平台，也只是保证在纠纷裁决时不干涉陪审员的选择，至于 Kleros 采用何种标准来挑选事件并让人们评审某类问题，都属于私权力的运行范畴。区块链纠纷解决机制的运行模式其实是国家监管机关在法制基础上对行业进行监督，允许各个平台恰当运用私权力，同时让用户自由行使自己的合法权利[②]。这种纠纷解决机制虽不可能与正式司法系统相提并论，但在公开环境下，它的出现也带来了技术革新。不过这也引起了我国司法系统对建设

---

① Metzger J. Decentralized justice in the era of blockchain [J]. IJODR, 2018. 5：69.

② 参见韩旭至：《司法区块链的复合风险与双层规制》，载《西安交通大学学报（社会科学版）》2021 年第 41 期，136-144 页。

智慧法院的思考。利用区块链技术带来的高效生产力有利于重塑司法权力配置，可以沿着传统法院到线上法院甚至到智能法院的路径进行尝试、发展。

三、区块链技术引发的法治风险

区块链技术正在迅速地被人们研究和创新，技术的运用边界也在不断地被突破。同时，相关的法律法规以及司法部门的监管很难跟上科技创新的速度，这就必然会增加相关领域产生的法律风险。例如，通过区块链技术而建立的数字货币会导致司法机关在追溯犯罪资金的流向时难度加大；随着科技的革新，区块链技术本身也存在着代码泄露和交易被篡改等风险。本文以下部分将主要分析利用数字货币进行诈骗以及区块链产业司法监管的困境这两方面的内容。

（一）区块链时代的融资诈骗现象

在电子信息时代，区块链技术的应用边界不断被打破，与该技术相关的产业发展非常迅速，通过虚拟代币进行融资创业成为当下时期新一轮的热潮。

Initial Crypto-Token Offering 是 ICO 的全称；ICO 的投资逻辑很清晰：某个区块链开发团队发行 ICO 就是为了完成初步的资金众筹，此后观测这一项目在市场上的价值波动，等到项目升值时，就把代币增值后的差价收入囊中，获取所谓的投资收益。整个 ICO 投资的核心实质上是一种基于区块链技术运转的劳务激励机制，即投资者在付出劳务后不会得到实际的"股权"，取而代之的是获得本身所购买的加密货币并作为收益，以此达到维持项目稳定发展的目的。这种以虚拟货币作为奖励的区块链融资机制很容易被歪曲成传销行为。

对于传销行为，我国《刑法修正案（七）》在第二百二十四条合同诈骗罪之后增设了"组织、领导传销活动罪"。我国《刑法》对传销的定义采取的是狭义理解，即只包含拉人头和缴纳入门费两项行为。因此，在ICO 的运行模式里，如果投资者付出的"劳务"就是拉人头和收取会费，那么该行为已经属于我国刑法打击传销活动的范畴。我国对相关风险高度重视，在 2017 年发布了《关于防范代币发行融资风险的公告》并全面叫停 ICO。但是，这种类型的诈骗或者传销案件并没有因此消亡。例如，2021 年 1 月湖南省破获的"维卡币"特大网络传销案就是打着新型融资的幌子，以"维卡币"巨大的升值空间为诱饵，诱惑他人注册会员并向该平台投资钱财，同时拉人头发展下线，以此获得奖励。此类"区块链+诈骗"的案件都是打着"稳赚不赔"的口号诱骗大众，名目多样，币种繁多。随着互联网的普及，此类犯罪的网络、跨境趋势明显，导致其点多面广，受害人人数呈几何级增长。例如，西安查获的"大唐币"一案，规模巨大，涉及全国 31 个省、直辖市、自治区，共计涉案资金高达 8 600 余万元[①]。

虽然 ICO 给不法分子提供了一种看似更加隐蔽的新型敛财手段，但它并非是因为区块链技术本身具有违法性。以比特币为例，比特币的创始人设计了公开透明的货币流通程序，发行人不能操纵货币的价值涨跌，这是符合市场经济规律的。因此，完善的监管和规制体系能够在源头上让披着虚拟货币外表但实则靠传销诈骗手段来控制货币价值的不法组织被及时扼杀。在日本，法律明文规定了每一项虚拟货币的交易和流通都必须严格地遵守政府的监管；在进行虚拟货币交易时，交易主体必须先向虚拟货币的监管部门进行登记，如果没有事先进行登记就交易，交易双方将会受到一定的刑事处罚。此外，日本法律还详细规定了注册登记的事项，包括虚拟货币的种类和实质审查流程等内容[②]。当然，完全依靠公权力来控制这一风险是不现实的，因为正如前文所述，法律法规永远不可能走在客观发展的前面。中国的区块链行业组织（如互联网金融协会区块链委员会）可以积极行动，充分发挥自身价值，配合司法机关工作、加强行业自律，并进行对投资者的风险教育和风险提醒。

（二）科技发展与法律相抗衡的局面

数字时代的发展带来了虚拟世界与现实世界的规则如何权衡的问题。有外国学者提出了"代码即法律"的口号，即所谓的法律代码化时代——不仅在执行法律阶段需要法律与科技相融，而且在起草和解释法律的过程

---

① 参见李永新、肖益茂、沈洁：《试论"区块链+骗局"的防治策略》，载《公安教育》2019 年第 3 期，第 47-50 页。

② 参见陈兴良：《虚拟财产的刑法属性及其保护路径》，载《中国法学》2017 年第 2 期，第146-172 页。

中也都借助代码及程序的手段①。该类学者认为数据代码具有绝对的中立性，而法律法规具有不可避免的主观性，所以从立法阶段到法律适用都应该依靠代码，从而保持公平正义。为此，法治是否应该让步于大数据来发挥主要作用以及法律实践与区块链相遇产生的法律风险，是本文将分析的未来法治所面临的两个挑战。

1. 代码与法律的关系。"促进、引导、规范、保障"，是中国对法律与科技之间的关系的概述。有人认为，"代码是绝对中立的，而法律是人类智慧的产物，所以其带有不可避免的主观性"，但这种观点其实是片面的——就好比人类由细胞组成，细胞没有主观意识，人类有主观意识，因而就比细胞更缺乏中立性，并进而得出最后结论——人类应该服从细胞的命令。这个结论显然违背常识。让科技革命在法律的框架内进行，同时努力让法律和科技创新发展协调同步，与时俱进，这才是思考法治发展的正确方向。

2. 法律区块链复合产生的两大问题。虽然证据法与区块链技术的融合已有雏形，智慧司法的制度改革也正在如火如荼地进行，但是法律区块链"复合"带来的相应风险也逐渐引起了人们的深思。

首先，由于司法系统中往往计算机人才资源紧缺，在司法区块链建设中，不可避免地会遇到市场主体深入参与的情况②。表面上法院与相关企业之间只是技术合作（比如杭州互联网法院在建设区块链智慧法院的过程中，就与阿里巴巴签订了关于电子签名、人脸识别等技术的合约），但实质上这些数据程序会无法避免地将市场主体自我追求的价值糅合在客观朴素的法治观念中，有可能产生市场主体干扰司法的风险。

其次，站在律师行业的角度，尽管区块链技术的出现给证据法、知识产权法、刑法等多个部门法打开了解决问题的新思路，但是钻研这一领域的律师少之又少。"引进来，能不能用好"就成了"区块链+法律实务"领域一份无法轻易作答的试卷。

早在17世纪的德国，法学家和自然科学家莱布尼茨就对于科学发展与

---

① De Filippi P, Hassan S. Blockchain technology as a regulatory technology: from code is law to law is code [J]. arXiv preprint arXiv: 1801.02507, 2018.

② 参见韩旭至：《司法区块链的复合风险与双层规制》，载《西安交通大学学报（社会科学版）》2021年第41期，第136-144页。

法学研究的关系进行了思考，他认为：真理正是通过观察世界、收集事实，再用归纳推理的手段从这些事实中得出的结论。科技的发展就是建立新法律体系的驱动力，它有助于消除法律或立法的不确定性，从而使法学逐步成为有方法意识的体系性学科①。法学和科技两个不同领域均不能闭门造车，而应当相互学习并找到交集，实现共同发展。特别是在探讨法律实践的研究领域，更需要采纳多方、多行业的意见，尊重和反映客观规律，这样才能顺应时代的潮流。当然，在借助科技的力量时，也不能够丧失人类思考的独立性与自由，摒弃物质绝对客观的思想。

四、结语

区块链技术与我国的法治建设融合是一个循序渐进的系统过程，需要各方积极地配合、严谨有序推进。根据相关案件在司法实践中的解决路径可以看出，国际合作也能为未来的法治建设打开新思路，可以考虑各国之间紧密沟通，以制定通用的国际性监管指引。

---

① 参见舒国滢：《论近代自然科学对法学的影响——以 17、18 世纪理性主义法学作为考察重点》，载《法学评论》2014 年第 32 期，第 14-24 页。